Michael Grant · Der Untergang des Römischen Reiches

Michael Grant

DER UNTERGANG DES RÖMISCHEN REICHES

Vorwort von Golo Mann

Gustav Lübbe Verlag

© 1977 für die deutsche Ausgabe
Gustav Lübbe Verlag GmbH, Bergisch Gladbach
© 1976 The Annenberg School of Communications, Radnor, Pa., USA

Aus dem Englischen von Hans Jürgen Baron von Koskull
Schutzumschlag: Manfred Peters
Satz und Einband: Friedrich Pustet, Regensburg
Druck: A. Mondadori Editore, Verona

Printed in Italy.
ISBN 3–7857–0196–9

Wenn ein Reich mit sich selbst uneins wird, kann es nicht bestehen.
Markus 3, 24.

Nun faßt euch bei den Händen, ihr tapferen Amerikaner: Vereint werden wir stehen, in Zwietracht müssen wir fallen.
John Dickinson,
›The Liberty Song‹, Boston Gazette, Juli 1768

Ja, wir müssen wirklich alle zusammenhalten, oder wir werden mit Sicherheit einzeln verderben.
Benjamin Franklin
zur amerikanischen Unabhängigkeitserklärung 1776

Wir können uns nicht mehr den Luxus erlauben, uns zu entzweien.
Britische Politiker 1973–1975

Inhaltsverzeichnis

1. Teil

Das Versagen der Armee

2. Teil

Klassengegensätze

3. Teil

**Der Mangel an
Glaubwürdigkeit**

4. Teil

Bündnisse, die zerbrachen

5. Teil

Gruppen außerhalb der Gesellschaft

6. Teil

Ursachen der Leistungsschwäche

Das Colosseum, Stich von G. B. Piranesi

Vorwort

Vor mehr als sechzig Jahren ließ Oswald Spengler durch sein Studium der römischen Geschichte sich zu seiner berühmten These inspirieren: die großen Kulturen der Menschheit gehen alle denselben Weg und wir – die abendländische Kultur – sind jetzt dort angelangt, wo die Römer zur Zeit ihrer langen Revolution im ersten Jahrhundert vor Christus waren. Neulich noch konnte man in der Stadt New York die Taxifahrer philosophieren hören: »Ja ja, auch mit Amerika wird es gehen, wie es mit Rom ging.« Die hatten nun gewiß Spenglers Werk nicht gelesen. Sie hatten nur gehört: da war einmal ein großes Reich, dem amerikanischen recht wohl vergleichbar, es erreichte mit erstaunlicher Schnelle seinen Höhepunkt und hielt sich eine Weile darauf und dann ging es bergab mit ihm, politisch und militärisch und moralisch, und eines Tages war es nicht mehr da, fremde, barbarische Völker tummelten sich in den Ländern, die ehedem das Imperium gebildet hatten, und auf den Plätzen der verödeten Hauptstadt wuchs das Gras. Das ist der Lauf der Welt. Warum sollten wir ihm entgehen? – So einfache amerikanische Bürger, als die Hoffnung auf einen Sieg in Vietnam aufgegeben werden mußte, die eigene Kriegsmacht schauerliche Zeichen von Demoralisierung erkennen ließ.

Der Vergleich zwischen den Schicksalen Roms und unserem eigenen ist ein sehr alter und vielen Generationen hat er sich aufgedrängt. Rom, das ist die *eine* untergegangene Zivilisation, die der unseren zeitlich am nächsten liegt, die bei weitem den stärksten Einfluß auf sie gehabt hat, von der ein unendlicher Reichtum an Zeugnissen in Stein und Marmor, in Gold und Eisen und Ton und Glas, in Büchern des Rechts, der Historie, der Philosophie, der Dichtung auf uns gekommen sind. Ein pedantisch genauer Vergleich ist es nicht, oder sollte es nicht sein. Die Geschichte, daran erinnert Professor Grant uns öfters, wiederholt sich nicht. Schon die Tatsache, daß Spengler ganz nur an das erste Jahrhundert vor Christus, an die Epoche der Sulla und Pompejus und Julius Caesar dachte, wenn er in römischer Vergangenheit unsere eigene Zukunft entdecken wollte, andere aber an die Zeit des Verfalls, nicht der Republik, sondern des Imperiums, mit dem es ja erst vier- bis fünfhundert Jahre später zur Neige ging – schon sie zeigt, daß es sich um eigentliche Gleichsetzung nicht handeln kann und daß es töricht wäre zu fragen: in welchem – römischen – Jahrzehnt oder Jahrhundert stehen wir jetzt? Nein, nicht so. Aus der Fülle römischen Geschehens ist etwas zu lernen, nicht nur für sich selbst, auch für unser europäisch-amerikanisches Geschehen; aber nicht derart, daß die Epochen beider Entwicklungen je als einander entsprechend angesehen werden dürften.

Etwas aus der Geschichte lernen. Dem alten, schon Griechen und Römern vertrauten Grundsatz ist Professor Grant gefolgt. Das freut mich. Denn unsere allermodernsten Historiker wollen leider meistens von der Geschichte als magistra vitae, Lehrmeisterin des Lebens, wie Cicero sie nannte, gar nichts mehr wissen; ebenso wie sie von der Historie als Erzählung nichts mehr wissen wollen. Hier nun treffen wir einen großen Gelehrten, unter den Angelsachsen heute zusammen mit Ronald Syme ohne Zweifel den profundesten Kenner Roms, ausgewiesen durch zahlreiche streng wissenschaftliche Arbeiten, der sich nicht schämt, Analyse zu verbinden mit Erzählung, der ebenso wenig sich schämt, immer wieder auf unsere eigene Lage, unsere eigenen Gefährdungen zu verweisen, indem er von Rom handelt. Dabei geht es ihm um Warnungen, nicht um Voraussagen des Unvermeidlichen. Im Gegensatz zu Oswald Spengler will Grant kein Fatalist sein. Vielmehr ist seine Überzeugung: hätten die Römer gewisse Dinge – freilich eine ganze Reihe von ihnen – besser gemacht, dann hätte es mit ihrem Reich und Glanz kein so klägliches Ende genommen. Und wenn wir die uns gestellten Aufgaben recht erfüllen, dann müssen wir den Weg Roms *nicht* gehen. Immer war dieser Gedanke ihm gegenwärtig, während er sein Buch schrieb. Dabei ist es interessant, daß es ein amerikanischer Diplomat war, der ihn dafür gewann, alle seine römischen Kenntnisse zum Zweck nicht nur des Verstehens, auch des Lehrens und Warnens zusammenzufassen. Die Unterhaltung geht nebenher. Gut geschriebene Historie ist immer unterhaltend. Das ist ein historisches Buch, das *gelesen* werden will und wird; nicht bloß von fachmännischen Kollegen, sondern von Freunden guter Bücher kurzweg.

Für sie, kaum für die Fachleute, ist besonders die einleitende »historische Übersicht« bestimmt. Hier erfahren wir, was denn eigentlich im letzten Jahrhundert Roms, etwa seit dem Jahr 364, geschah und was ja nur die allerwenigsten Leser auch nur einigermaßen im Kopf haben werden. Erst von da an kann man von Verfall sprechen. Vorher? Gewiß, Gefährdungen waren immer; die waren auch in den Jahrzehnten des Augustus und sicher in den Jahrzehnten des Kaisers Marc Aurel. Wer aber etwa in Kölns Römisch-Germanischem Museum die industrielle Produktion dieser großen römischen Stadt während des dritten Jahrhunderts ausgebreitet sieht, die wunderbaren Mosaikböden, die Waffen, die Töpfereien und Kunstgläser, die reizenden Schmuckstücke und handfesten Gebrauchsgegenstände, der hat den Eindruck von einer funktionierenden, wohlgeschützten Gesellschaft. Wie anders hundert Jahre später! Wie kam dieses Andere? Warum versank diese blühende Zivilisation und ein starkes Reich, das sie geschützt hatte? Unser Buch gibt die Antwort in sechs Hauptstücken oder dreizehn Kapiteln.

Dem Leser schon des Inhaltsverzeichnisses wird auffallen: in der Überschrift jedes Kapitels findet sich das Wörtlein »gegen«: »Die Armen gegen den Staat«, »Die Reichen gegen den Staat«, »Das Volk gegen die Armee«, »Rasse gegen Rasse«, und so weiter bis zum Ende. Immer Zwietracht also, immer Konflikt; so viel davon, daß die römische Gesellschaft sich selber nicht mehr erhalten konnte, daß sie wehrlos wurde. So Professor Grants Grundansicht. Ich halte sie für wahr und für sehr wichtig, obgleich auch sie von unseren modernsten Historikern verworfen werden dürfte. Unter ihnen herrscht ja die Mode, im *Konflikt* die eine Kraft zu sehen, einen Gottesersatz sozusagen, welche den Fortschritt zum immer Besseren bewirkt. Dieser Auffassung kommt nur ein Teilchen Wahrheit zu. Denn erstens hat es Schöpfungen und Erfindungen überreichlich gegeben, zum Beispiel in der Medizin, zum Beispiel in der Kunst, die mit »Konflikten« überhaupt nichts zu tun haben. Wenn, zweitens, Konflikte sehr wohl fruchtbar sein konnten, zumal im sozialen und politischen Bereich, so doch nur dann, wenn sie auch *gelöst* werden konnten, wenn sie, auf die Dauer, zu einem neuen Consensus und Gleichgewicht führten. Die Konflikte, die Michael Grant uns vorführt, sind anderer Art. Ob es nun in ihrem Wesen lag, oder an den Menschen, in deren Fühlen und Wollen oder Nichtwollen sie allein Wirklichkeit hatten: sie wurden nie gelöst, sie gruben immer tiefer, bis sie Reich und Gesellschaft völlig paralysierten. Ein paar Beispiele dafür, wie wir sie in unserem Buch finden.

Die gefährlich weit geschwungenen Grenzen des Imperiums, von Schottland bis zum Euphrat, von der Donau bis zum Atlasgebirge, forderten ein Riesenheer – vier- bis fünfhunderttausend Mann. Die Macht des Heeres war die Macht der Heerführer, die immer wieder ihre Stellung mißbrauchten, um als Imperator oder Gott-Kaiser an die oberste Spitze zu gelangen. (Moral: Das Heer hätte, wie in der guten alten Zeit, ein Bürgerheer sein müssen, geführt von loyalen Bürgern, nicht ein Heer teils von Söldnern, teils von widerwillig Hineingezwungenen, teils sogar von Nicht-Römern, von Germanen.) Der Größe des Heeres entsprach die Schwere der Steuerlast. Die Steuern wurden zum größten Teil von den Armen getragen, nicht von den Reichen, die Mittel und Wege fanden, ihnen zu entgehen. (Moral: Ohne ein gerechtes, wirksames Steuersystem läßt kein Reich, keine Gesellschaft sich verteidigen, am allerwenigsten in gefährlichen Zeiten, wie das vierte, das fünfte Jahrhundert für Rom waren.) Teils an sich selber, weil jeder Beamte seine Kinder mit hineinschleuste, teils an den immer komplizierter werdenden Aufgaben der Verwaltung schwoll der Körper der Bürokratie an zu erstickendem Gewicht; mit um so bösartigerer Wirkung, weil die Bürokratie unterbezahlt war, folglich auf Bestechung und, wo sie konnte, auch Akte grausamer Willkür sich angewiesen glaubte. (Moral: Die Beamtenschaft einer entwickelten Gesellschaft muß zahlenmäßig in vernünftigen Grenzen gehalten werden; als Stand bedarf sie eines besonderen Pflicht- und Ehrgefühls.) Inmitten eines überbesteuerten, überverwalteten, durch innere Unordnung und äußere Feinde bedrohten Gemeinwesens zogen die Reichen sich auf ihre Besitzungen wie in Festungen zurück; wenn sie nicht gar ihr Vermögen weislich nach »Ostrom«, nach Konstantinopel und Anatolien verschoben, wo man einstweilen sich noch sicherer fühlen konnte. (Moral: Verraten die Reichen die große Mehrheit ihrer Landsleute, dann verraten sie auf die Dauer auch sich selber; durch zynischen Egoismus können sie sich nur für kurze Zeit retten.) In der aus dem Osten stammenden christlichen Religion, seit Kaiser Konstantin Staatsreligion, walteten die allerverschiedensten Motive. Eines von ihnen war staatsverneinend, diesseitsverneinend. Es führte zu den Lebensweisen des Einsiedlers in der Wüste, des Mönchs in eng geschlossener, ausschließender Gemeinschaft, des passiven Rebellen, der, das nahe Weltende erwartend, den Pflichten des Bürgers sich entzog. (Moral: Religion ist dem Menschen natürlich und lebenswichtig. Sie darf ihn aber nicht so weit beherrschen, daß er über ihr die Aufgaben dieser unserer Welt ignoriert und verachtet. Andernfalls wird es zuletzt sogar seiner Religion übel ergehen.) Im Gegensatz zu den vielfältigen und elastischen Glaubensüberzeugungen der vorchristlichen

Zeit war das Christentum intolerant im höchsten Grade; nicht nur gegen die »Heiden«, auch gegen Haeretiker, neu erscheinende Sekten innerhalb der eigenen Tradition. Daraus giftige Disputationen, wütende Verfolgungen, religiöse Bürgerkriege im Kleinen. (Moral: Religiöse Streitereien sind noch im besten Fall fruchtlos und lähmend, eine Vergeudung von Energien. Toleranz tut Staat und Gesellschaft besser als Intoleranz.) Und so ein Beispiel für schädliche Konflikte nach dem anderen; jedes mit zeitgenössischen Zitaten, Anekdoten, Statistiken, Gesetzestexten schlagend belegt.

Gestehen will ich, daß auch mir während der Lektüre manchmal die Frage sich aufdrängte: war das alles nicht unvermeidlich? Nehmen wir die Einrichtung des Kaisertums. Im Ursprung, zur Zeit des ersten »Kaisers«, Octavianus Augustus, war sie gut und notwendig. Eine Epoche schrecklicher Bürgerkriege, des erbärmlichen Verfaulens der alten republikanischen Verfassung, konnte nur durch persönliche Zentralgewalt beendet werden; Augustus, der Gründer der PAX ROMANA, des römischen Friedens gegen Außen und im Inneren, erwies sich als der Rechte dafür. Unter seinen unmittelbaren Nachfolgern ging es entschieden weniger gut. Die »Philosophenkaiser« des zweiten Jahrhunderts, von Trajan bis Marc Aurel, gaben dann dem Reich auf das Wohltätigste, was es brauchte. Später, allmählich, geriet das Kaisertum unter orientalischen Einfluß, in immer gesteigerte Isolierung; der Gott-Kaiser, mit seinen fürchterlich starren Augen, wie er auf Portraits und Münzen erscheint, seine Dekrete ins Reich schleudernd, wo man sie schwerlich beachtet, umgeben vom Schwall seiner Höflinge, Germanen wie Römer, von denen einer ihn schließlich umbringt, um selber einen kurzfristigen Götterruhm zu genießen. So kam es. Hätte es denn anders kommen können, wenn man nur etwas besser aufgepaßt hätte? War in der anfangs wohltätigen imperialen Monarchie das Ende nicht schon vorgezeichnet, und wie hätte man anfangs der Monarchie entgehen können? In einem weiteren Sinn gefragt: war das Römische Reich nicht einfach zu groß für die Möglichkeiten der Römer, wissenschaftlich-technologische und geistige? Es hat ja erstaunlich lange bestanden, viel länger als seine Vorgänger, das babylonische, persische, mazedonisch-griechische. Alle guten Dinge nehmen einmal ein Ende . . . Nun, da bin ich, auf meine Weise, angelangt, wo ich jene eingangs erwähnten New Yorker Taxifahrer fand. Wie mich herausziehen, um nicht auch mit Fatalismus zu enden?

Die Antwort ist gar nicht so schwer. Der Mensch kann nie *ganz* Herr seiner Geschichte sein. Und es hat keinen Sinn, ihm nachträglich zuzumuten, was offenbar nicht im Bereich seiner Möglichkeiten lag. Keineswegs konnten die Römer ihren für das Riesenreich ungeeigneten Zentralismus überwinden durch Demokratie etwa im amerikanischen Stil, Repräsentantenhaus und Senat. Das Prinzip der repräsentativen Demokratie war der antiken Welt völlig unbekannt, und konnte nicht mir nichts dir nichts erfunden werden; dazu wurden unser eigenes langes »Mittelalter« samt einem guten Stück »Neuzeit« benötigt. Dagegen war das Prinzip des Föderalismus ihnen sehr gut bekannt. Wären also die Höflinge um den Kaiser ernste Politiker gewesen anstatt bloße Parasiten, so wäre der in Rudimenten vorhandene innerrömische Föderalismus recht wohl auszubauen, wären dadurch neue Kräfte zu erwecken gewesen, anstatt daß die ehemals kräftigen Stadtrepubliken ausgetrocknet und ruiniert wurden. Ähnlich steht es mit dem Steuersystem. Um die progressive Einkommensteuer zu erfinden, haben wir Europäer bis zum 19. Jahrhundert gewartet; dergleichen war den Römern nicht zuzumuten. Wohl aber ein rundherum gerechteres, wirksameres, ergiebigeres Steuersystem, wozu nichts gehört hätte als stärkerer Wille, größere Mühe, hellerer Sinn für Recht und Billigkeit. Das sind Qualitäten, die sich aus dem Nichts schaffen und jederzeit schaffen können; zuletzt müssen wir doch immer sein wie Münchhausen, der sich am eigenen Zopf aus dem Sumpfe zieht. Anders ausgedrückt: wenn der Mensch nie *ganz* Herr seiner Geschichte sein kann, so kann er es doch in Grenzen, und zwar im voraus nie zu bestimmenden Grenzen. Verzweifelt er, weil ja doch nicht »alles« beherrschbar sei, dann ist er verloren: der Einzelne, wie Großreiche und Zivilisationen. Rom fiel, weil seine Anführer ermüdeten oder gegeneinander ausfielen, weil seine Bürger sich absonderten, vereinzelten, verzagten, versagten. Das ist die Lehre, welche Michael Grant uns bietet; nicht in dürren Worten wie ein Vorwort es vermag, sondern in großartig reicher, überzeugender Darstellung.

GOLO MANN

12

Einführung

Einführung

Dieses Buch soll ein bescheidener Ausdruck der Verehrung für Edward Gibbon sein, dessen *History of the Decline and Fall of the Roman Empire* eines der bedeutendsten Geschichtswerke darstellt, die je geschrieben worden sind.

Er berichtet, er habe seine Arbeit im Alter von 27 Jahren begonnen. Nachdem er zwei Entwürfe für die Schilderung des großen Augenblicks verworfen hatte, beschrieb er ihn schließlich wie folgt:

»Es war am 15. Oktober 1764, ich saß in Gedanken versunken zwischen den Ruinen des Kapitols, während barfüßige Mönche im Jupitertempel die Vesper sangen, als mir zum erstenmal die Idee kam, über den Verfall und Untergang dieser Stadt etwas zu schreiben.«

Elf Jahre später, im Juni 1775, hatte er die ersten sechs Bände seines Werks beendet, die im Februar 1776 herauskamen. Die Verleger, Cadell und Strahan, meinten, eine Auflage von 500 Exemplaren werde genügen. Aber dann faßte der ältere von beiden den kühnen Entschluß, 1 000 Exemplare zu drucken. Die drei ersten Auflagen waren bald verkauft, das Buch wurde zu einem großen Erfolg. Der bekannte zeitgenössische Schriftsteller Horace Walpole schrieb an einen Freund: »Denken Sie, soeben ist ein wahrhaft klassisches Werk erschienen! Er ist der Sohn eines närrischen Ratsherrn, selbst Parlamentsmitglied, und man hält ihn für launenhaft, weil er seine Stimme so abgibt, wie er es für richtig hält. Ich kenne ihn flüchtig und habe ein solches Talent nie bei ihm vermutet. Er ist ein durch und durch bescheidener Mann.« Seither sind fast genau 200 Jahre vergangen, und das Buch von Gibbon hat seinen Wert behalten, obwohl es durch die moderne Forschung in einigen Punkten überholt ist.

Wenige Monate nach der Erstauflage dieses Werks verfaßte ein junger Mann in Amerika die Unabhängigkeitserklärung. Als Mitglied des britischen Parlaments war Gibbon mit der politischen Lage in Amerika vertraut. Er hatte nicht nur (wahrscheinlich zufällig) in Paris mit Benjamin Franklin gespeist, sondern kannte auch den Gouverneur von Massachusetts, Thomas Hutchinson, und den Agenten der Massachusetts Bay in England, Israel Mauduit, mit dem er ausführlich über die politische Entwicklung gesprochen hatte. Zunächst war er zu der Auffassung gekommen, die Amerikaner seien im Unrecht; er hatte geglaubt, das Parlament habe das Recht, sie zu besteuern, und ihre bewaffnete Erhebung bedeute eine große Gefahr für alle Regierungen. Doch 1777 nach den Kämpfen bei Saratoga sagte er, es sei besser, gedemütigt als zugrunde gerichtet zu werden. Wenn die Substanz der Macht verloren sei, gäbe es keinen Grund, den amerikanischen Revolutionären nicht auch nominell die Unabhängigkeit zuzugestehen.

Diese erregenden Ereignisse spiegeln sich, wenn auch indirekt, in dem neuen Ton, den Gibbon in seinem Werk jetzt anschlug. Der erste, vor der amerikanischen Revolution vollendete Band berichtete vom römischen Reich während der ersten drei Jahrhunderte n. Chr. in einem von der Begeisterung für das britische Weltreich, das noch keine Rückschläge erlitten hatte, getragenen Ton. Band zwei und drei – geschrieben als die amerikanischen Kolonien verlorengingen – behandeln den Verfall und Untergang Westroms. Dabei berücksichtigte Gibbon die Faktoren der Uneinigkeit und Zwietracht, die er auch für die Niederlagen Großbritanniens verantwortlich machte. Es ist jedoch bemerkenswert, zu welchem Schluß er im Hinblick auf Amerika kam. Er glaubte, für Europa bestünde nicht die Gefahr eines Untergangs, wie Rom ihn erlebt hatte. Wenn jedoch »die siegreichen Barbaren Sklaverei und Elend bis an die Küste des atlantischen Ozeans brächten, dann würden zehntausend Schiffe den Rest der zivilisierten Gesellschaft dorthin bringen, wohin er nicht mehr verfolgt werden könnte. Europa würde in Amerika von neuem aufleben und blühen, wo dieses Europa schon jetzt seine Kolonien und sozialen Einrichtungen besitzt.«

In dem zum größten Teil 1782 und 1783 verfaßten vierten Band sehen wir, daß Gibbon sich von dem Schock der Niederlage erholt hat. Hier beschäftigt er sich eingehend mit dem großen byzantinischen Kaiser Justinian, der im 6. Jahrhundert weite Teile des Gebiets zurückeroberte, das seine Vorgänger im Westen verloren hatten. Aber im damaligen Großbritannien konnte Gibbon keinen zweiten Justinian erkennen, und vielleicht hat ihm das auch gar nichts ausgemacht. Die militärischen Erfolge Justinians waren schließlich nicht seine größten Taten, er hat sich mit dem von ihm herausgegebenen Gesetzeskodex ein bleibendes Denkmal gesetzt. So mußten nach Auffassung von Gibbon auch die Briten danach streben, ihr Ansehen in der Welt durch etwas Dauerhafteres zu gewinnen als durch militärische Siege: durch ein weises, hochherziges und tolerantes Regierungssystem. Dafür setzte sich Gibbon als beredter Sprecher ein und verlieh dem Geist der Aufklärung in einer Sprache Ausdruck, die über jedes Lob erhaben und unnachahmlich ist. Noch heute, nach zweihundert Jahren, bleibt er als bedeutender englischer Historiker und Schriftsteller eine überragende Gestalt.

Vor einigen Jahren bat mich der amerikanische Botschafter in London, Walter Annenberg, um eine Arbeit für die Annenberg School Press. Nach seinen Vorstellungen sollte ich als Kenner der Geschichte des klassischen Altertums noch einmal die Ereignisse behandeln, über die Gibbon in seinem unvergleichlichen Werk *Decline and Fall of the Roman Empire* geschrieben hatte. Ich sollte es jedoch aus der Perspektive des 20. Jahrhunderts tun. Mit anderen Worten, ebenso wie Gibbon aus der Geschichte des Untergangs des römischen Reichs Lehren für seine Generation gezogen hatte, könnte es mir vielleicht gelingen, Vergleichsmöglichkeiten für Entwicklungstendenzen in unserem Zeitalter zu finden, wenn ich von neuem jenen gewaltigen Zusammenbruch eines Weltreichs untersuchte.

Als ich dieser Anregung folgte, hatte ich natürlich nicht den Ehrgeiz, etwas zu schaffen, was sich mit dem Meisterwerk von Gibbon würde vergleichen lassen. Das wäre absurd und anmaßend gewesen, und trotz des Titels meines Buchs liegt mir nichts ferner als das. Gibbon hat im übrigen die Ereignisse bis zum Jahr 1453 behandelt, also bis zu dem Zeitpunkt, an dem das byzantinische Reich zerfiel. Ich habe mich dagegen auf die Entwicklungen konzentriert, die zum Untergang des Weströmischen Reichs geführt haben, den man im allgemeinen auf das Jahr 476 datiert, als der letzte weströmische Kaiser auf seinen Thron verzichtete und sich ins Privatleben zurückzog.

Gibbons erstaunliche Erkenntnisse über diese Geschichtsperiode sollen auf den folgenden Seiten nicht unbeachtet bleiben. Es wird aber, wie ich hoffe, nicht anmaßend erscheinen, wenn ich jetzt, nachdem so viele Jahre seit der Veröffentlichung seines Werks vergangen sind, auch noch einige andere Gesichtspunkte hinzufüge – im Lichte der Forschungen, die nach seiner Zeit unternommen worden sind –, und wenn ich den Stoff so gliedere, wie ich es für richtig halte.

Man hat den Untergang des Weströmischen Reichs schon immer als einen der bedeutsamsten Umbrüche in der gesamten Menschheitsgeschichte angesehen. Hundert Jahre vor diesem Zusammenbruch war Rom eine gewaltige Macht, verteidigt von einer gewaltigen Armee. Im Verlauf von hundert Jahren waren Macht und Armee verschwunden. Es gab kein Weströmisches Reich mehr. Auf seinem Staatsgebiet waren eine Reihe germanischer Königreiche entstanden.

Da sich dieses Buch mit den Ereignissen längst vergangener Zeiten beschäftigt, versucht es nicht, moderne Entwicklungen zu beschreiben. Doch obwohl ich jene alte Welt darzustellen versuche, erwähne ich immer wieder akute Probleme, mit denen wir es heute zu tun haben, maße mir jedoch nicht an zu sagen, wie sie im einzelnen gelöst werden sollten. Dennoch hoffe und glaube ich, daß der Leser zu dem Schluß angeregt werden wird, die Erfahrungen aus spätrömischer Zeit böten relevante Hinweise für eine Lösung heutiger Probleme.

Im Verlauf der Jahrhunderte ist man immer wieder davon überzeugt gewesen, die anderen großen Gemeinwesen, die nach den alten Römern entstanden sind, könnten aus diesem gewaltigen Zusammenbruch gültige Lehren ziehen und gewarnt werden. In der Tat ist es unmöglich, daß der Untergang einer der mächtigsten

Zivilisationen, die es je gegeben hat, für die Nachwelt keine Bedeutung haben könnte.

Diese Bedeutung hat sich im Lauf der Jahrhunderte nicht verringert. Der Untergang jener alten westlichen Welt verdient die aufmerksamste und genaueste Untersuchung durch ihren direkten Erben, die westliche Welt von heute; denn wir dürfen uns nicht schmeicheln, daß sich unser eigenes soziales, politisches und kulturelles System noch auf seinem Höhepunkt befände. Es scheint in eine kritische Periode eingetreten zu sein. Doch wie nahe ist es seinem Zusammenbruch? Vielleicht steht dieser Zusammenbruch schon kurz bevor, wie man das aus den Energiekrisen und anderen Bedrohungen der Stabilität ablesen könnte. Vielleicht ist der Untergang jedoch noch gar nicht so bald zu erwarten.

Wenn wir uns nach Vergleichsdaten in der Geschichte Roms umsehen, die das Thema dieses Buchs ist – einer Geschichte, die im Jahr 476 zu Ende gegangen ist – welchen Zeitpunkt haben wir dann heute etwa erreicht? Das Jahr 395, das Jahr 407 oder das Jahr 429? Vielleicht sollten wir die Frage nicht in dieser Form stellen; Geschichte wiederholt sich nicht genau. Dennoch meinen wir, daß wir uns irgendwo innerhalb dieses Zeitraums befinden. Welches Stadium des Prozesses wir auch erreicht haben mögen, es ist wichtig, daß wir die Auflösung des Römischen Reichs genau untersuchen; denn das ist nicht nur ein höchst dramatischer und beachtenswerter Vorgang gewesen, sondern hier zeigen sich uns auch einige der möglichen Fehler, die wir selbst künftig vermeiden können.

Man hat für den Untergang des Weströmischen Reichs Hunderte von Ursachen gefunden. Wie verschiedenartig sie gewesen sind, erkennt man bei der Lektüre des Werks von Edward Gibbon. Er führt wenigstens zwei Dutzend angebliche Ursachen für diesen Verfall und Untergang an – militärische, politische, wirtschaftliche und psychologische. Auf viele dieser Ursachen werden wir im folgenden zu sprechen kommen. Doch der Historiker hat nicht versucht, sie gegeneinander abzuwägen oder sich für bestimmte Faktoren zu entscheiden. Für den Leser, der eine klare Antwort

18

haben will, ist das verwirrend, aber es beweist auch die Vernunft des Historikers. Denn eine so gewaltige und komplexe Institution wie das römische Weltreich konnte nicht durch eine einzige simple Ursache vernichtet werden.

Zwei Arten zerstörerischer Elemente waren für seinen Sturz verantwortlich: das Eindringen äußerer Feinde und Schwächen, die in seinem inneren Gefüge entstanden waren. Die Einfälle feindlicher Armeen lassen sich leicht feststellen. Über sie werden wir im ersten Teil des vorliegenden Bandes sprechen. Sie waren jedoch nicht so überwältigend, daß sie allein den Untergang des Reichs bewirken konnten.

Das Weströmische Reich mußte zerfallen, weil gewisse innere Schwächen den entschlossenen Widerstand gegen die Invasoren unmöglich machten; und der größere Teil dieser Arbeit wird sich mit diesen Schwächen beschäftigen.

Ich habe dreizehn Mängel bezeichnet, die nach meiner Auffassung zusammengewirkt haben, um das Römische Reich zu paralysieren. Alle haben eines gemeinsam: die Uneinigkeit. Jeder Mangel besteht in einer besonderen Uneinigkeit, durch welche das Reich gespalten wurde, und die den Römern die Fähigkeit nahm, der Aggression von außen wirksam entgegenzutreten. Der Himmel bewahre uns vor einer monolithischen Gesellschaft ohne jede innere Uneinigkeit und ohne Unterschiede der Charaktere und Meinungen. Es kann jedoch dazu kommen, daß solche Differenzen so kraß und unversöhnlich werden, daß die ganze Gesellschaftsstruktur in Gefahr gerät. Das ist bei den alten Römern geschehen, und deshalb mußte das Römische Reich untergehen.

Dieses Thema hat auch seine modernen Dimensionen. Bei näherer Betrachtung zeigt sich, daß sich die Verhältnisse seit jener Zeit zwar in vieler Hinsicht geändert haben, Rom jedoch unter ganz ähnlichen Zwiespalten litt wie die westliche Welt heute. Es ist daher besonders wichtig, diese Gegensätzlichkeiten zu erkennen. Ich habe jedoch nicht versucht, jede Parallele mit der heutigen Zeit zu bezeichnen oder zu besprechen. Einige ergeben sich von selbst, auf andere habe ich hingewiesen, in der Hauptsache habe ich es jedoch

Seite 21:
Der Hunnenkönig Attila. Medail-
lon aus Certosa di Pavia.

für richtig gehalten, dem Leser die Feststellung zu überlassen, in welche Richtung die Entwicklung geht, wo die Lage kritisch wird und welchen Einfluß gewisse Erscheinungen auf die heutige Weltlage haben.

Mr. Walter Annenberg möchte ich dafür danken, daß er mir so großzügig geholfen und mich zu dieser Arbeit angeregt hat. Ebenso danke ich Mr. David H. Appel für seine konstruktive und verständnisvolle Unterstützung. Für viele Anregungen und unschätzbare Hilfe bin ich Mr. Christopher Falkus aufrichtige Anerkennung schuldig. Mrs. Enid Gordon, Mr. Peter Quennell und Miss Susan Reynolds haben mich großzügig unterstützt, und ich danke ihnen herzlich dafür. Auf die Hilfe meiner Frau hätte ich niemals verzichten können.

Michael Grant, Gattaiola 1975

Historischer Überblick

Historischer Überblick

Das Römische Reich hatte gewaltige Ausmaße; es erstreckte sich vom Atlantik bis zum Euphrat und von Britannien bis zur Wüste Sahara. Sein Entstehen war die größte politische Leistung des Altertums, die in der Weltgeschichte kaum übertroffen worden ist. Mit vollem Recht durfte Plinius der Ältere von der »unerhörten Majestät des römischen Friedens« sprechen.

Die Schaffung dieses mächtigen Organismus' vollzog sich langsam und schrittweise. In grauer, halb legendärer Vorzeit war Rom ein kleiner, von Königen beherrschter italienischer Stadtstaat gewesen. Etwa um die Wende des 6. Jahrhunderts vor Chr. wurde die Königsherrschaft gestürzt, und es entstand eine Republik. Die Staatsgewalt lag nominell bei der Volksversammlung, aber die wirkliche Gewalt konzentrierte sich in den Händen weniger Adelsfamilien. Sie bildeten den Kern des Senats, der zwar technisch nur eine beratende Funktion hatte, in Wirklichkeit aber über viele Generationen die Regierungsgeschäfte führte.

In den folgenden zweihundert Jahren breitete sich die Vorherrschaft Roms allmählich über die einzelnen italienischen Regionen aus. Im 3. Jahrhundert v. Chr. kam es zu einem Zusammenstoß Roms mit der nordafrikanischen Seemacht Karthago, und nun beherrschten die Römer auch das westliche Mittelmeer. In der Folge dehnte sich das Römische Reich bis wenige Jahre vor Beginn der christlichen Zeitrechnung auch auf das östliche Mittelmeergebiet aus. Die Verwaltung des weiträumigen und verschiedenartigen Staatsgebiets stellte so hohe Anforderungen an den Regierungsapparat, daß das republikanische System darunter zerbrach. Zur Zeit von Julius Caesar und in der Regierungszeit des ersten römischen Kaisers Augustus (31 v. Chr. bis 14 n. Chr.) spielte der Senat nur noch eine untergeordnete Rolle und gewann seinen früheren Einfluß niemals wieder. Seine Mitglieder, die nach dem Herrscher die führenden Männer im Staat waren, behielten zwar einen gewissen Einfluß, aber die Macht der Kaiser stützte sich auf die Armee, so sehr man auch versuchte, diese Tatsache hinter der Fassade der Verfassung zu verbergen, die Augustus geschaffen hatte.

Im gleichen Augenblick als die Republik aufhörte zu bestehen und das Kaiserreich oder Prinzipat begann, dehnte sich auch die Herrschaft des Römischen Reichs auf die zentral gelegenen und nördlichen Gebiete des europäischen Kontinents aus. Caesar schob die nördliche Reichsgrenze bis an den Rhein vor, und Augustus verlängerte sie über den ganzen Lauf der Donau. Die Völker innerhalb dieser Grenzen von den Niederlanden bis nach Budapest, die am jenseitigen Flußufer die römischen Befestigungen liegen sahen, waren Germanen, und im Lauf der Zeit mehrten sich die kriegerischen Auseinandersetzungen zwischen Germanen und Römern.

Die Hauptgötter der germanischen Stämme waren Kriegsgötter, aber die Germanen kannten auch schon Ackerbau und Viehzucht, und was sie in den von den Römern besiedelten blühenden Provinzen sahen, erregte ihr Verlangen nach einem ähnlich hohen Lebensstandard. Dazu wurden sie selbst von weiter im Norden und Osten lebenden Völkern bedrängt. Als sich die Germanen an den Grenzen des Römischen Reichs daher im 2. nachchristlichen Jahrhundert zu großen Konföderationen und Bündnissen zusammenzuschließen begannen, geriet das Reich, das sich außerdem an seiner Ostgrenze vom parthischen Königreich bedroht sah, in Bedrängnis.

Zu ernsten Schwierigkeiten kam es zum erstenmal in der Regierungszeit des Marcus Aurelius (161–180), der einen gemeinschaftlichen Angriff von Norden her abwehren mußte, der das Reich in seine erste große Krisis stürzte, die mehrere Jahre dauerte. Septimius Severus (193–211) lernte aus diesen Erfahrungen und vergrößerte die Armee. Da er seine Soldaten auch besser bezahlte, mußte er die Zivilbevölkerung stärker besteuern, die jetzt gezwungen war, auf manche Bequemlichkeiten zu verzichten, um den Sold für die 400000 Mann starke Armee aufzubringen.

Heute sehen sich die Länder der westlichen Welt gezwungen, einen großen Teil ihres Budgets für Verteidigungsausgaben bereitzustellen, um sich gegen potentielle äußere Feinde zu schützen, denen gegenüber man auch dort, wo freundschaftliche Beziehun-

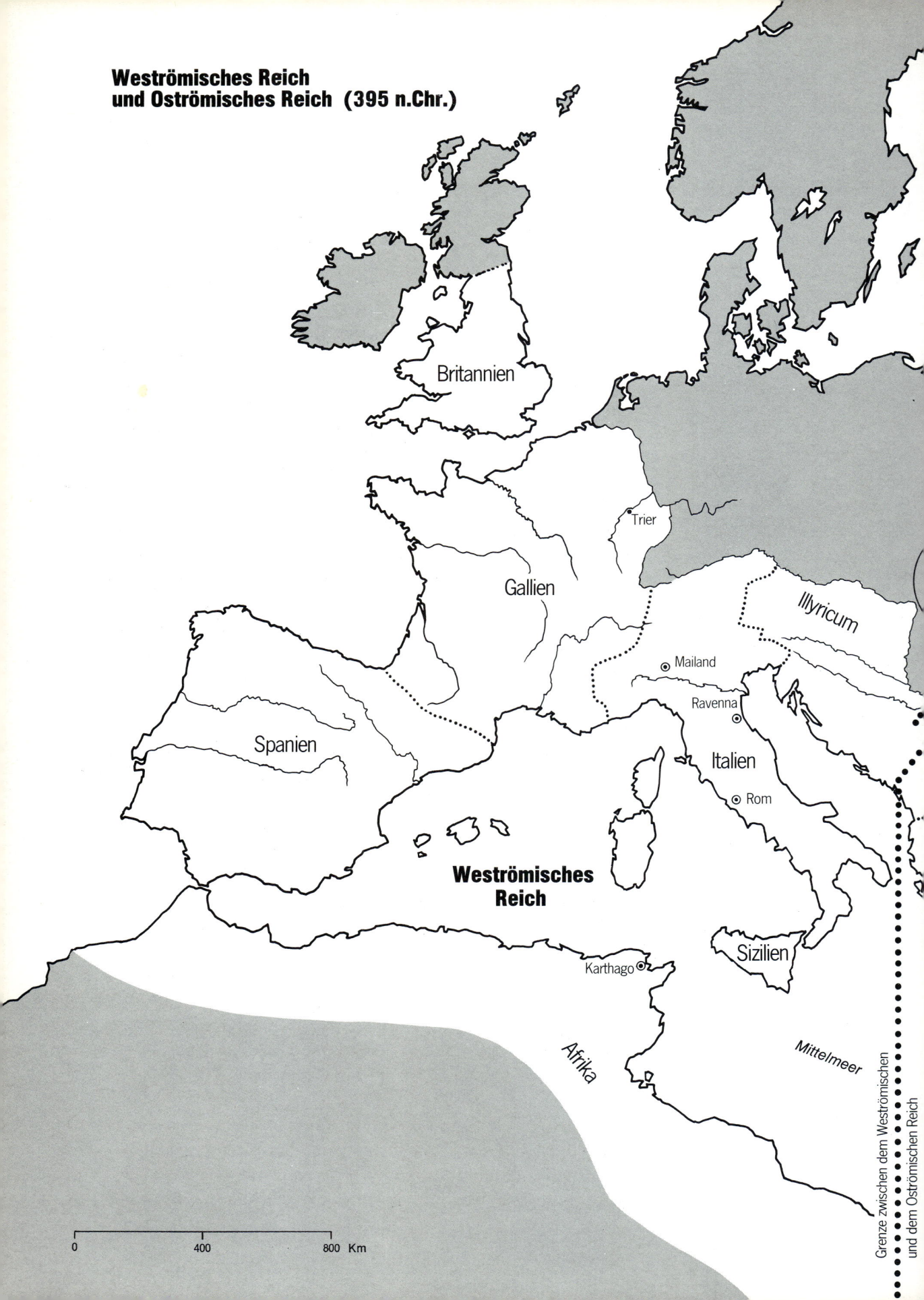

**Weströmisches Reich
und Oströmisches Reich (395 n.Chr.)**

Britannien

Trier

Gallien

Illyricum

⊙ Mailand

Ravenna ⊙

Spanien

Italien

⊙ Rom

**Weströmisches
Reich**

Sizilien

Karthago ⊙

Afrika

Mittelmeer

Grenze zwischen dem Weströmischen
und dem Oströmischen Reich

0   400   800 Km

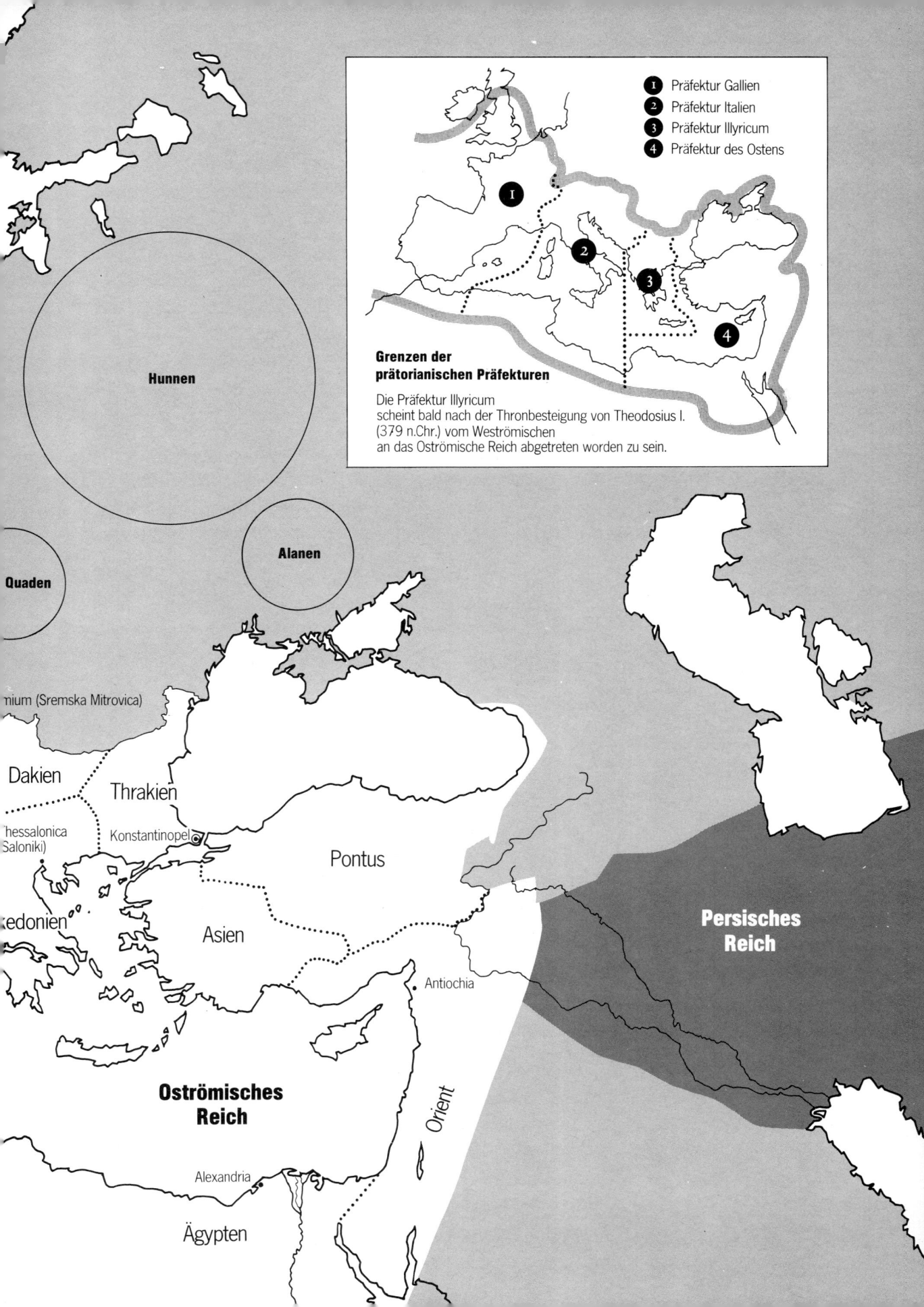

Grenzen der prätorianischen Präfekturen

- **1** Präfektur Gallien
- **2** Präfektur Italien
- **3** Präfektur Illyricum
- **4** Präfektur des Ostens

Die Präfektur Illyricum
scheint bald nach der Thronbesteigung von Theodosius I.
(379 n.Chr.) vom Weströmischen
an das Oströmische Reich abgetreten worden zu sein.

Hunnen

Quaden

Alanen

...nium (Sremska Mitrovica)

Dakien

Thrakien

...hessalonica
(Saloniki)

...edonien

Konstantinopel

Pontus

Asien

Antiochia

Persisches
Reich

Oströmisches
Reich

Orient

Alexandria

Ägypten

Septimius Severus (193–211 n. Chr.),

gen bestehen, eine Position der Stärke einnehmen muß. In der alten Welt dauerten solche freundschaftlichen Beziehungen nie sehr lange, und während des größten Teils des 3. Jahrhunderts n. Chr. kam es immer wieder zu Einfällen in das römische Staatsgebiet von germanischen und anderen Stämmen im Norden und von den Persern (den viel kriegstüchtigeren Nachfolgern der Parther) im Osten. Jetzt hatte es den Anschein, die römische Welt, die auch durch innere Unruhen zerrissen war, werde nicht überleben können. Doch in einer der erstaunlichsten Schicksalswenden der Weltgeschichte gelang es einer Reihe tüchtiger Soldatenkaiser, die Feinde Roms zurückzuschlagen.

Der Preis, den die Bewohner des Römischen Reichs zu zahlen hatten, war jedoch gewaltig. Um die hohen Kontributionen in barem Geld und Sachwerten einzutreiben, die für den Unterhalt der Armee gebraucht wurden, die solche Leistungen vollbringen konnte, stiegen die Steuerlasten in bisher nicht gekannter Weise. Diokletian (284–305) und nach ihm Konstantin der Große (306–337) reformierten das gesamte Verwaltungssystem mit dem Ziel, die notwendigen Staatseinnahmen sicherzustellen.

Ebenso wie andere Kaiser jener Zeit verwendete Konstantin sehr viele germanische Soldaten und Offiziere in seiner Armee; zuerst Franken und Alemannen, später West- und Ostgoten, Vandalen und Burgunder. Wie schon einige seiner Vorgänger erlaubte auch er germanischen Einwanderern, sich innerhalb der Grenzen des Römischen Reichs anzusiedeln, und zwar in weit größerer Zahl als bisher. Dennoch blieb die militärische Bedrohung durch die germanischen Stämme, die sich außerhalb der Reichsgrenzen befanden, sowie diejenige durch die Perser an der Grenze im Südosten unvermindert bestehen.

Konstantin erkannte, daß Rom wegen seiner geographischen Lage nicht mehr die geeignete Hauptstadt war. Von hier aus würde es ihm schwerfallen, gleichzeitig die beiden wichtigsten Grenzgebiete zu überwachen, die Grenze an Rhein und Donau im Norden und die am Euphrat im Osten. Schon frühere Herrscher hatten aus ähnlichen Gründen ihre Residenzen von Zeit zu Zeit an Orte ver-

oben: Shapur II. (310–379 n. Chr.), ein starker Herrscher des sassanidischen Persien, dem östlichen Feind des Römischen Reichs.
unten: Konstantin der Große

legt, von denen aus sich die Verteidigungszonen besser erreichen ließen. Mailand war eine dieser Städte gewesen, und Konstantin selbst hatte an einer Reihe anderer Orte residiert, in Trier im westlichen Germanien, in Arles in Südfrankreich, in Pavia in Norditalien, in Sirmium am jugoslawischen Fluß Save und in Sofia in Bulgarien. Jetzt beschloß er, seinen Regierungssitz nach Byzanz an den Bosporus zu verlegen, um die Reichsgrenzen an Donau und Euphrat zu überwachen. Hier gründete er seine neue Hauptstadt Konstantinopel, das heutige Istanbul.

Mit der Einführung des Christentums gab Konstantin den Anstoß für eine weitere bedeutsame Entwicklung. Die verhältnismäßig kleine christliche Gemeinde, die bisher kaum einen politischen Einfluß gehabt hatte, gewann nun eine beherrschende Stellung im Staat. Nach seinem Tod hinterließ er das Reich seinen drei Söhnen, unter denen Constantius II. (337–361) sich durchzusetzen vermochte. Zu seiner Regierungszeit lebten die Kämpfe an der Nord- und Ostgrenze von neuem auf. An der Rheingrenze bei Straßburg errang sein Vetter Julianus 356 einen großen Sieg über die Germanen. Fünf Jahre später kam er auf den Thron. Er kehrte zur heidnischen Religion zurück und erhielt deshalb den Beinamen ›Apostata‹. Doch in seinem Feldzug gegen die Perser fiel er 363, und sein Nachfolger Jovianus führte das Christentum wieder als Staatsreligion ein, starb jedoch schon ein Jahr später.

Zerfall und Untergang

In diesem Buch werden wir uns in der Hauptsache mit den nun folgenden 112 Jahren beschäftigen, die mit dem Untergang des Weströmischen Reichs zu Ende gehen.

Man hat sich lange nicht darüber einigen können, zu welchem Zeitpunkt der Verfall des Römischen Reichs begonnen hat. Gestützt auf die Auffassungen von Arnold Toynbee erklärte eine Schule marxistischer Historiker, die Krise der klassischen Kultur, die zum Zusammenbruch Roms führte, habe bereits 431 v. Chr. begonnen, als sich die griechischen Stadtstaaten im Peloponnesi-

oben: Julian Apostata (361–363 n. Chr.)
unten: Jovian (363–364 n. Chr.)

schen Krieg gegenüberstanden, also vier Jahrhunderte vor dem römischen Kaiserreich, dessen Verfall angeblich schon durch diese Ereignisse eingeleitet worden ist.

Gibbon vertritt eine ganz andere Meinung. Noch ganze sechs Jahrhunderte später erkennt er keine Anzeichen der Schwäche im Römischen Reich.

»Wenn man die Periode in der Weltgeschichte festlegen sollte«, sagt Gibbon, »zu der das Menschengeschlecht am glücklichsten war und den größten Wohlstand genoß, dann müßte man ohne zu zögern diejenige nennen, die nach dem Tode Domitians bis zum Regierungsantritt von Commodus (96–180 n. Chr.) verstrichen ist.«

Spätere Historiker haben diese Behauptung von Gibbon in Frage gestellt und darauf hingewiesen, daß man bei der Sklavenbevölkerung kaum von Glück und Wohlstand sprechen könnte, und vieles, was später offensichtlich schlecht war, habe sich bereits hinter den Kulissen in dem von Gibbon als ›goldenes Zeitalter‹ bezeichneten Zeitraum vorbereitet. Wenn wir jedoch mit dem ›Menschengeschlecht‹ nur die Bevölkerung des Römischen Reichs bezeichnen und in Betracht ziehen, wie es der Mehrheit dieser Menschen ging, dann hatte Gibbon wahrscheinlich gar nicht so unrecht.

In der Folgezeit begann das Römische Reich im 3. Jahrhundert n. Chr. unter dem Druck äußerer Bedrohungen und innerer Rebellionen zu zerfallen. Das war jedoch noch keineswegs das Ende, denn der endgültige Untergang ereignete sich viel später, und zwar erst zur Jahrhundertwende des 5. Jahrhunderts n. Chr. In diesem Buch werden wir den Beginn des Zerfalls deshalb in die Regierungszeit Valentinians I. (364–375) verlegen, obwohl Rom zu seiner Zeit noch auf der Höhe seiner Macht zu stehen schien.

Valentinian I.

364 rief die Armee Valentinian I. zum Kaiser aus, und er war der letzte wirklich dynamische Herrscher, den das Römische Reich

28

gehabt hat. Er stammte aus einer Stadt im heutigen Jugoslawien, war hochgewachsen und kräftig, ein ausgezeichneter Ringer, hatte blondes Haar, blau-graue Augen, regelmäßige Züge, ein schmales Gesicht und eine große, gerade Nase. Obwohl seine Gegner ihn wegen seiner barbarischen Herkunft verachteten, war er ein gebildeter Mann, ein begabter Maler und tüchtiger Bildhauer.

Charakterlich war er labil; grausam, eifersüchtig, launisch und übernervös. Auch verstand er es nicht, die Leute zu beurteilen, die das Reich in seinem Namen verwalteten. Trotzdem war Valentinian ein glänzender Soldat und ein gewissenhafter Arbeiter, der über ungewöhnliche Energie verfügte. Er fühlte sich dem Staat verpflichtet, ganz besonders aber den Armen. Dieses Gefühl verband sich mit einer entschiedenen Ablehnung der oberen Gesellschaftsklasse in Rom. In dem Zeitalter, in dem er lebte, war es noch ungewöhnlicher, daß er gegenüber unterschiedlichen religiösen Auffassungen tolerant war. Trotz all seiner Fehler wäre er in jeder Epoche ein überdurchschnittlicher Mann gewesen, und es liegt nur an der hergebrachten Gleichgültigkeit gegenüber den Persönlichkeiten des spätrömischen Reichs, daß die meisten Menschen nie etwas von ihm gehört haben.

oben: Valentinian I., weströmischer Kaiser (364–375
n. Chr.)
unten: Valens, oströmischer
Kaiser (364–378 n. Chr.)

Valentinian glaubte, die Verteidigung des Reichs erfordere es, daß
es nicht nur einen Imperator, sondern zwei geben müsse. Er gab
daher seinem Bruder Valens den Osten und behielt selbst den
Westen. Das Weströmische Reich, das er übernahm, hatte eine
ungeheure Ausdehnung und verfügte über eine starke Armee.
Nach elf Regierungsjahren war sie stärker denn je zuvor.
Aber diese Stärke verdankte sie nur der nicht nachlassenden
Wachsamkeit und Energie des Kaisers, denn unmittelbar nach
seiner Thronbesteigung hatte er mit einer ganzen Reihe von
Schwierigkeiten zu kämpfen. Ammianus schreibt in seiner großartigen lateinischen Geschichte Spätroms, »zu dieser Zeit erhoben
sich die wildesten Völker und stürmten über die nächsten Grenzen, und die Kriegstrompete dröhnte durch die ganze römische
Welt.« Aber Valentinian und seine tüchtigen Heerführer zeigten
sich der Lage gewachsen.
Zuerst überschritten die Germanen den Rhein und eroberten die
Festung Mainz. Sie wurden jedoch dreimal von den Römern geschlagen, und der Kaiser selbst, der sein Hauptquartier von Paris
in die Grenzstadt Trier verlegte, marschierte mit seinen Truppen
das Neckartal hinauf und errang im Schwarzwald einen glänzenden Sieg. Sieben Jahre blieb er in Germanien und schuf dort ein
hervorragendes Festungssystem am Rhein, baute Basel zur Festung aus und ging dann nach Amiens, um die militärischen Operationen in Britannien zu leiten, das von den Sachsen, die über das
Meer gekommen waren, und von den Pikten und Skoten von
Norden her überrannt wurde.
Außerdem säte Valentinian absichtlich Zwietracht zwischen den
germanischen Stämmen, indem er die Burgunder zu Hilfe rief, die
Erbfeinde ihrer Landsleute, der Alemannen, die zugleich auch
Feinde Roms waren. Während dieser Zeit siedelte er weiterhin
zahlreiche Germanen innerhalb der Grenzen des Römischen
Reichs an.
Im Jahr 374 überschritten noch mehr germanische Stämme sowie
Angehörige der großen sarmatischen Völkerfamilie – hauptsäch-
lich iranischen Ursprungs – den östlichen Teil der Nordgrenze des

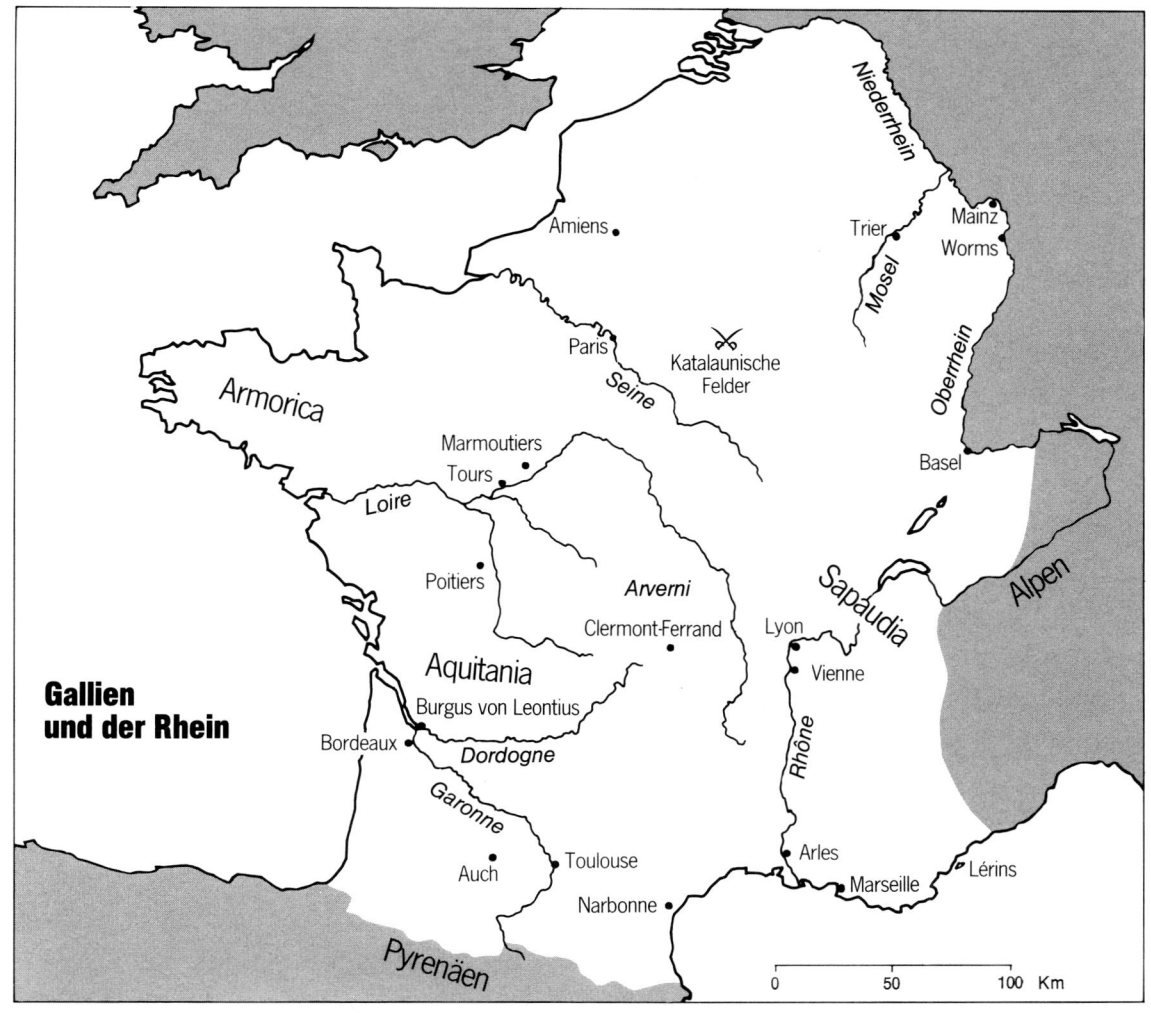

Gallien und der Rhein

Römischen Reichs an der mittleren und oberen Donau und drangen in das Gebiet des heutigen Ungarn und Österreich ein. Im folgenden Jahr richtete Valentinian seine Residenz in Sirmium an der Save ein und verstärkte seine Befestigungen an der Donau, die er überschritt, um in das germanische Gebiet jenseits des Flusses einzufallen. Noch im gleichen Jahr erzürnte er sich so sehr über das herausfordernde Betragen germanischer Gesandter, die ihn in Ungarn aufsuchten, daß er einen Blutsturz erlitt und starb.

Sein unbedeutender, sechzehnjähriger Sohn Gratianus folgte ihm auf den Thron, doch als dieser sich in einem abgelegenen Grenzgebiet befand, unternahm die starke römische Armee an der Donau den Versuch, einen ihrer Heerführer an seiner Stelle zum weströmischen Kaiser auszurufen. Um das zu verhindern, wendeten sich einige germanische Offiziere des Heeres an Valentinians Witwe Justina und ließen ihren vierjährigen Sohn als Valentinian II. in Budapest zum Kaiser ausrufen. Weder Gratianus noch Valens waren vorher konsultiert worden. Sie erkannten jedoch das Kind als Herrscher an und übergaben ihm die Hälfte

oben: Valentinian II. (383–392 n. Chr.)
unten: Gratian (375–383 n. Chr.)

des Westreichs mit Italien, Nordafrika und dem größten Teil des Balkans.

Doch nun erlitt das Ostreich eine schwere Niederlage, die sowohl im Osten wie im Westen weitreichende Folgen hatte. Das war die Schlacht von Adrianopel (das heutige Edirne in der europäischen Türkei) gegen die Westgoten.

In Osteuropa gab es zwei große germanische Staatsgebilde, das der Ostgoten in der Ukraine und das der Westgoten im heutigen Rumänien. Doch um 370 waren die Hunnen, die nicht zu den Germanen zählten, mit ihren riesigen Reiterscharen in dieses Gebiet eingefallen, hatten das ostgotische Königreich vernichtet und 200 000 Westgoten über die Donau in das Oströmische Reich gedrängt, wo die Beamten von Valens ihnen erlaubten, sich anzusiedeln. Doch bald beschwerten sich die Westgoten nicht zu Unrecht darüber, daß die Oströmer sie unterdrückten und ausbeuteten. Es kam zu einer Rebellion, und unter der Führung ihres Häuptlings Fritigern verwüsteten sie den Balkan, während gleichzeitig andere germanische Stämme über die Donau nachstießen. Der oströmische Kaiser Valens marschierte von Asien kommend heran, um sich ihnen entgegenzustellen, und griff sie am 9. August 378 bei Adrianopel an. Dabei errangen die Westgoten nach einem erfolgreichen Flankenangriff ihrer Reiter einen entscheidenden Sieg. Die römischen Reiter wurden in die Flucht geschlagen, und die römische Infanterie wurde vollständig aufgerieben. Valens fiel, seine Leiche wurde aber nicht gefunden.

Victor Duruy, ein Historiker aus dem 19. Jahrhundert, schreibt: »Hier können wir unseren Bericht schließen. Die Invasion hat begonnen. Fritigern steht vor den Toren von Konstantinopel; in wenigen Jahren wird Alarich Rom einnehmen.«

Theodosius I.

Der weströmische Kaiser Gratianus hatte nicht rechtzeitig nach Adrianopel kommen können und zog sich nun wieder auf sein eigenes Gebiet zurück. Er traf jedoch auch Vorbereitungen für die

Silbermünze Theodosius' I.,
geprägt in Siscia (Sisak,
Jugoslawien)

Ernennung eines neues zweiten Kaisers. Seine Wahl fiel auf den zweiunddreißigjährigen Theodosius, den Sohn eines spanischen Grundbesitzers gleichen Namens, der, bevor er in Ungnade gefallen war, der erfolgreichste Heerführer unter Valentinian I. gewesen war. Nachdem sein Sohn in Sirmium zum Kaiser ausgerufen worden war, regierte er zehn Jahre das Oströmische Reich, dem der Westen jetzt auch den größten Teil des Balkans überließ. Anschließend übernahm er auch die Herrschaft über das Weströmische Reich, so daß beide Reiche noch vor seinem Tode vereinigt waren.

Theodosius war ein Mann von glänzender äußerer Erscheinung mit einer fein gebogenen Adlernase und ebenso blondem Haar wie Valentinian. Es fehlte ihm jedoch an Ausdauer, er schwankte zwischen leidenschaftlicher Aktivität und lähmender Indolenz. Zeitweilig führte er das einfache Leben des Feldsoldaten, um es dann mit dem Luxus des Hofes zu vertauschen, wo er sich in die Lektüre der römischen Geschichte vertiefte. Er verhängte grausame Strafen, um sie bald darauf wieder aufzuheben und die Verurteilten zu begnadigen. Er war habgierig und extravagant, gefallsüchtig und versuchte, seine Versprechen zu halten, galt aber nicht als zuverlässiger Freund oder militärischer Führer.

Theodosius erhielt den Beinamen ›der Große‹, weil er sich in seiner Regierungszeit kompromißlos zum orthodoxen Christentum bekannte. 382 nahm er das ganze Volk der Westgoten in die Grenzen seines Reichs auf, die hier unter der Bedingung nach ihren eigenen Gesetzen und unter ihrer eigenen Verwaltung leben durften, daß sie den Römern Soldaten und landwirtschaftliche Arbeiter stellten. Sie waren das erste einer Reihe germanischer Völker, denen man den Status von Verbündeten und ›Konföderierten‹ zubilligte.

Sehr bald verlor Theodosius seinen westlichen Mitkaiser Gratianus, der 383 in Lyon in Südfrankreich von den Truppen des Usurpators Magnus Maximus ermordet wurde. Vier Jahre später fiel Maximus unerwartet in Italien ein, wurde jedoch in zwei Schlachten von Theodosius I. besiegt, der ihn in Aquileia durch das

Schwert hinrichten ließ. Um 389 mußte sich der Kaiser jedoch einem starken Druck von außen beugen und den westlichen Teil des Gebiets an der oberen Donau nördlich des Bodensees in der Nähe der heutigen deutsch-schweizerischen Grenze an die Germanen abtreten.

Theodosius kehrte nach Konstantinopel zurück und überließ die Herrschaft im Westen seinem militärischen Oberbefehlshaber Arbogast. Er ist es wahrscheinlich gewesen, der 392 für den Tod Valentinians II. bei Vienne in Südfrankreich verantwortlich war. Anschließend versuchte Arbogast, sich von Theodosius unabhängig zu machen. Als Germane hatte er nicht den Ehrgeiz, selbst den Purpur anzulegen, denn Männer seiner Abstammung konnten damals, so groß ihre Macht auch sein mochte, nicht Kaiser werden. Er bediente sich dafür einer Marionette, des Rhetorikers Eugenius, in dessen Namen er die Regierungsgewalt in Italien und den spanischen Provinzen ausübte.

Aber Theodosius besiegte Eugenius und ließ ihn hinrichten. Wieder beherrschte er das ganze Ost- und Westreich. Doch seine Herrschaft dauerte nur fünf Monate, denn er starb im Januar 395.

Stilicho und Alarich

Der älteste, jetzt achtzehnjährige Sohn des Theodosius, Arcadius, übernahm die Herrschaft im Osten, während sein elfjähriger Bruder Honorius nominell zum weströmischen Kaiser ausgerufen wurde. Arcadius blieb dreizehn und Honorius fünfundzwanzig Jahre Kaiser. Arcadius war klein von Wuchs, verschlafen und träge beim Sprechen. Honorius war fromm und sanft, aber unfähig und störrisch wie ein Maulesel. Der schottische Historiker Robertson schrieb im 18. Jahrhundert, die 150 Jahre, in denen das Menschengeschlecht sich im bedauernswertesten Zustand befunden habe, »begannen mit der Thronbesteigung dieses langweiligen Paars«.

Die Aufgabe, beide Reiche zu verwalten, mußten natürlich andere

oben: Bronzemünze des
Arcadius (395–408 n. Chr.),
geprägt in Alexandria
Mitte: Münze des Honorius
(395–423 n. Chr.), geprägt in
Antiochia
unten: Der große Feldherr
Stilicho auf einem Elfenbeindiptychon (ca. 400 n. Chr.)

übernehmen. Der eigentliche Beherrscher des Westens und zugleich die bedeutendste militärische und politische Persönlichkeit seiner Zeit war der geheimnisvolle Stilicho, halb Römer und halb Germane. Er war unter Theodosius Oberbefehlshaber der Armee gewesen und mit dessen Lieblingsnichte Serena verheiratet.

Stilicho war ein außergewöhnlich begabter und energischer Heerführer. Doch das Leben dieses Mannes, der Rom für längere Zeit von seinen politischen und militärischen Schwierigkeiten hätte befreien können, wurde von zwei Wolken überschattet. Die erste betraf seine Haltung gegenüber dem Oströmischen Reich und die zweite seine Beziehungen zu den westgotischen ›Verbündeten‹, die sich innerhalb der Grenzen des Reiches angesiedelt hatten.

In seinem Verhalten gegenüber Ostrom war Stilicho kühl und zuletzt sogar feindselig, denn es war seine Absicht, den Balkan für Westrom zurückzugewinnen. Aus dieser Haltung entstand eine folgenschwere Entfremdung zwischen den beiden Reichen. Gegenüber den Westgoten und besonders gegenüber ihrem sehr tüchtigen Herrscher Alarich (395–410) war Stilicho nicht so ablehnend wie er es vielleicht hätte sein sollen. Nach dem Tode von Theodosius I. hatte Alarich rebelliert, und zwar mit der Begründung, die seinem Volk zugestandenen Subsidien seien nicht gezahlt worden. Später stellte sich Stilicho ihm in einer Reihe von Schlachten entgegen und hätte ihn endgültig besiegen können, tat es aber nicht, weil er glaubte, sein germanischer Landsmann könnte sich von ihm als Gegengewicht gegen das Ostreich einsetzen lassen. Doch Alarich, der zunächst einen friedlichen Ausgleich mit der kaiserlichen Regierung angestrebt hatte, war im Lauf der Zeit zum Feind der Römer geworden, und es war gefährlich, ihm freie Hand zu lassen.

Die Schwierigkeiten begannen, weil Stilicho von Theodosius als Regent für Honorius im Westen bestimmt worden war und sich nun darüber ärgerte, daß Rufinus die Regentschaft für den jungen Kaiser Arcadius im Osten innehatte. Als Alarich daher rebellierte und gegen Konstantinopel marschierte, ließ Stilicho, der von Ostrom zu Hilfe gerufen wurde, es absichtlich an der notwendigen

Energie fehlen und behinderte kaum die Operationen des Alarich. 395 ließ er den Regenten Rufinus, von dem er annahm, er werde seine Pläne durchkreuzen, ermorden.

Zwei Jahre später erschien Stilicho mit einer neuen Armee auf dem Balkan und schloß die Westgoten in Griechenland ein. Aber zur Empörung der oströmischen Regierung zwang er sie nicht zur Kapitulation.

Obwohl sich Stilicho ihm gegenüber so nachsichtig gezeigt hatte, wendete sich Alarich 401 gegen das Westreich und drang in Italien ein. Stilicho, dessen Tochter mit dem Kaiser Honorius verheiratet war, rief Verstärkung vom Rhein und aus Britannien heran und schlug die Eindringlinge in den Jahren 402 und 403 in Norditalien. Doch wieder gelang es Alarich, zu entkommen und mit seinem Heer aus Italien abzuziehen.

Während dieser Zeit hatten andere germanische Stämme, und zwar die Ostgoten, das Reichsgebiet an der mittleren Donau verwüstet, und ein großer Teil der römischen Bevölkerung war aus der ungarischen Tiefebene geflohen. Damit verlor das Weströmische Reich eines der Gebiete, in denen es seine besten Soldaten rekrutierte. Im Jahr 405 stürmten nun diese Ostgoten und andere Germanen unter der Führung eines gewissen Radagaisus nach Süden und stießen bis nach Italien vor. Stilicho stellte sich ihnen entgegen und vernichtete das feindliche Heer bei Fiesole vor Florenz. Dann schlug er Alarich vor, gemeinsam mit ihm eine Offensive zu unternehmen, und zwar nicht gegen einen äußeren Feind, sondern gegen Ostrom. Diese Pläne wurden jedoch durch den folgenschwersten aller germanischen Einfälle in das Westreich vereitelt.

Er begann in den letzten Tagen des Jahres 406, als ein gewaltiges germanisches Heer, das sich aus Angehörigen der verschiedensten germanischen Stämme zusammensetzte – aus Vandalen, Sueben, Alanen und Burgundern – den zugefrorenen Rhein überschritt, wo es auf nur geringen Widerstand stieß, um dann fächerförmig in das angrenzende Gebiet und nach Gallien vorzustoßen und furchtbare Verwüstungen anzurichten.

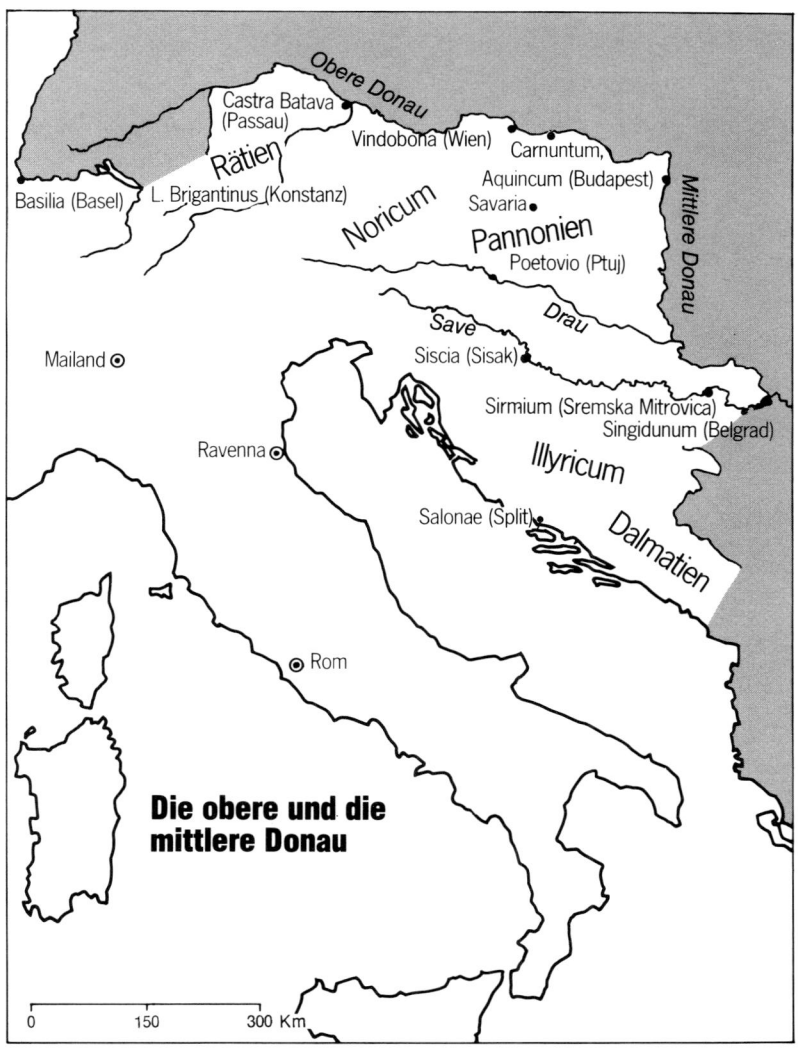

Die obere und die mittlere Donau

Mainz, in dessen Nähe das Heer den Fluß überschritten hatte, wurde geplündert, ebenso Trier und viele andere im heutigen Belgien und Nordfrankreich gelegene Städte.

Die Eindringlinge setzten ihren Weg fort, bis ein Teil von ihnen ganz Gallien hinter sich gelassen hatte und bis an die Pyrenäen gekommen war. Auf dem Weg dorthin trafen die Germanen auf nur geringen feindlichen Widerstand, der in Toulouse am stärksten war. Der heilige Hieronymus schrieb: »Ungezählte wilde Völkerschaften halten jetzt ganz Gallien besetzt. Mit wenigen Ausnahmen sind alle Städte entweder von außen durch das Schwert oder von innen durch die Hungersnot verwüstet worden.« Das war ein zu düsteres Bild, aber Hieronymus hatte recht, wenn er sagte, daß der Germaneneinfall ein historischer Wendepunkt gewesen sei.

»...Den denkwürdigen Rheinübergang«, schreibt Gibbon, »darf man als den Untergang des Römischen Reichs in den jenseits der Alpen liegenden Ländern ansehen. Von diesem Augenblick an

Der Usurpator Konstantin III.
(407–411 n. Chr.)

waren die Barrieren, die die wilden und die zivilisierten Nationen der Erde voneinander getrennt hatten, niedergerissen.«

Stilicho konnte kaum etwas ausrichten, denn er war zu sehr mit seinen Plänen für einen Feldzug gegen das Ostreich beschäftigt. Die Germaneneinfälle hatten jedoch zur Folge, daß einige römische Heerführer den Versuch unternahmen, den weströmischen Kaiserthron zu usurpieren. Einer dieser Usurpatoren, Constantin III., wurde in Britannien von den Truppen zum Kaiser ausgerufen, worauf er den Kanal überquerte und das Land ungeschützt den Sachsen überließ, nachdem er den Briten empfohlen hatte, sich ohne seine Hilfe gegen den eingedrungenen Feind zu verteidigen. Nachdem sich Constantin in Gallien den Germanen entgegengestellt und von der Reichsregierung zeitweilig anerkannt worden war, ging er nach Spanien, konnte es aber nicht verhindern, daß die Germanen ihm mit starken Kräften nachrückten und ebenfalls in Spanien eindrangen.

Alarich hatte indessen von der römischen Regierung Subsidien in Höhe von 4 000 Pfund Gold gefordert, und Stilicho zwang den Senat, der sich dieser Forderung zunächst widersetzte, Alarich zu geben, was er verlangte. Doch Stilichos Einfluß schwand immer mehr dahin, und bald wurde er angeklagt, sich mit Alarich verschworen zu haben, um seinen eigenen Sohn auf den Thron zu setzen. Die Truppen in Pavia meuterten gegen Stilicho und massakrierten seine Anhänger, zu denen zahlreiche hohe militärische und zivile Beamte gehörten. Er selbst ging nach Ravenna, das damals die Hauptstadt des Weströmischen Reichs war. Nachdem er sich geweigert hatte, seine germanische Leibgarde zu Hilfe zu rufen, kapitulierte er vor dem Kaiser Honorius und wurde hingerichtet. Ein kaiserliches Edikt erklärte ihn zum Banditen, der es nur darauf abgesehen habe, sich zu bereichern und die Barbaren gegen Rom aufzuwiegeln. In dem folgenden halben Jahrhundert ist es keinem Germanen mehr gelungen, die Stellung des Oberbefehlshabers der römischen Streitkräfte einzunehmen.

In der nach Stilichos Tod herrschenden anti-germanischen Stimmung massakrierten die römischen Truppen die Frauen und Kinder ihrer germanischen Kameraden, die nun in großer Zahl zu den Westgoten überliefen. Alarich, dem jetzt die guten Beziehungen fehlten, die er mit Stilicho unterhalten hatte, verlangte Geld und Land für seine Männer, und als man ihm dies verweigerte, marschierte er gegen Rom und schnitt der Stadt die Lebensmittelzufuhr ab. Er schloß Rom jedoch nur ein und brach die Belagerung ab, als der Senat ihm große Mengen von Gold, Silber und Kupfer bezahlte. Als sich die Regierung in Rom im folgenden Jahr wieder weigerte, seinen Forderungen nachzukommen, marschierte er zum zweitenmal gegen Rom und setzte dort den Übergangskaiser Priscus Attalus ein.

Da die Regierung in Ravenna sich seinen Wünschen nicht fügen wollte, belagerte Alarich 410 die Stadt zum drittenmal. Durch Verrat wurden ihm die Tore geöffnet, und zum Schrecken der Römer drangen seine Soldaten in die alte Hauptstadt ein und besetzten sie. Zum erstenmal nach achthundert Jahren befanden sich nun feindliche Truppen innerhalb der Stadtmauern von Rom. Es kam zu Plünderungen, und einige Gebäude brannten nieder – aber nicht sehr viele. Dieses Ereignis bezeichnete nicht den endgültigen Untergang des Römischen Reichs, wie es einige Historiker zur Zeit der Renaissance behauptet haben, denn die Armee der Westgoten blieb nur drei Tage in der Stadt.

Alarich zog ab und marschierte zur Südspitze Italiens. Dorthin nahm er die einundzwanzigjährige Halbschwester des Kaisers, Galla Placidia, mit. Von Süditalien aus wollte er nach Nordafrika übersetzen, aber er erlitt Schiffbruch und mußte umkehren. Als er in Consentia, dem heutigen Cosenza, angekommen war, starb er. Sein Leichnam wurde mit reichen Grabbeigaben tief im Flußbett des Busento beigesetzt, um seine letzte Ruhestatt für alle Zeiten vor Grabschändern zu schützen.

Constantius III.

Der hervorragendste römische Heerführer der nun folgenden zehn Jahre war der aus einer jugoslawischen Stadt gebürtige Con-

Constantius III. war 421 n. Chr.
wenige Monate Kaiser

stantius. Honorius hatte ihn zum Oberbefehlshaber ernannt, und während eines Zeitraums von wenigen Monaten regierte er als Kaiser unter dem Namen Constantius III. Über seine Lebensgeschichte wissen wir nur wenig, aber der zeitgenössische griechische Historiker Olympiodorus hat seine äußere Erscheinung wie folgt beschrieben:

»... Beim Gehen schlug Constantius die Augen nieder und zeigte ein mürrisches Gesicht. Er hatte große Augen, einen langen Hals und einen breiten Schädel. Er beugte sich weit nach vorn über den Hals des Pferdes, auf dem er saß, und blickte aus den Augenwinkeln nach links und rechts, um allen zu zeigen, daß er, wie man sagt, ›eine Erscheinung war, die eines Autokraten würdig ist‹. Bei Gastmählern und Gesellschaften war er jedoch freundlich und humorvoll und wetteiferte sogar mit den Narren, die vor seiner Tafel aufzutreten pflegten.«

Im Jahr nach der Plünderung Roms marschierte Constantius nach Gallien, wo er nicht weniger als drei Usurpatoren besiegte. Unter ihnen befand sich auch Constantin III., dessen Anerkennung Honorius seinerzeit zurückgezogen hatte. Nun richtete sich Constantius im ehemaligen Hauptquartier des besiegten ·Constantin in Arles ein, das jetzt anstelle des verwüsteten Trier die Hauptstadt der Westprovinzen war. 413 gewährte er einem der nach Gallien eingedrungenen germanischen Stämme, den Burgundern, den Status von Bundesgenossen oder Konföderierten. Sie durften sich am Westufer des Mittelrheins niederlassen, wo sie ihre Hauptstadt in Worms einrichteten. Der Nachfolger seines Schwagers Alarich als Führer der Westgoten, Athaulf, war indessen von Italien nach Norden marschiert und hatte das südwestliche Gallien besetzt, wo sein Volk sich in dem fruchtbaren Gebiet zwischen Narbonne und Bordeaux ansiedelte. Athaulf erklärte, sein größter Wunsch sei jetzt nicht mehr die Errichtung eines gotischen Kaiserreichs wie bisher, sondern ein Bündnis mit Rom innerhalb des Römischen Reichs. 414 heiratete er in Narbonne die Halbschwester des Honorius, Placidia. Der Kaiser hatte zu dieser Heirat jedoch nicht seine Zustimmung gegeben, und im folgenden Jahr

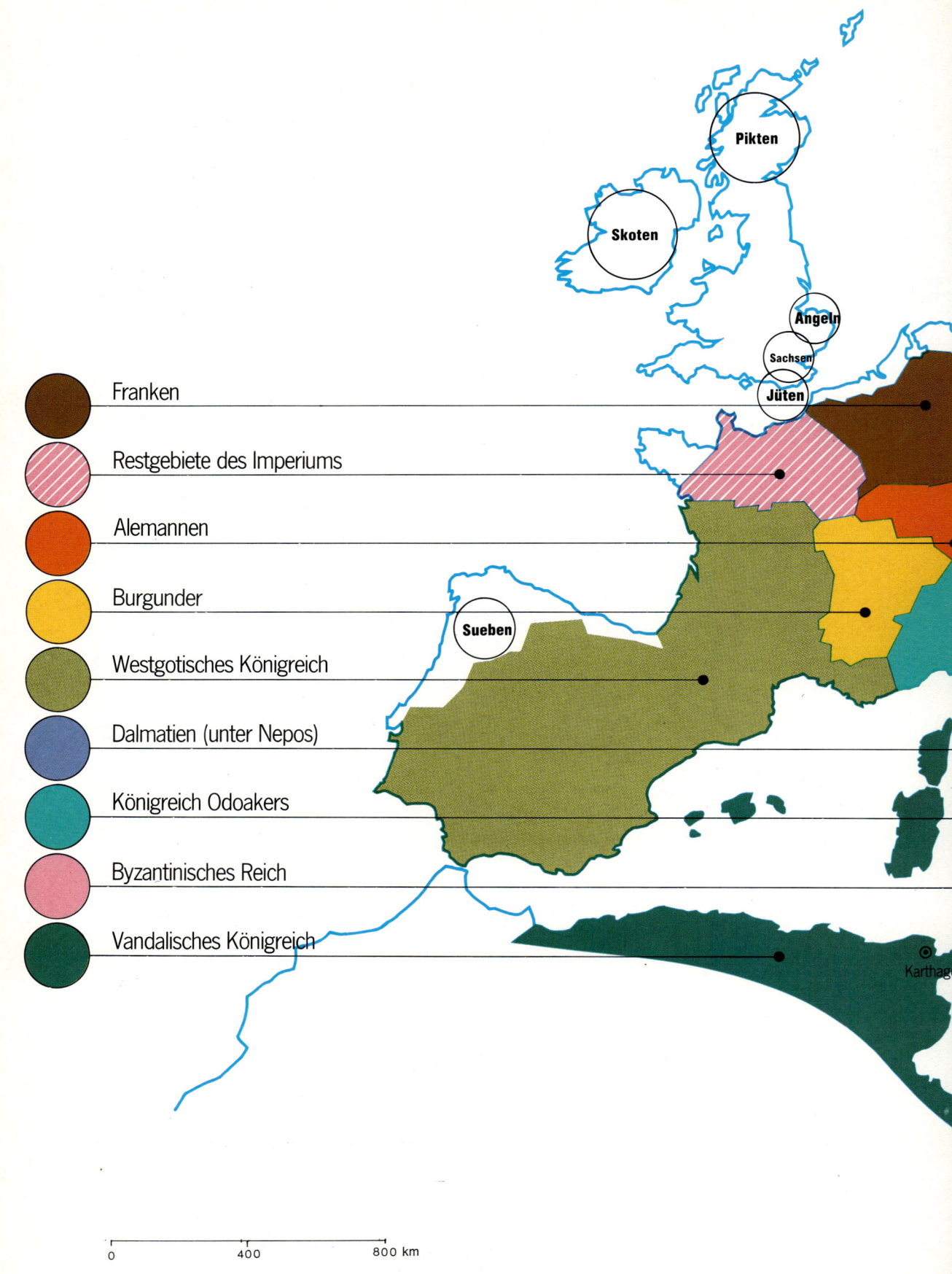

Franken

Restgebiete des Imperiums

Alemannen

Burgunder

Westgotisches Königreich

Dalmatien (unter Nepos)

Königreich Odoakers

Byzantinisches Reich

Vandalisches Königreich

Pikten

Skoten

Angeln

Sachsen

Jüten

Sueben

Karthago

0   400   800 km

**Westeuropa nach dem Untergang
des Weströmischen Reichs (476 n.Chr.)**

Jüten

Angeln

Sachsen

Rugier

Slawen

Sarmaten

Skiren

Hunnen

Ostgoten

Heruler

Ravenna

Rom

Konstantinopel

Antiochia

Mittelmeer

Alexandria

Grenze zwischen dem
Weströmischen und dem
Oströmischen Reich

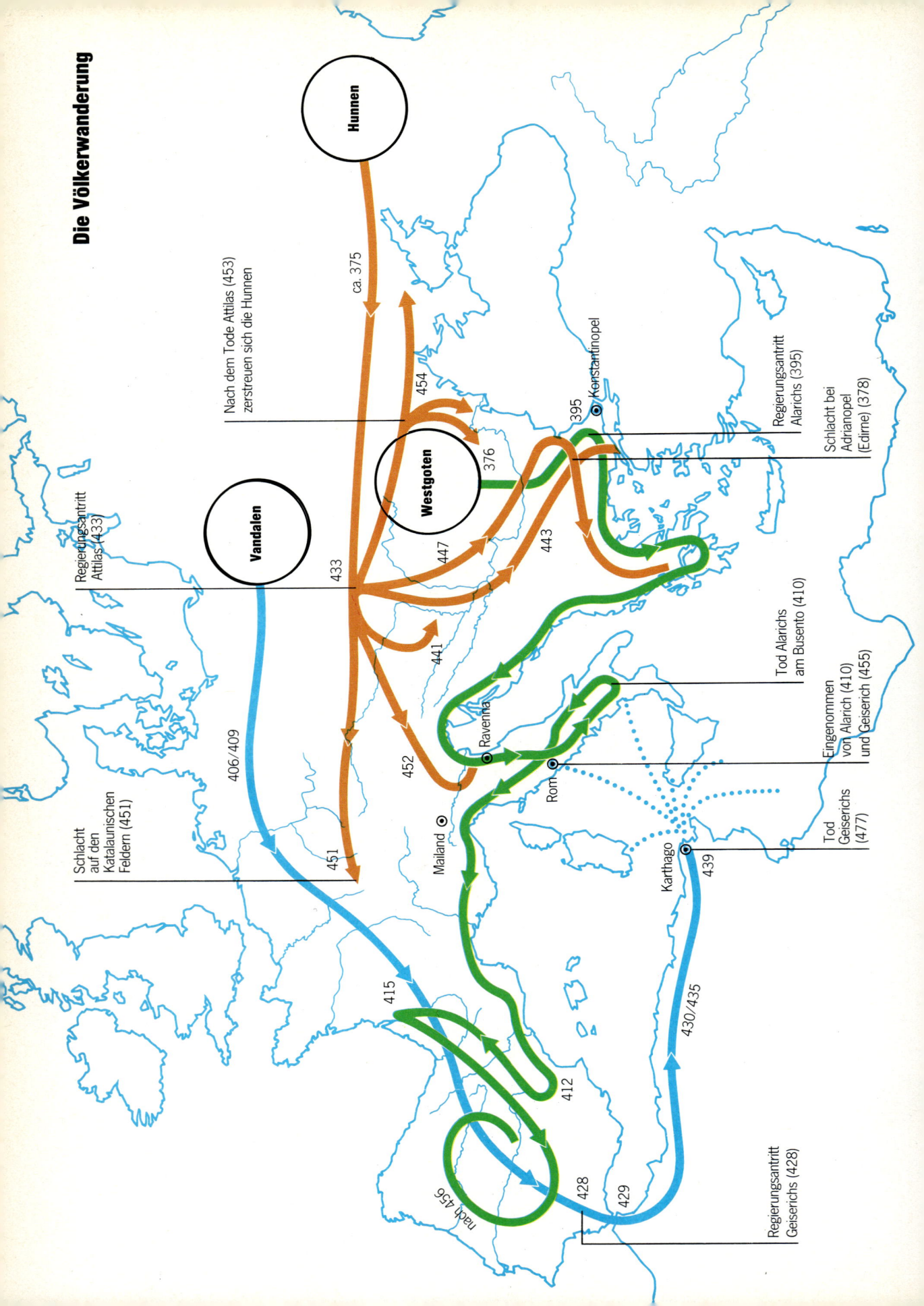

Die Völkerwanderung

Hunnen

Vandalen

Westgoten

ca. 375

Nach dem Tode Attilas (453)
zerstreuen sich die Hunnen

454

376

Regierungsantritt
Alarichs (395)

395 Konstantinopel

Schlacht bei
Adrianopel
(Edirne) (378)

447

443

Regierungsantritt
Attilas (433)

433

441

Tod Alarichs
am Busento (410)

Eingenommen
von Alarich (410)
und Geiserich (455)

452

Ravenna

Rom

Tod
Geiserichs
(477)

Mailand

Schlacht
auf den
Katalaunischen
Feldern (451)

406/409

451

Karthago

439

415

430/435

412

428

nach 456

429

Regierungsantritt
Geiserichs (428)

zwang Constantius Athaulf, sich aus Gallien nach Spanien zurückzuziehen, wo er bald in Barcelona ermordet wurde.

Sein Bruder Wallia lieferte Placidia an die Römer aus und unterstützte diese gegen eine großzügige Getreidelieferung bei ihren
Kämpfen gegen andere germanische Stämme in Spanien. Anschließend durften er und seine Westgoten in die früheren Sied-
lungsgebiete nach Südwestfrankreich zurückkehren. Ihre Hauptstadt richteten sie in Toulouse ein und erhielten 418 den Status
von Bundesgenossen. Im gleichen Jahr erließ Honorius eine Verfügung, nach der für die Verwaltung Galliens eine Behörde in
Arles geschaffen wurde, in der Römer und Westgoten zusammenarbeiten sollten. Doch dieses Projekt hat sich nie verwirklichen lassen.

Constantius, der jetzt alle Macht in seinen Händen vereinigte,
hatte Placidia gegen ihren Willen im Jahr zuvor geheiratet, und
421 erklärte Honorius ihn zum Mitkaiser im Westen. Er war der
dritte Constantius, der auf den Thron kam. Doch nach einer Regierungszeit von weniger als sieben Monaten starb Constantius III. Wäre er am Leben geblieben, hätte er vielleicht den Untergang des Weströmischen Reichs aufhalten können, aber nur
auf Kosten Ostroms, zu dem er in Feindschaft geraten war, weil
sich die dortige Regierung geweigert hatte, ihn als Kaiser anzuerkennen.

Placidia, Aetius, Geiserich, Attila

Die Streitigkeiten zwischen Honorius und der Witwe des verstor-
benen Kaisers, Placidia, gingen weiter, und sie sah sich gezwungen, in Konstantinopel Zuflucht zu suchen. Ihren vierjährigen
Sohn Valentinian, den sie Constantius geboren hatte, nahm sie
mit. Als jedoch Honorius 423 an Wassersucht starb, half ihr eine
oströmische Armee, in den Westen zurückzukehren und einen
Usurpator zu stürzen. Valentinian wurde zum Kaiser ausgerufen
und bestieg als Valentinian III. (425–455) den Thron. Für die
Dauer seiner Minderjährigkeit wurde das Weströmische Reich

Galla Placidia (gest. 450 n. Chr.)

von Placidia verwaltet. Zwar gelang es ihr nicht, den Charakter ihres faulen und verantwortungslosen Sohnes zu beeinflussen, doch obwohl militärische Befehlshaber und Beamte gegeneinander intrigierten, um an die Macht zu kommen, blieb sie lange Zeit als ›die frömmste und ausdauerndste Kaiserinmutter‹ an der Spitze der Regierung.

Ihr wechselvolles Leben, das eine ganze Reihe dramatischer Entwicklungen gesehen hatte, endete erst 450. Doch schon lange vorher hatte sie ihre Machtstellung an eine andere Persönlichkeit abgetreten. Das war der Heerführer Aetius, ein aus dem heutigen Rumänien stammender Römer. Der Historiker Renatus Frigeridus aus dem 5. Jahrhundert lobt ihn wegen seiner Mannhaftigkeit und seines unerschütterlichen Muts. Aetius muß in der Tat eine hervorragende Persönlichkeit gewesen sein. Er übernahm die führende Rolle in der weströmischen Welt zu einer Zeit, als das Reich fast ebenso zerrissen war wie vor dem Beginn der römischen Herrschaft. Mehr als zwanzig Jahre bemühte er sich, die Auflösung des Weströmischen Reichs zu verhindern; zeitweilig mit Erfolg. Er zögerte die Auflösung hinaus, doch mehr konnte er nicht erreichen, denn er erschien zu spät auf dem Schauplatz der Handlung.

Bevor er an die Macht gelangte, mußte Aetius zahlreiche Gefahren bestehen. Als junger Mann hatte er eine Zeitlang als Geisel bei den Westgoten zugebracht und später bei den Hunnen gelebt. Hier gewann er wertvolle Einblicke in das Leben der nicht-römischen Völker seiner Zeit. Mit den Hunnen verkehrte er noch lange freundschaftlich. In den Jahren 423 bis 425 veranlaßte er ein starkes hunnisches Heer, sich dem erfolgreichen Versuch Placidias zu widersetzen, Valentinian III. auf den Thron zu bringen. Doch dann schloß er Frieden mit der neuen Regierung Placidias.

In der Übergangszeit wurde das lebenswichtige nordafrikanische Gebiet, das Rom mit Getreide versorgte und von dem das Reich in noch stärkerem Maß abhängig war als das heutige Westeuropa vom nahöstlichen Erdöl, von dem halb selbständigen römischen Heerführer Bonifatius beherrscht. Dieser vereinigte in sich die Eigenschaften eines Heiligen, eines mittelalterlichen Ritters und eines Freibeuters. Der bedeutende byzantinische Historiker Prokop behauptet, er sei ›der letzte Römer‹ gewesen.

In diesem Zusammenhang stellt Prokop ihn dem Aetius an die Seite. Er hatte recht, wenn er die beiden Männer miteinander verglich, denn ihre Rivalität hatte entscheidende Auswirkungen auf den weiteren Verlauf der Ereignisse. 427 beschloß Placidia, Bonifatius aus Afrika abzuberufen. Er weigerte sich jedoch und rief, nachdem er 429 ihre Armee geschlagen hatte, eines der germanischen Völker zu Hilfe, die vor zwei Jahrzehnten nach Gallien und Spanien gezogen waren: die Vandalen unter Führung von Geiserich. Bald aber mußte Bonifatius feststellen, daß es unmöglich war, seine neuen Verbündeten im Zaum zu halten. Deshalb kehrte er nach Italien zurück.

Hier versöhnte er sich mit Placidia, und diese Freundschaft ließ sie hoffen, er werde Aetius, der inzwischen viel zu mächtig geworden war, in die Schranken weisen. So brach zwischen beiden römischen Heerführern der Bürgerkrieg aus. 432 wurde Bonifatius tödlich verwundet. Nach der Legende, die uns einen Vorgeschmack auf das mittelalterliche Rittertum gibt, hatten sich beide Gegner entschlossen, ihre Sache im Zweikampf zu entscheiden. Bonifatius empfahl sterbend seine Frau dem siegreichen Gegner als dem einzigen Mann, der ihrer Liebe würdig sei.

Mit seinem Tode war Aetius endlich in der Lage, unterstützt von seinen hunnischen Freunden, Placidia und den kaiserlichen Hof zu beherrschen. Rasch wurde er zum Oberbefehlshaber ernannt. Die Abgesandten aus den Provinzen meldeten sich nun nicht mehr beim Kaiser, der damals sehr jung war, sondern wurden von Aetius in Audienz empfangen.

Die wichtigste Aufgabe war, die Macht des Vandalen Geiserich in Schranken zu halten. Doch ein gemeinsam von West- und Ostrom aufgestelltes Heer versagte kläglich. In Rom breitete sich Panikstimmung aus.

Geiserich war ein entschlossener, willensstarker und rücksichtsloser Führer, seine militärische Tüchtigkeit stellte Rom vor größere Schwierigkeiten als jede frühere Bedrohung durch germanische Stämme. Der gotische Historiker Jordanes aus dem 6. Jahrhundert, dessen Mutter eine Sklavin gewesen war, schildert Geiserich wie folgt:

». . . Er war mittelgroß, lahmte nach einem Sturz vom Pferde, besaß einen scharfen Verstand und redete wenig. Er verachtete den Luxus, war jedoch unbeherrscht, jähzornig und habgierig.

Mit großem Weitblick verstand er es, fremde Völker zum Handeln in seinem Interesse zu bewegen, Zwietracht zu säen und Haß zu schüren.«

Da die Grenzen Galliens im Gefolge von Bauernaufständen im Inneren des Landes gegen die Einfälle germanischer Stämme nicht mehr ausreichend gesichert waren, sah sich die Regierung Westroms veranlaßt, mit Geiserich zu einer Einigung zu kommen. Man schloß daher einen Vertrag mit den Vandalen, die damit in einem weiten Gebiet des heutigen Marokko und Algier den Status von Konföderierten erhielten. Doch diesmal bedeutete dieser Status nicht viel weniger als die Gewährung der vollständigen Unabhängigkeit.

Vier Jahre später versetzte Geiserich dem Reich einen neuen vernichtenden Schlag, als er Tunesien und das nordöstliche Algerien in Besitz nahm, die Gebiete, aus denen Rom seine lebenswichtigen Getreidelieferungen bezog. Außerdem besetzte Geiserich auch die afrikanische Hauptstadt Karthago. Das war die zweitwichtigste Stadt des Weströmischen Reichs, und ihr Verlust machte die allgemeine Auflösung in beklagenswerter Weise deutlich. Nach weiteren drei Jahren schloß die Regierung von Westrom einen neuen Vertrag mit Geiserich ab. Darin wurden ihm die von ihm zuletzt besetzten Gebiete zugestanden, während er den Römern die jüngst von ihm eroberten Gebiete in Marokko und Algier (wenn auch nicht endgültig) überließ.

Geiserich beherrschte jetzt ganz offiziell seinen eigenen souveränen Staat, der sich vollständig von Europa getrennt hatte. Auch in anderer Beziehung unterschied er sich wesentlich von den übrigen ›barbarischen‹ Herrschern. Er hatte eine Königsherrschaft er-

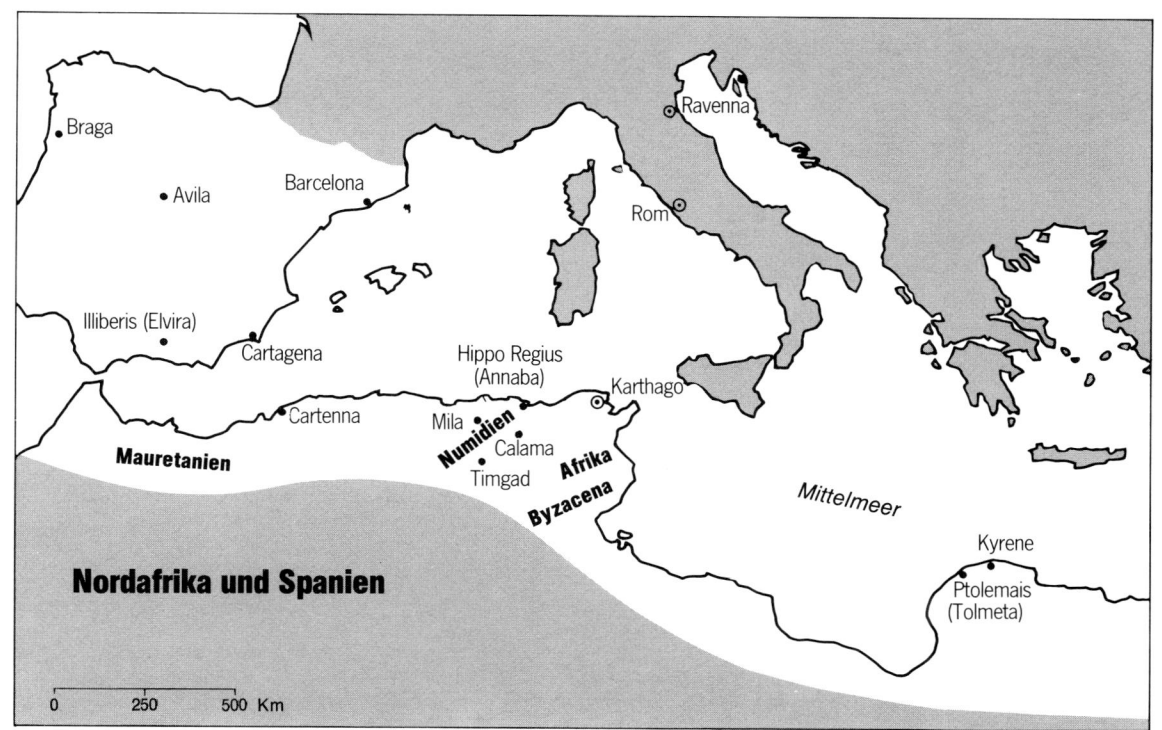

Nordafrika und Spanien

richtet, deren Souveränität nicht mehr in Frage gestellt wurde, und er verfügte über die einzige germanische Flotte, mit der er das mittlere Mittelmeer terrorisierte und Italien bedrohte. Damit hat Geiserich mehr zum Untergang des Weströmischen Reichs beigetragen als irgendein anderer Mann.

Aetius hatte nicht die Macht, ihm Einhalt zu gebieten. Anderswo errang er jedoch gewisse Erfolge. Die Germanen im Westen wurden vorübergehend über den Oberlauf der Donau zurückgedrängt. Die aufständischen Bauern in Gallien wurden unterdrückt, und als die Burgunder um 437 versuchten, vom Rheinland her nach Gallien vorzudringen, schlug Aetius sie vernichtend (ein Ereignis, über das die germanischen Sagen im Nibelungenlied berichten). 443 siedelte er schließlich die mit Rom konföderierten Burgunder in das Gebiet um Sapaudia, das heutige Savoyen in Südostfrankreich, um.

Die römische Vorherrschaft in Britannien konnte jedoch nicht mehr zurückgewonnen werden, nachdem die Usurpatoren mit ihren Truppen auf das europäische Festland zurückgekehrt waren und die Provinz ihrem Schicksal überlassen hatten. Obwohl die Bevölkerung Aetius um Unterstützung bat, überließ dieser sie der Gnade ihrer keltischen Nachbarn und der germanischen Eindringlinge, der Angeln, Sachsen und Jütländer.

Dies waren auch die Jahre, in denen die Hunnen, die Aetius bisher einen großen Teil seiner Soldaten gestellt hatten, zu Feinden der Römer wurden, als sie zuerst gegen das Ostreich und dann gegen

Westrom kämpften. Der Historiker Ammianus beschreibt sie als verschlagen, falsch, brutal und raubgierig – als verabscheuungswürdige Wilde.

». . . Das Volk der Hunnen übertrifft mit seiner Wildheit jede Vorstellung. Sie alle besitzen feste, starke Glieder und einen kräftigen Hals und sind dabei unvorstellbar häßlich und mißgestaltet. Sie essen die Wurzeln wilder Pflanzen und das halbrohe Fleisch jedes Tiers, das sie zwischen ihr Gesäß und den Pferderücken legen, um es ein wenig zu wärmen.

Man findet bei ihnen nicht einmal eine strohgedeckte Hütte . . . Ihre Bekleidung besteht aus Leinen oder den zusammengenähten Häuten von Feldmäusen, und sie tragen diese Kleidung in ihren Wohnungen und im Freien, bis sie ihnen in Fetzen vom Leibe fällt. Ihre Köpfe bedecken sie mit runden Kappen und schützen ihre behaarten Beine mit Ziegenfellen.

Sie kleben buchstäblich an ihren Pferden. Diese sind zwar hart und leistungsfähig, aber häßlich. Manchmal sitzen sie im Frauensitz auf dem Pferderücken, um sich so zu erholen . . .«

In den 430er Jahren hatten die Hunnen in Ost- und Mitteleuropa ein gewaltiges Reich errichtet, das sich von Südrußland bis an die Ostsee und die Donau erstreckte. 434 erbten Attila und sein älterer Bruder dieses ganze Gebiet. Attila, die ›Geißel Gottes‹, ermordete seinen Bruder und spielte während der neunzehn Jahre seiner Herrschaft in der Geschichte Roms eine bedeutende Rolle.

Prahlerisch, reizbar, arrogant und als geschickter Verhandlungspartner wurde er zum mächtigsten Mann in Europa. Der gotische Historiker Jordanes schildert ihn wie folgt:

». . . Ein großer Kopf, dunkle Gesichtsfarbe, kleine tiefliegende Augen, eine platte Nase, ein spärlicher Bart, breite Schultern, klein und untersetzt, kräftig gebaut, aber unproportioniert. Der stolze Gang und die hochmütige Haltung des Königs der Hunnen drückten aus, daß er sich allen anderen Menschen überlegen fühlte, und er hatte die Gewohnheit, wild mit den Augen zu rollen, als freute er sich an dem Schrecken, den er den Menschen einflößte.«

In den 440er Jahren unterhielt Attila freundschaftliche Beziehungen zu Aetius, brandschatzte jedoch rücksichtslos ·das Oströmische Reich und zwang Ostrom zum Abschluß zweier Verträge mit sehr ungünstigen Bedingungen. Doch dann weigerte sich ein neuer Herrscher im Osten, Marcianus (450–457), ihm die vereinbarten Subsidien zu zahlen, und Attila wendete sich gegen die Westprovinzen, um sich dort die fehlenden Summen durch Plünderung zu verschaffen.

Die Schwester Valentinians III., Honoria, weigerte sich, einen ihr nicht sympathischen Römer zu heiraten und schickte dem Hunnenkönig ihren Siegelring mit der Bitte um Hilfe. Dieser Vorfall diente Attila als Vorwand für seinen Krieg gegen Westrom. Da er das Ersuchen der Honoria als Heiratsantrag deutete, verlangte Attila die Hälfte des Weströmischen Reichs als Mitgift. Als diese Forderung abgewiesen wurde, rückte er nach Westen vor und marschierte in Gallien ein.

Hier stellten sich ihm die römische Armee des Aetius und die Streitkräfte der Westgoten sowie andere verbündete Germanen entgegen, die sich durch kaiserliche Gesandte davon hatten überzeugen lassen, daß Attila der Feind der ganzen Menschheit sei. So hatten sich 451, wie Gibbon schreibt, »die Nationen von der Wolga bis zum Atlantik versammelt«.

Sir Edward Creasy bezeichnet die nun auf den Katalaunischen Feldern westlich von Troyes in der Champagne ausgefochtene Schlacht als eine der fünfzehn Entscheidungsschlachten der Weltgeschichte. Der König der Westgoten, Theoderich I., befand sich unter den zahlreichen Gefallenen. Doch Attila wurde geschlagen und zog sich aus Gallien zurück. Dies war die einzige Niederlage seines Lebens und der größte Erfolg in der militärischen Laufbahn von Aetius.

Doch die Rückgewinnung Galliens bedeutete eine Schreckenszeit für Italien, in das die Hunnen im folgenden Frühjahr einfielen und Mailand und andere große Städte verwüsteten. Diesmal stand Aetius kein kaiserliches Heer zur Verfügung, mit dem er sich Attila hätte entgegenstellen können. Doch als dieser den Fluß Min-

cio, einen Nebenfluß des Po, überschreiten wollte, kam ihm Papst
Leo I. aus Rom entgegen und überredete ihn zum Rückzug. Der
Maler Raphael hat diese Szene auf einem heute im Vatikan befindlichen Gemälde dargestellt. Wahrscheinlich hat der Papst Attila gesagt, in Italien herrsche eine Hungersnot und die Pest, und
es werde unmöglich sein, das Heer der Hunnen aus dem Lande
zu versorgen. Jedenfalls brach Attila seinen Vormarsch ab, kehrte
um und verließ das Land.

Im Jahr 453 starb Attila, nachdem er bei seinem Hochzeits-
schmaus einen Gehirnschlag erlitten hatte. Nach seinem Tod zerfiel das Hunnenreich. Attilas zahlreiche Söhne, unter die es aufgeteilt wurde, gerieten in Streit. Das ermutigte die von den
Hunnen unterworfenen Germanen, sich gemeinsam zu erheben.

In der Schlacht an dem bis heute nicht identifizierten Fluß Medao
südlich der Donau wurde das Heer der Hunnen vernichtend geschlagen. Seither sind sie nie wieder zu einer bedeutenden politischen Macht geworden. Aber auch die Römer verloren in Europa
an Boden, wo die Germanen wieder bis an den Bodensee vorgesto-
ßen waren.

Aetius war inzwischen gestorben. Seine Stellung am kaiserlichen
Hof hatte er dadurch gefestigt, daß er seinen Sohn mit der Tochter
Valentinians III. verlobte. Aber die Höflinge redeten dem Kaiser
ein, seine Minister hätten sich verschworen, ihn zu ermorden. Er
müsse daher zuerst zuschlagen. Deshalb sprang Valentinian eines
Tages, als Aetius ihm während einer Audienz im Palast ein fi-
nanzielles Problem vortrug, plötzlich vom Thron und beschuldigte ihn des Verrats. Dann zog er das Schwert und drang auf den
Wehrlosen ein, der gleichzeitig von einem Mitglied der kaiserlichen Leibwache angegriffen wurde und tot zu Boden sank.

Dazu sagte einer der Ratgeber des Kaisers: »Du hast dir mit der
Linken die Rechte abgeschlagen«. Der byzantinische Chronist
Marcellinus aus dem 6. Jahrhundert hatte Aetius mit gutem
Grund als ›die große Sicherheit des Weströmischen Reiches‹ be-
zeichnet – soweit man damals überhaupt noch von Sicherheit

Der Balkan

Singidunum (Belgrad)

Durostorum (Silistra)

Unterlauf der Donau

• Naissus (Niš)

• Serdica (Sofia)

Thrakien

Hadrianopolis (Adrianopel, Edirne)

Konstantinopel ◉

Scodra

Makedonien

Pella

Thessalonica (Saloniki)

Panion (Theodosiopolis)

Athen

Korinth

0   150   300 Km

sprechen konnte. Mit diesem Mord begann die letzte Phase der kritischen Entwicklung.

Das Ende

Sechs Monate nach dem Tode des Aetius rächten ihn zwei seiner barbarischen Gefolgsleute, als sie seinen kaiserlichen Mörder Valentinian III. auf dem Marsfeld in Rom erschlugen.

Obwohl der Kaiser persönlich ein unbedeutender Mann gewesen war, hatte sein Tod in gewisser Hinsicht keine geringere Tragweite als die Ermordung des Aetius, denn Valentinian hatte keinen männlichen Erben, und deshalb endete mit ihm eine Dynastie, die über einen langen Zeitraum an der Macht gewesen war. Westrom sollte nur noch 21 Jahre weiterbestehen, und während dieser Zeit wurde es von neun mehr oder weniger legitimen Kaisern beherrscht, die jeder aus einer anderen Familie stammten. Die meisten verfügten nur über geringe Macht, und sechs von ihnen starben eines gewaltsamen Todes.

Valentinian III., in Rom geprägte Goldmünze

53

Majorian (457–461 n. Chr.)

Unmittelbar nach dem Tod Valentinians III. kam es zu einer Katastrophe. Mit Hilfe seiner Flotte hatte der Vandale Geiserich seinen Einfluß weit über Nordafrika hinaus ausgedehnt; nun landete der König in Ostia, dem Hafen von Rom, und nahm die Stadt ein. Er blieb 14 Tage dort und plünderte sie viel gründlicher, als es Alarich seinerzeit getan hatte. Als er endlich abzog, nahm er mit Tausenden von anderen Gefangenen auch die Witwe Valentinians III. und ihre beiden Töchter mit.

Das einflußreichste Mitglied der kaiserlichen Regierung war jetzt der militärische Oberbefehlshaber Ricimer, der im Verlauf der folgenden fünfzehn Jahre mehrere neue Kaiser auf den Thron brachte. Endlich lag der Oberbefehl wieder in den Händen eines Germanen, aber seine germanische Herkunft machte es ihm immer noch unmöglich, selbst Kaiser zu werden. Doch wenn irgend jemand fähig war, die Macht auszuüben, dann er allein. Er mußte mit den Schwierigkeiten fertig werden, in die das rasch zerfallende Weltreich geraten war.

Sein fähigster Schützling war der Kaiser Majorian (457–461), dem es vorübergehend gelang, die Germanen in Gallien und Spanien am weiteren Vordringen zu hindern. Aber ein Feldzug gegen Geiserich schlug fehl, als Majorians Flotte mit 300 Schiffen vor dem spanischen Hafen Cartagena von feindlichen Kräften überrascht und vollständig vernichtet wurde.

Nachdem er ohne Armee nach Italien zurückgekehrt war, wurde er von Ricimer festgenommen und hingerichtet. Daß die Beziehungen zwischen Ricimer und den von ihm ernannten Kaisern immer gespannter wurden, hat viel dazu beigetragen, die Auflösung des Imperiums zu beschleunigen und die Wiederherstellung der Stabilität unmöglich zu machen. Nach dem Sturz Majorians beschleunigte sich der Verfallsprozeß.

467 machte Ricimer einen Kandidaten des oströmischen Hofs, Anthemius, zum Kaiser. Ein Jahr darauf griff ein starkes Heer aus ost- und weströmischen Streitkräften Geiserich erneut an, der bis dahin regelmäßig Raubzüge nach Italien und Sizilien unternommen hatte.

Die Bronzemünze des Libius Severus (461–465 n. Chr.) zeigt auf der Rückseite das Monogramm von Ricimer

Die Offensive endete mit einem ebenso großen Fiasko wie alle vorangegangenen, und Anthemius und Ricimer gaben sich dafür gegenseitig die Schuld. Das führte zum Bürgerkrieg. 472 wurde Anthemius geschlagen, und um der Gefangennahme zu entgehen, verkleidete er sich als Bettler und setzte sich auf die Stufen einer Kirche in Rom. Er wurde jedoch erkannt und hingerichtet. Bald starb auch Ricimer, und der letzte von ihm ernannte Kaiser überlebte ihn nur kurze Zeit.

Nach einem erfolglosen Versuch des Neffen von Ricimer, Gundobad, der seinem Onkel als Oberbefehlshaber gefolgt war, selbst einen weströmischen Kaiser auf den Thron zu setzen, schickte der oströmische Kaiser seinen angeheirateten Verwandten Julius Nepos nach Rom, den Militärbefehlshaber von Dalmatien, der jetzt die Herrschaft im Westen antreten sollte.

Aber im gleichen Jahr 474 mußte Nepos die Hauptstadt der Region Auvergne in Gallien, die loyalistische Stadt Clermont-Ferrand, dem westgotischen Herrscher Eurich übergeben, der immer mächtiger wurde. Die Westgoten beherrschten auch den größten Teil von Spanien und hatten sich, dem Beispiel Geiserichs folgend, für unabhängig erklärt.

Im folgenden Jahr floh Nepos, der von seinem neuen Militärbefehlshaber abgesetzt worden war, zurück nach Dalmatien. Der Militärbefehlshaber war Orestes, ein Römer und ehemaliger Sekretär Attilas. Den freigewordenen kaiserlichen Thron in Ravenna besetzte Orestes mit seinem eigenen Sohn Romulus Augustulus.

Jetzt begann der Schlußakt der Tragödie, denn die letzte römische Armee in Italien, die fast ausschließlich aus Donaugermanen bestand und von dem Germanen Odoaker befehligt wurde, beanspruchte den Status von Konföderierten und verlangte die Zuteilung von Land, wie sie anderen Germanen im vorangegangenen Jahrhundert auf dem Balkan, in Gallien und anderswo gewährt worden war. Als diese Forderungen abgelehnt wurden, riefen die Soldaten Odoaker zu ihrem König aus. Nachdem er Ravenna eingenommen hatte, erklärte er Romulus Augustulus für abgesetzt,

oben: Goldmünze des letzten weströmischen Kaisers Romulus Augustus, genannt Augustulus
unten: Münze mit dem Kopf des Odoaker, der den letzten weströmischen Kaiser unterwarf und Italien als König beherrschte

gewährte ihm eine Pension und schickte ihn in den Ruhestand. Die Soldaten erhielten das geforderte Land, aber im Jahr 476 wurde der Thron in Ravenna wieder frei, denn Odoaker, der an die Schwierigkeiten Ricimers dachte, hielt es für klüger, sich nicht mehr mit der Gegenwart eines Kaisers zu belasten. Deshalb veranlaßte er den Senat, eine Abordnung zum oströmischen Kaiser Zeno zu schicken. Die Gesandten übergaben dem Kaiser die Insignien der Kaiserwürde als dem einzigen Herrscher des ›einen und unteilbaren Reichs‹. Zugleich forderten sie ihn auf, die Verwaltung Italiens Odoaker zu übertragen. Doch Zeno zauderte, diesem Vorschlag zuzustimmen, denn Nepos, der Kandidat des Ostens, lebte immer noch in Dalmatien. Dennoch herrschte Odoaker bis 493 in Italien, ohne von Konstantinopel anerkannt, aber auch ohne von der oströmischen Regierung behindert zu werden.

Formaljuristisch bedeutete das Fehlen eines weströmischen Kaisers, daß die Zweiteilung des Reichs aufgehört hatte. Deshalb erklärte der Senat, Zeno sei jetzt der rechtmäßige Beherrscher des Westens und des Ostens. De facto war jedoch Odoaker der selbständige germanische Monarch in Italien und nahm damit die gleiche Stellung ein wie Geiserich in Nordafrika und Eurich in Gallien und Spanien. Deshalb behaupteten byzantinische Historiker im 6. Jahrhundert rückblickend, das Jahr 476 sei der epochemachende Abschluß der langen Periode des Zerfalls und Untergangs des Weströmischen Reichs gewesen.

Der byzantinische Kaiser Justinus I., der von 518 bis 527 im Osten regierte, erkannte das germanische Königreich Italien unter dem Ostgoten Theoderich an, der Odoaker gefolgt war, so daß damals das Jahr 476 im Rückblick mehr zu bedeuten schien als ein nur zeitliches Phänomen. Die Gelehrten der italienischen Renaissance waren sich darin einig, daß es ein entscheidender Wendepunkt gewesen war, und Gibbon stimmt ihnen zu.

Seither hat man dazu geneigt, die Bedeutung dieses Datums zu verkleinern, weil 476 nur eine von zahlreichen Auflösungen erfolgte und die Ereignisse keine besonders große Bedeutung hatten. Dennoch bezeichnete die Absetzung des Kaisers 476 den Um-

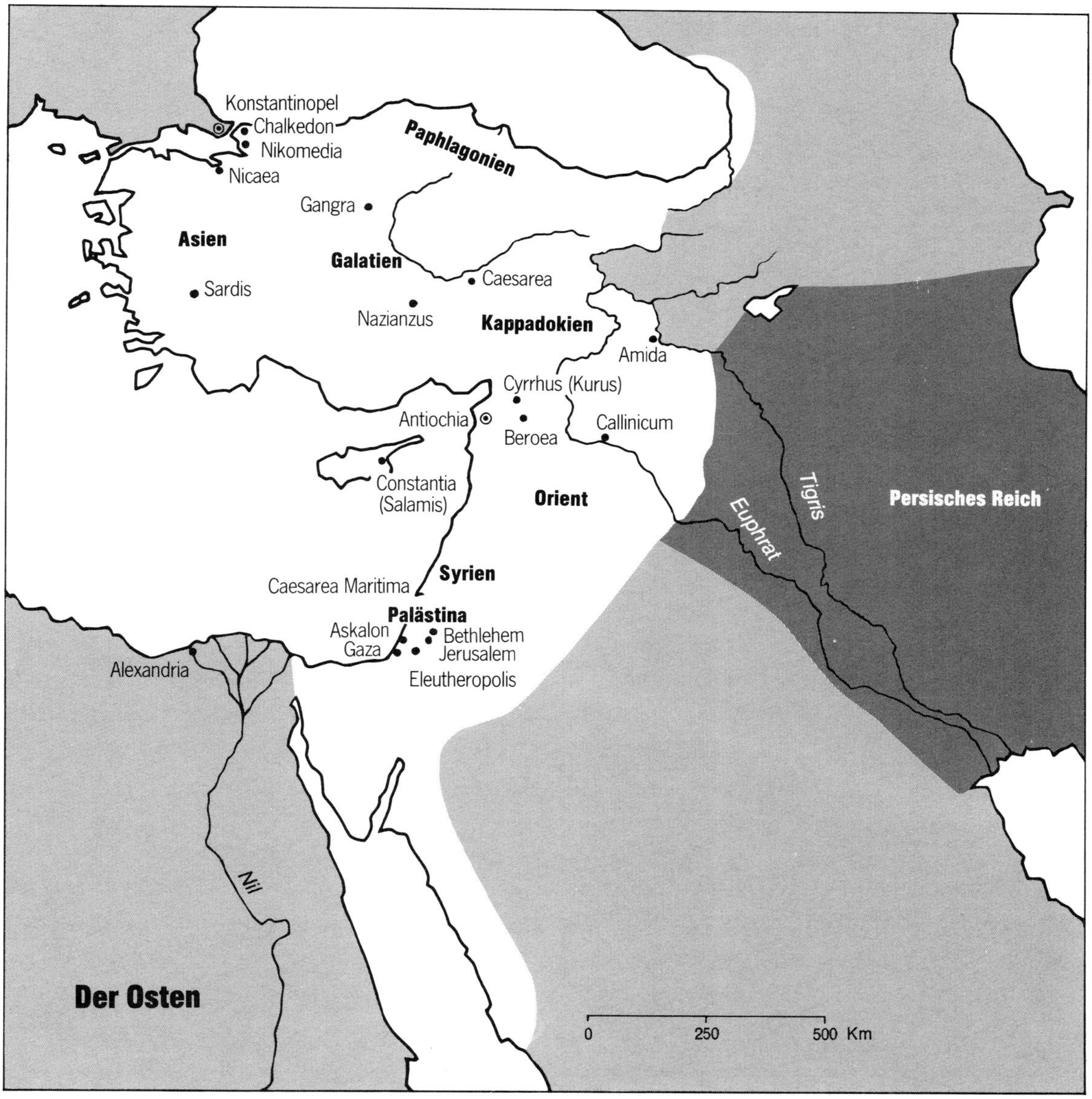

Map labels:

Konstantinopel
Chalkedon
Nikomedia
Nicaea
Paphlagonien
Asien
Gangra
Galatien
Sardis
Caesarea
Nazianzus
Kappadokien
Amida
Cyrrhus (Kurus)
Antiochia
Beroea
Callinicum
Constantia (Salamis)
Orient
Tigris
Euphrat
Persisches Reich
Caesarea Maritima
Syrien
Palästina
Askalon
Gaza
Bethlehem
Jerusalem
Eleutheropolis
Alexandria
Nil
Der Osten

0   250   500 Km

Bronzemünze des Zeno
(474–791 n. Chr.) (INVICTA
ROMA)

stand, daß das beim Reich verbliebene umfangreiche Gebiet im
Westen und sein Kern zu einem germanischen Königreich geworden waren und das Weströmische Kaiserreich aufgehört hatte, zu
bestehen.

Der lange andauernde Auflösungsprozeß innerhalb des weiten
Gebiets des Kaiserreichs, der 476 zu Ende ging, wird, wie Gibbon
erklärt, unvergessen bleiben, und die Nationen auf dieser Erde
spüren die Auswirkungen noch heute.

Der französische Historiker André Piganiol hat die Welt der Römer 1947 mit einem Mann verglichen, der einem heftigen Angriff
ausgesetzt ist: Rom sei an den tödlichen Wunden zugrunde gegangen, die seine äußeren Feinde ihm beigebracht hatten; ebenso
wie Frankreich nach seiner Auffassung 1940 nur deshalb zusammenbrach, weil der Feind die Maginotlinie durchbrochen hatte.

Seite 59:
Silberner Teller *(missorium)*, der
Valentinian I. in der Mitte seiner
Soldaten zeigt

Er erklärte: »Die römische Zivilisation ist keines natürlichen Todes gestorben, sie wurde ermordet.« Doch Menschen, gegen die
ein Mordanschlag unternommen wird, überleben gelegentlich,
wenn sie stark genug sind, sich zu wehren. Die Franzosen waren
1940 nicht stark genug. Auch die Römer hätten überleben können, wenn sie die Kraft dazu gehabt hätten. Als jedoch die mörde-
rischen Schläge kamen, konnten sie nicht mehr die Energie aufbringen, sie zu parieren.

Der Grund dafür war, daß die westliche Welt hoffnungslos unei-
nig und zerrissen war. Rom ist nicht untergegangen, weil es von
außen angegriffen wurde. Diese Angriffe wurden zwar mit starken Kräften geführt, aber wären sie die einzigen Angriffe gewesen, dann hätte das Reich überleben können, wie es auch andere
heftige Schläge überstanden hatte. Doch diesmal war das Weströmische Reich durch seine innere Zerrissenheit gelähmt; durch
ähnliche innere Gegensätze, wie sie heute das Überleben der
westlichen Zivilisation bedrohen.

Im folgenden werden wir versuchen, diese Gegensätze in ihrer
vielfältigen Gestalt und Form festzustellen und zu definieren. Jeder von ihnen hat schweren Schaden verursacht. Gemeinsam hatten sie tödliche Folgen. Indem sie es dem Weströmischen Reich
unmöglich machten, den Angriffen von außen zu widerstehen,
führten sie seinen Untergang herbei.

58

1. Teil

Das Versagen der Armee

1. Die Heerführer gegen den Staat

Einer der Hauptgründe dafür, daß das Kaiserreich die fremden Eindringlinge nicht abwehren konnte, lag darin, daß sich in der Person des Kaisers die totale autokratische Autorität vereinigte. Er war nicht nur vollständig von seinen Untertanen isoliert, sondern seine absolute Macht erzeugte auch noch eine besondere und gefährliche Form der inneren Zerrissenheit. Es bestand für andere Männer ständig die Versuchung, mit Gewalt an die Macht zu drängen, um die gleiche hohe Stellung einzunehmen.

Eine Autokratie erzeugt automatisch eine instabile Lage. Es gab im spätrömischen Reich eine Anzahl kluger Menschen, die diese Gefahr erkannten. So beklagte der heidnische Schriftsteller Eunapius leidenschaftlich das totale Machtmonopol, das in den Händen eines einzelnen Menschen lag. Im heutigen Amerika hat Dr. Robert Strauß-Hupe dieses Problem im Hinblick auf das Präsidentialsystem angesprochen:

». . . Obwohl wir wissen, daß wir nicht zu der freien Farmerdemokratie zurückkehren können, wie sie Thomas Jefferson vorgeschwebt hat, ist es durchaus nicht klar, daß wir die Probleme, die dadurch entstehen, daß sich in den Händen der Exekutive eine so gewaltige Macht vereinigt, besser erkennen als die Römer.«

Einer der spätrömischen Kaiser spricht bei der Verkündung eines Gesetzes gefühlvoll von den ›Gemütsbewegungen und Sorgen seines erhabenen Geistes‹. Der Herrscher trug den Ehrentitel Serenissimus. Doch in der Wahl dieses Titels lag eine bittere, unbewußte Ironie, denn die Gemütsbewegungen und Sorgen eines Kaisers waren allgegenwärtig und quälend. Der Kaiser wurde als der bedauernswerteste Mann in der ganzen römischen Welt angesehen.

Darüber hinaus hat es in dem letzten von Unruhe erfüllten Jahrhundert des Kaiserreichs nur wenige Herrscher gegeben, die als Persönlichkeiten stark genug waren, um die gewaltige Verantwortung dieses Amtes zu tragen.

Sieht man von den Usurpatoren ab, die jeweils nur kurze Zeit regierten, dann hat es in den letzten 112 Jahren des Weströmischen Reichs insgesamt sechzehn Kaiser gegeben. Der einzige wirklich

Sardonyx-Kamee von Honorius
und seiner Gattin Maria, der
Tochter Stilichos (ca. 398 n. Chr.,
in einem Goldfiligran-Rahmen
aus dem 14. Jahrhundert)

bedeutende war der erste in dieser Reihe, Valentinian I. Auch
Theodosius I. war ein bemerkenswerter Mann, obwohl seine politische Linie, besonders seine religiöse Intoleranz, katastrophale
Folgen hatte und die innere Zerrissenheit förderte. Majorian war
ein begabter Herrscher, kam jedoch zu spät.

Die meisten anderen waren Schwächlinge, und deshalb lag die
Ausübung ihrer autokratischen Vollmachten in den Händen ihrer
Heerführer. Zwei der unbedeutendsten Kaiser, Honorius und
Valentinian III., regierten länger als die Hälfte dieser letzten 120
Jahre. Die Unfähigkeit jener späten Kaiser war eine weitere Bela-
stung für das dem Untergang entgegengehende Reich.

Doch selbst wenn die Kaiser als Herrscher versagten, selbst wenn
sie nur isolierte, verwöhnte Weichlinge waren, hatten sie doch
durch ihre bloße Existenz einen gewissen Nutzen – wie die heutigen konstitutionellen Monarchen, so unfähig der einzelne auch
sein mag.

»... Von den verschiedenen Regierungsformen, die es in der Welt gegeben hat«, schreibt Gibbon, »scheint die erbliche Monarchie am meisten der Lächerlichkeit preisgegeben zu sein ... Wenn wir jedoch ernsthaft über diese Frage nachdenken, dann werden wir erkennen müssen, daß es in gewisser Weise nützlich ist, eine Nachfolge sicherzustellen, die unabhängig ist von den Leidenschaften der Menschheit, und wir werden uns gern mit jedem Mittel zufriedengeben, das der Menge das gefährliche, wenn auch ideale Recht nimmt, sich selbst einen Herrn zu geben.«

Die erbliche Monarchie hat sich in Rom als besonders nützlich erwiesen, weil es im Regierungssystem des Kaiserreichs einen folgenschweren Defekt gab, durch den dieses an der Wurzel geschwächt wurde. Es war das Fehlen bindender Vorschriften für die Sicherstellung eines friedlichen und reibungslosen Übergangs von einem Kaiser zum nächsten. Als Augustus 31 v. Chr. dieses System schuf, vereinigte er in seiner nicht klar definierten Stellung eine Fülle von Machtbefugnissen, deren keine er formaljuristisch einem Erben oder Nachfolger übertragen durfte.

Deshalb hat der bedeutendste römische Geschichtsschreiber, Tacitus, seine *Annalen* mit einem genauen Bericht über die kritischen Spannungen begonnen, zu denen es unmittelbar nach dem Tod des Augustus kam. Denn obwohl Augustus im Verlauf der vorangegangenen Jahre in der Praxis die notwendigen Maßnahmen ergriffen hatte, um eine reibungslose Machtübernahme nach seinem Tod sicherzustellen, wollte der Historiker auf die möglichen großen Gefahren hinweisen, die der Augenblick des Machtwechsels mit sich brachte. Während der ganzen Kaiserzeit ist es in der Tat zu solchen Zeitpunkten immer wieder zu Krisen, Revolutionen und Bürgerkriegen gekommen. Gibbon schreibt: »In Wahlmonarchien ist der Augenblick, in dem der Thron leer wird, von Gefahren und Unheil bedroht.« Auch Macchiavelli hat sehr plausibel und ohne viel zu übertreiben erklärt, daß die für diese Lage verantwortlichen Mängel in der Verfassung die eigentlichen Ursachen für den Untergang des Römischen Reichs gewesen seien.

Theoretisch mußte jeder neue Herrscher vom Senat gewählt werden, aber von Anfang an blieb das eine Fiktion. In Wirklichkeit verdankten alle Kaiser auch weiterhin ihre Stellung der Loyalität des Heeres, und es war daher die Armee, die jeden neuen Herrscher auf den Thron Caesars erhob.

Im 1. Jahrhundert n. Chr. war es oft die Prätorianergarde, die den neuen Kaiser ausrief; der in Rom stationierte militärische Verband hatte die Aufgabe, die persönliche Sicherheit des Herrschers zu garantieren, jedoch auch die Möglichkeit, ihn zu stürzen. Die Offiziere der Leibwache haben sie nur allzu oft genutzt. Ihrem Beispiel folgten später auch andere Heeresverbände und Garnisonen, die in den Provinzen stationiert waren. Abwechselnd beriefen oder stürzten sie ihre angeblichen Herren.

Häufig waren der Senat und das Heer über die Person des neu zu wählenden Kaisers verschiedener Meinung. Das lag daran, daß die Senatoren an der Vorstellung festhalten wollten, sie selbst hätten das unbestreitbare Recht, die Initiative zu ergreifen und den Kaiser zu wählen, so daß, wenn ein Monarch starb, sie den geeignetsten Mann benennen konnten, und zwar nicht unbedingt einen Angehörigen des bisherigen kaiserlichen Hauses. Im Gegensatz zu diesem Wunsch bemühten sich die Kaiser ständig darum, ihre Macht innerhalb der eigenen Familie weiterzugeben, indem sie einen Sohn oder einen anderen Verwandten zum Nachfolger bestimmten. Sie taten es zum Teil, weil es ihnen am sichersten schien, sich auf ihre Familie stützen zu können, zum Teil aber auch, weil es im alten Rom Zeiten gegeben hatte, in denen dieser Nepotismus augenscheinlich am ehesten eine reibungslose und gewaltlose Machtübergabe garantierte.

Was auch die an der Verfassung orientierten Senatoren behaupten mochten, die Soldaten unterstützten die erbliche Monarchie, denn die Gefolgstreue gegenüber ihrem Oberbefehlshaber, dem Kaiser, war ein persönliches Gefühl, das sich auf dessen Sohn oder ein anderes Mitglied seiner Familie übertragen ließ. Sie erhielten vom Kaiser ihren Lohn, und ein Bruch in der kaiserlichen Nachfolge konnte die Weiterzahlung des Soldes gefährden.

Nach dem Jahr 97 n. Chr. und während des größten Teils des 2. Jahrhunderts wendete man eine neue Methode an, nach der die Kaiser ihre Nachfolger ›adoptierten‹ und damit praktisch nominierten. Das waren jetzt Männer, die nicht zur kaiserlichen Familie gehören mußten, sondern allein nach ihrer Eignung ausgewählt wurden. Doch später kehrten die Herrscher zu der Praxis zurück, Familiendynastien zu gründen.

Aber alle diese Dynastien gingen, wenn sie ihre Macht überhaupt festigen konnten, rasch wieder zugrunde, denn obwohl das Heer sie theoretisch begünstigte, wurde es ihrer in der Praxis sehr rasch überdrüssig, weil die Soldaten mit den Leistungen der einzelnen Kaiser nicht zufrieden waren. Während dieser ganzen Periode war es die Armee, die weiterhin einen Monarchen nach dem anderen auf den Thron brachte.

364 wurde auch Valentinian I. vom Heer zum Kaiser ausgerufen, und sogar der altmodische und konservative Aristokrat Symmachus glaubte oder behauptete zu glauben, daß dies ganz vernünftig sei. 369 erklärte er, das Heer sei besser qualifiziert, einen Kaiser zu ernennen, als irgend jemand sonst, denn »der Senat und politische Institutionen sind zu nachlässig oder veraltet«. Der Historiker Ammianus hielt es ebenfalls für richtig, daß die Armee die Kaiser ernannte, obwohl er die Sache zu optimistisch beurteilte und meinte, dieser Entscheidung gingen im Normalfall gründliche Überlegungen der führenden Männer voraus.

Die unbekannten Verfasser der *Historia Augusta* waren anderer Meinung. Sie lobten lautstark die Kaiser der Vergangenheit, die, wie sie annahmen, vom Senat ernannt worden waren. Deshalb setzten sie sich für das überlieferte Konzept ein, nach dem die Monarchie nicht erblich sein konnte, und lehnten es ab, daß die Geburt bei der Bestimmung der Nachfolge eine Rolle spielte.

Wie viele seiner Vorgänger vertrat Valentinian die entgegengesetzte Ansicht. Er wollte seine eigene Dynastie errichten. Obwohl selbst nicht aus einer kaiserlichen Familie stammend, fühlte er sich in seiner Stellung stark genug, um die Neigung des Heeres für die Einführung der erblichen Monarchie zu seinem Vorteil

Römischer Helm aus Yorkshire,
Ende des 3. Jahrhunderts

auszunutzen; denn als er 367 seinen Sohn Gratianus zum Mitkaiser machte, veranstaltete er eine militärische Zeremonie und empfahl den jungen Mann den Soldaten. Bei dieser Gelegenheit bekleidete Valentinian den neuen Herrscher, nachdem die Soldaten ihn mit Zurufen und Waffengeklirr als Mitkaiser bestätigt hatten, mit den Herrschergewändern und erklärte: »Siehe, mein lieber Gratianus, jetzt trägst du, wie wir alle gehofft haben, das kaiserliche Gewand, das dir unter günstigen Auspizien durch meinen Willen und den deiner Kameraden verliehen worden ist.«
Valentinians Versuch, mit Hilfe des Militärs ein neues Herrscherhaus zu begründen, war ungewöhnlich erfolgreich. Diese Dynastie, dadurch gestärkt, daß Theodosius I. durch Heirat zur kaiserlichen Familie gehörte, dauerte nicht weniger als 91 Jahre. Damit war sie die dauerhafteste in der ganzen Kaisergeschichte.
Im Gegensatz dazu folgte auf den Tod Valentinians III., obwohl letzterer kaum mehr als eine Nummer gewesen war, eine Periode beispielloser Instabilität, in der, wie wir gesehen haben, viele Kaiser in kurzer Zeit einander folgten. Diese Instabilität erwies sich als schicksalhaft und tödlich, denn mit dem letzten dieser Herrscher kam das Ende des Weströmischen Reichs.
Im weiten Raum der modernen Welt gibt es für die gleichen Probleme der Weitergabe der politischen Macht bezeichnenderweise auch heute keine Lösung, und es besteht die Möglichkeit, daß dieser Umstand schließlich tödliche Folgen haben wird.
Nach den Erfahrungen des alten Rom war das gefährlichste Phänomen die ununterbrochene Reihe einander ablösender militärischer Führer, die Revolten und Staatsstreiche anzettelten, um sich selbst an die Stelle des jeweiligen Herrschers zu setzen.
Diese Unruhen erzeugten bedrohliche Spaltungen und den Abfall von Provinzen. Eine ähnlich kritische Lage brachte auch die Vereinigten Staaten bald nach ihrer Gründung in große Schwierigkeiten. Aber für das alte Rom war die Lage unendlich viel ernster. Die Männer, die zu verschiedenen Zeiten und in verschiedenen Gebieten von irgendeinem Teil des Heeres zu Kaisern ausgerufen wurden, auch wenn es ihnen gewöhnlich nicht gelang, lange an

Linke Seite des Stilicho-
Diptychons, Stilichos Gattin
Serena (Nichte Theodosius' I.)
und ihr Sohn Eucherius, den
Stilicho angeblich auf den
Thron bringen wollte

der Macht zu bleiben, waren bedauerlicherweise sehr zahlreich,
und ihr sporadisches Auftreten setzte sich über mehrere Generationen fort. Die Rivalität zwischen den Usurpatoren und ihren ›legitimen‹ Gegenspielern (die Legitimität läßt sich nicht immer
ohne weiteres feststellen) war eine der Hauptursachen für den
Verfall der Autorität Roms.

Bürgerkriege, die daraus entstanden, daß diese Männer illegal an
die Macht gelangten, untergruben die innere Sicherheit der römischen Welt. Dazu führten Machtkämpfe bei zahlreichen nach-
weisbaren Gelegenheiten die Germanen und andere Feinde in
Versuchung, in die dadurch geschwächten Provinzen einzufallen.
Vom 1. Jahrhundert n. Chr. bis zum Untergang des Römischen
Reichs mehr als vierhundert Jahre später ist kaum ein Jahrzehnt
vergangen, in dem es nicht irgendwo einen rivalisierenden Soldatenkaiser gegeben hat. Oft waren es sogar mehrere gleichzeitig.

Diese Lage war die Folge eines unlösbaren Dilemmas. Die Armee
mußte stark genug sein, um die Grenzen zu schützen. Aber wenn
sie das war, dann war sie auch stark genug, sich gegen den Kaiser
zu wenden, wenn einer ihrer Generäle sie zur Revolte aufrief.
Zwar hatte der Kaiser seine Existenz allein der Armee zu verdanken, aber sie und ihre Führer waren auch dafür verantwortlich,
daß der innere Friede nie über mehrere Jahre gewahrt werden
konnte. Und weil die Römer durch diese Uneinigkeit geschwächt
wurden, hatten sie unter ständigen politischen Erschütterungen
und Verlusten jeder Art zu leiden.

Die anarchischen Zustände, die sich aus diesen Gegebenheiten
entwickelten, paralysierten zeitweilig die ganze Nation. So wurde
der Kaisertitel zum Beispiel im Verlauf von anderthalb Jahrhunderten bis zur Thronbesteigung Konstantins des Großen
(306–337) von fast 80 Heerführern in der Hauptstadt oder in einem anderen Teil des Imperiums in Anspruch genommen. Von
247 bis 270 wurden nicht weniger als dreißig solcher Männer zu
Kaisern ausgerufen. Gibbon meint zwar, viele dieser Kandidaten
hätten ihre Ernennung aus Furcht nicht abgelehnt, aber die große
Zahl der zu Kaisern ernannten hat auch ihn erstaunt.

Torso der Statue eines Kaisers
in Kriegsrüstung

*». . . Der rasche und sich ständig wiederholende Aufstieg von der
Hütte zum Thron und der ebenso rasche Übergang vom Thron
zum Grab hätten einen gleichgültigen Philosophen amüsieren
können, wenn es einem Philosophen möglich wäre, gegenüber
dem allgemeinen menschlichen Elend gleichgültig zu bleiben.
Die Wahl dieser fragwürdigen Kaiser. ihre Macht und ihr Tod
wirkten sich für ihre Untertanen und Anhänger verheerend aus.
Der Preis für ihre folgenschwere Ernennung mußte den Soldaten
sofort in Gestalt reicher Geschenke bezahlt werden, die das bis
zum letzten ausgebeutete Volk aufzubringen hatte.«*

Weil diese Usurpatoren sich gezwungen sahen, hohe Geldsummen für ihre Soldaten aufzubringen, verfügt der moderne Numismatiker heute über eine Vielzahl von Münzen, die ihm wertvolle historische Aufschlüsse vermitteln; denn sobald die Armee
einen neuen Kaiser auf den Schild gehoben hatte, ließ er sofort
das Geld prägen, das er brauchte, um sich der Loyalität seiner
Truppen zu versichern. Diese Münzen dienten zugleich dem
Zweck, seinen Namen und Ruhm zu verbreiten. Von diesen Prägungen gibt es heute zum Teil noch Zehntausende, von einigen
jedoch nur noch ein einziges Stück.

In der letzten Epoche des Kaiserreichs ging dieser Prozeß der inneren Auflösung immer weiter, und die Kaiser folgten rasch aufeinander. Solange die Dynastie Valentinians I. herrschte, gab es
viele Heerführer und andere, die versuchten, sich mit Gewalt des
Throns zu bemächtigen. Man weiß von wenigstens zehn solcher
Männer. Am Schluß scheiterten sie alle, konnten sich aber zunächst eine mehr oder weniger starke Anhängerschaft sichern.
Ihre Zahl vermehrt sich auf dreizehn, wenn wir drei nordafrikanische Unruhestifter hinzurechnen, deren politische Ziele sich jedoch nicht mehr klar erkennen lassen. Vielleicht waren es auch
noch mehr.

Man kann sich vorstellen, welcher zusätzlichen Anstrengungen es
bedurft hat, wenn der rechtmäßige Kaiser mit Hilfe seiner ohnedies angespannten Reserven an Menschen und Material all diese
Usurpatoren ausschalten wollte. Man versteht auch, weshalb Va-

lentinian so sehr darum bemüht war, eine friedliche dynastische Nachfolge sicherzustellen und das Heer und das Imperium noch lange Zeit an der erblichen Monarchie festgehalten haben, obwohl die letzten Angehörigen des kaiserlichen Hauses unbedeutende und unfähige Männer waren.

Darüber hinaus gelang es den west- und oströmischen Kaisern, die ein gemeinsames Interesse daran hatten, die Dynastie zu erhalten, zu der beide gehörten, im allgemeinen im Hinblick auf die Frage der Usurpatoren zusammenzuarbeiten, wenn sie sonst auch manches trennte. Dabei gingen sie von dem Grundsatz aus, daß, solange ein legitimer Kaiser irgendwo in einem Teil der römischen Welt regierte, kein anderer ohne seine Zustimmung auf den Thron gebracht werden dürfte. Allerdings richtete man sich nicht immer nach diesem Grundsatz. Doch solange die Dynastie Valentinians I. in West- und Ostrom regierte, ist es keinem ihrer Rivalen gelungen, den rechtmäßigen Kaiser zu stürzen.

Der Kräfteverbrauch, der durch solche Bürgerkriege notwendig wurde, hatte katastrophale Folgen, und in den allerletzten Jahren des Bestehens des Weströmischen Reichs und der Dynastie Valentinians wurde das Chaos immer größer. Die rechtmäßigen Herrscher übten ihr Amt nur noch nominell aus, während ihre Heerführer die wirkliche Macht in Händen hielten. Der bedeutendste von ihnen war der Germane Ricimer (456–472). Trotzdem nahmen diese militärischen Befehlshaber die Kaiserwürde nie für sich selbst in Anspruch, bis der letzte weströmische Kaiser aus Ravenna vertrieben und Odoaker König von Italien wurde.

Zeitgenössische Schriftsteller waren sich während der ganzen Dauer des Römischen Reichs der Tatsache bewußt, daß diese Rebellionen großen Schaden anrichteten. Besonders Ammianus bezeichnete die militärischen Rebellen als das größte Übel. Er hatte eine klare Vorstellung von den gegenseitigen Verpflichtungen, die den rechtmäßigen Kaiser mit seinem Volk verbanden, und war sich des Umstandes bewußt, daß es um die Sicherheit der römischen Welt geschehen wäre, wenn die Untertanen ihrem Herrscher den Gehorsam aufkündigen würden. Auch Augustinus

sagte: »Welche Wildheit fremder Völker, welche barbarische Grausamkeit könnte man mit dem Schaden vergleichen, den Bürgerkriege anrichten?« Der Dichter Claudianus bezeichnet die beiden bedeutendsten Insurgenten, Magnus Maximus (383–388), dessen Generäle Gratianus ermordeten, und Eugenius (392–394), dessen Oberbefehlshaber wahrscheinlich Valentinian II. ermordet hat, als Männer, die schwere Verbrechen begangen haben:

Zwei Tyrannen suchten den Westen heim,
In ihren Herzen der Bosheit Keim;
Dem wilden Britannien der erste entsproß,
Der zweite stammt aus Germaniens Schoß.
Verbannte Sklaven, zu nichts sind sie gut;
An beider Händen klebt des Kaisers Blut.

Und doch beherrschten diese durch Militärrevolten an die Macht gekommenen Männer, solange sie ihre Stellung halten konnten, oft ein weites Gebiet, und häufig versammelte sich eine große Schar von Gefolgsleuten unter ihren Fahnen. In einer anonymen Schrift über die Kriegskunst heißt es, die Armeen hätten keinen Grund gehabt, ihre Herren zu wechseln und sich solchen Rebellionen anzuschließen.

Gibbon erkannte deutlich, welche katastrophalen Folgen diese revolutionären Bewegungen haben mußten. Das tat auch der französische Historiker Montesquieu, der die Machtübernahme durch verräterische Usurpatoren als Hauptursache für den Untergang Roms bezeichnet und schildert, wie aus politischen Differenzen, die bis dahin nichts anderes gewesen waren als normale Meinungsverschiedenheiten, tödliche Bürgerkriege wurden, nachdem das Imperium so gewaltige Dimensionen angenommen hatte.

Die Neigung der Heerführer und hohen Offiziere, den Treueid zu brechen und für sich selbst Machtansprüche zu erheben, gibt es in fast unvermindertem Maß noch heute. Solange man jederzeit mit solchen Umstürzen rechnen muß, wird sich der Friede in der Welt niemals sichern lassen. Das unglückliche Schicksal Dutzender von modernen Staaten zeigt deutlich, daß man in dieser Hinsicht aus der Geschichte des alten Rom kaum etwas gelernt hat.

69

2. Spannungen zwischen Volk und Heer

Auch die zweite Ursache für den Zerfall des Weströmischen Reichs, der Umstand, daß seine Heere nicht in der Lage waren, die ihnen übertragenen Aufgaben zu erfüllen, hat ihre besondere Bedeutung, nicht nur für die modernen Staaten, die vom Militär beherrscht werden, sondern auch für die Vereinigten Staaten und die westeuropäischen Demokratien.

Denn die Heere der Römer wurden – das erscheint zunächst unverständlich – von äußeren Feinden besiegt, deren Streitkräfte ihnen theoretisch an Zahl wie auch in der Qualität der Ausrüstung und Bewaffnung weit unterlegen waren. Es waren die gleichen Feinde, gegen die Rom schon oft hatte kämpfen müssen, und die bis dahin immer von den Römern besiegt worden waren.

Die Lehren, die man aus solchen Erkenntnissen ziehen muß, sind schmerzlich, aber ganz simpel. So sehr sich die öffentliche Meinung auch dagegen sträuben mag, es ist ein Fehler, wenn ein mächtiges Land, gegen das auch nur die geringste äußere Bedrohung besteht, es zuläßt, daß seine Streitkräfte an Schlagkraft verlieren. Wenn zwischen dem Heer und der übrigen Bevölkerung das gegenseitige Verständnis so vollständig fehlt, wie das im alten Rom der Fall war, dann kann das tödliche Folgen haben.

Unsere wichtigste Informationsquelle über das spätrömische Heer sind die *Notitia Dignitatum*, eine Liste der wichtigsten offiziellen Ämter, wie sie 395 im Weströmischen und Oströmischen Reich bestanden. Soweit es um die militärischen Kommandostellen geht, enthält diese Aufstellung auch Einzelheiten über die Verbände, die von den genannten Offizieren befehligt wurden.

Dieses Dokument ist einerseits von großer Bedeutung, andererseits aber auch durchaus irreführend.

Nach der darin enthaltenen Statistik verfügten beide Reiche insgesamt über Streitkräfte von 500 000 bis 600 000 Mann. Damit war das Heer doppelt so stark wie dasjenige, mit dem sich Rom zweihundert Jahre zuvor verteidigt hatte. Von der Gesamtzahl standen dem Weströmischen Reich etwas weniger als die Hälfte zur Verfügung, also 250 000 Mann. Die meisten waren an der Reichsgrenze am Rhein und an der Donau stationiert.

Diese Kräfte hätten auch nach allen bisherigen Erfahrungen genügen müssen, um die Grenzgebiete gegen eventuelle Barbaren-
einfälle zu verteidigen; denn die Heere der barbarischen Gegner
Roms waren zahlenmäßig meist nicht sehr stark, jedenfalls nicht
stärker als diejenigen, die in früheren Epochen ohne weiteres besiegt worden waren. Mit anderen Worten, der Gote Alarich und
der Vandale Geiserich befehligten jeweils etwa 40 000 und 20 000
Mann, und der alemannische Heerhaufe in den 360er Jahren
zählte wahrscheinlich erheblich weniger als 10 000 Krieger.

Wenn wir uns jedoch die Kräfte, die sich den Eindringlingen ent-
gegenstellten, näher ansehen, dann ergibt sich ein ganz anderes
Bild. Die römischen Heere dieser Epoche bestanden aus einer
schlagkräftigen Feldtruppe und Grenzschutzverbänden. Die letzteren waren weniger beweglich, ließen sich weniger leicht für militärische Sonderaufgaben freimachen, und ihre Aufgaben bestanden im Garnisonsdienst und der Aufrechterhaltung der
inneren Sicherheit. Ein Gesetz aus dem Jahr 428 zeigt, daß diese
Kräfte weniger geachtet waren und ihr militärischer Wert für geringer gehalten wurde als der des aktiven Feldheeres.

Aus den *Notitia Dignitatum* und anderen Quellen geht hervor,
daß zwei Drittel des weströmischen Heeres aus solchen Grenztruppen, also aus zweitrangigen Streitkräften, bestand. Dazu
mußte die Feldtruppe in Kriegen und Bürgerkriegen so hohe Verluste hinnehmen, daß sie gezwungen war, immer mehr Ersatz aus
den Grenzverbänden einzustellen, besonders in den ständig gefährdeten Gebieten von Nordafrika und Gallien. Deshalb wurde
die Verteidigung an der Grenze immer schwieriger.

Der heidnische Historiker Zosimus vertritt sogar die Auffassung,
daß Konstantin der Große die Hauptverantwortung für die
Schwächung der Verteidigung an der Grenze trug und ihm daher
ein großer Teil der Schuld für den Untergang des Römischen
Reichs zuzuschreiben sei. Auch die Feldarmee verlor durch diese
Umstände an Kampfkraft, da es notwendig gewesen war, sie mit
so vielen Grenzsoldaten aufzufüllen, die einen geringeren militärischen Wert hatten. Aber die Feldarmee hatte noch andere Pro-

bleme. Ihre Verbände in Nordafrika ließen sich zum Beispiel praktisch nicht auf andere Kriegsschauplätze verlegen, auch wenn dies nach der Lage unbedingt erforderlich gewesen wäre, denn sie mußten dafür sorgen, daß Rom auch weiterhin die lebensnotwendigen Getreidelieferungen aus diesem Gebiet erhielt.

Wenn wir die Zahl der Soldaten betrachten, die die römischen Heerführer damals in die Schlacht führen konnten, dann sieht die Lage noch bedenklicher aus.

Zosimus berichtet, eine 65 000 Mann starke Armee, die Julianus Apostata ins Feld stellte, sei eine der stärksten zu jener Zeit gewesen. Das überrascht zunächst; doch in der nächsten Generation konnte Stilicho, der größte Feldherr seines Zeitalters, im Jahr 405 nicht mehr als 30 000, ja vielleicht auch nicht viel mehr als 20 000 Mann gegen den germanischen Eindringling Radagaisus ins Feld stellen, und das war die stärkste Armee, die er überhaupt befehligt hat. Ein 15 000 Mann starkes römisches Heer war damals eine relativ beachtliche Streitmacht, und es gab Expeditionsstreitkräfte, die oft nur über 5 000 Mann verfügten. Diese Zahlen liegen weit unter den in den *Notitia Dignitatum* angegebenen und entsprechen eher der wirklichen Lage im spätrömischen Reich. Die zahlenmäßige Überlegenheit der römischen Truppen über die germanischen Eindringlinge gab es also praktisch nicht.

Der anonyme Verfasser des Pamphlets über die Kriegführung aus dem 4. Jahrhundert äußert sich sehr besorgt über diese Lage. Er macht seinen Kaisern – wahrscheinlich Valentinian I. und seinem Bruder – Vorschläge, wie sie am besten zu bereinigen sei. Man muß diese Vorschläge durchaus positiv beurteilen.

Unter anderem empfiehlt er, dadurch Soldaten zu sparen, daß man das Heer stärker mechanisiert. Hier spricht er vor allem von neuartigen Belagerungsmaschinen und anderen Ausrüstungsstücken. Seine Ratschläge wurden jedoch nicht befolgt. Wahrscheinlich sind sie abgefangen worden und in den Archiven verschwunden, bevor der Kaiser sie zu Gesicht bekam. Doch ihr anonymer Verfasser war ein beachtenswerter Mann, nicht nur weil er, anders als die meisten seiner Zeitgenossen, glaubte, es müsse etwas unternommen werden, um die Situation zu verbessern, sondern weil er deutlich erkannte, daß es um die Rekrutierung von Soldaten für die Armee sehr schlecht stand und etwas gegen diesen Zustand unternommen werden müsse.

Doch weshalb war die Lage so besorgniserregend? Die Angriffe des Feindes mit starken Kräften an den Grenzen waren nichts Neues. Sie wurden jedoch immer häufiger, vor allem wegen der inneren Schwäche des Imperiums, die den Gegner geradezu herausforderte, etwas zu unternehmen.

Man darf kaum daran zweifeln, daß die Schwäche des spätrömischen Heeres zum großen Teil dadurch entstanden war, daß die kaiserlichen Behörden nicht die allgemeine Wehrpflicht eingeführt hatten. Seit Beginn des 4. nachchristlichen Jahrhunderts waren auf diesem Wege die meisten Rekruten eingezogen worden. Der erfolgreichste militärische Führer seines Zeitalters, Valentinian, rief alljährlich eine große Zahl junger Männer zu den Waffen, und auch Theodosius I. versuchte zu anfangs eine Rekrutierung auf nationaler Ebene durchzusetzen.

Aber die im Wehrgesetz vorgesehenen Ausnahmefälle waren so zahlreich, daß es ungeheuer schwer war, den Mannschaftsstand der Armee zu halten. Senatoren, Beamte und Geistliche brauchten nicht im Heer zu dienen, auch nicht Köche, Bäcker und Sklaven.

Um alle anderen Wehrpflichtigen einzuziehen, wurde die Bevölkerung stark ausgekämmt. Sogar die Männer, die auf den ausgedehnten Besitzungen des Kaisers arbeiteten, wurden verpflichtet. Andere Großgrundbesitzer waren weniger gern bereit, auf ihre Arbeitskräfte zu verzichten. Sie waren verpflichtet, dem Heer eine der Größe ihres Besitzes entsprechende Zahl von Rekruten zur Verfügung zu stellen, aber sehr oft weigerten sie sich standhaft. Und selbst wenn sie nachgaben, schickten sie nur diejenigen zur Armee, die sie ohnehin loswerden wollten. Sie wendeten ein, daß das Einziehen zum Wehrdienst eine schwere Belastung für die bäuerliche Bevölkerung sei, die dadurch verringert würde und deren Moral unter diesen Praktiken litte. Damit hatten sie nicht unrecht, denn da Stadtbewohner als Soldaten nichts taugten, mußte die Landbevölkerung diese Last tragen. Das waren die kleinen Bauern und deren Söhne im Alter zwischen 19 und 35 Jahren.

Da die Rekrutierung auf solchen Widerstand stieß, stellte sich bald heraus, daß die bisher geübten normalen Einberufungsmethoden nicht streng genug waren. Man führte Zwangsmaßnahmen ein; dazu gehörte die Bestimmung, daß der Sohn den Beruf des Vaters ergreifen mußte. Bald wurden die Söhne von Soldaten oder ehemaligen Soldaten gezwungen, ebenfalls Soldaten zu werden.

Dieser Grundsatz galt an sich schon bei Beginn des 3. Jahrhunderts n. Chr., aber man hatte sich nicht immer danach gerichtet. Im 5. Jahrhundert galt er jedoch für die Söhne der Soldaten ebenso wie für diejenigen, deren Väter andere Berufe ausübten. Die Regierung, die die Macht hatte, ihren Willen durchzusetzen, sah jetzt streng auf die Ausführung dieser Bestimmungen. Doch was dabei herauskam, war immer noch recht unbefriedigend.

Der christliche Philosoph Synesius von Cyrene erklärte, zur Rettung des Imperiums brauchte man ein ›Volk in Waffen‹.

Auch in heutiger Zeit hat André Piganiol behauptet, eine effektive allgemeine Wehrpflicht hätte das Weströmische Reich retten können. Er schreibt und denkt als moderner Franzose, der die Wehrpflicht im Dienst der Nation für richtig hält. In einem ganz ähnlichen Sinn hat ein bedeutender Teil der amerikanischen Presse, wenn auch nicht ohne auf Widerspruch zu stoßen, verlangt, daß die Aufhebung der allgemeinen Wehrpflicht in den Vereinigten Staaten rückgängig gemacht wird, weil sie sich als Fehler erwiesen habe, denn es sei nicht immer möglich, die angeblich benötigte Zahl geeigneter Soldaten für den Dienst in den Streitkräften zu gewinnen.

Der schon erwähnte Verfasser der Schrift über die Kriegführung hat sich mit diesem Problem beschäftigt, soweit es die Römer betrifft. Er beklagt sich darüber, daß es weder an Veteranen noch an Rekruten genügend Reserven gäbe, und meint, nach Einführung einer kürzeren Dienstzeit könnte es leichter sein, auch diejenigen für den Heeresdienst zu gewinnen, die sich bisher nur ungern dafür zur Verfügung gestellt hätten.

Wäre diese Empfehlung befolgt worden, hätte es wahrscheinlich kaum etwas genützt. Denn im Weströmischen Reich, wo es, wie wir sehen, auch innerhalb der Gesellschaftsstruktur Spannungen gab, die fast jedes patriotische Gefühl erstickten, hatte der heilige Ambrosius sicher recht, wenn er meinte, niemand betrachte den Militärdienst mehr als eine allgemeine Verpflichtung, sondern man sähe in ihm eine Art Sklaverei, der sich jeder zu entziehen suche. Eine allgemeine Dienstpflicht ließ sich deshalb nicht mehr durchsetzen.

Während sich die Reichsgrenzen zurückzogen, fiel die Aufgabe, das Heer zu versorgen, immer mehr dem italienischen Mutterland zu. Aber die Italiener konnten und wollten die Last nicht tragen. Nach einem Gesetz aus dem Jahr 403 gab es zu dieser Zeit noch die jährlichen Einberufungen zur Ableistung der Wehrpflicht, aber zwei Verfügungen aus den Jahren 440 und 443 können wir entnehmen, daß im Westen Rekruten nur noch im Notfall eingezogen wurden. Der Verfasser dieser Edikte, Valentinian III., erklärte darin, kein römischer Bürger sollte zum Dienst gezwungen werden, »es sei denn zur Verteidigung seiner Heimatstadt, deren Sicherheit gefährdet ist«. Und nach dem Tode des tatkräftigen Aetius hören wir nichts mehr von der Einberufung der Bürger Westroms zu den Waffen.

Die Senatsaristokratie, die in dieser Schlußphase die Zivilverwaltung beherrschte, hat eine solche Inanspruchnahme ihrer knappen Arbeitskräfte auf dem Lande kaum unterstützt. Die Regierung hatte jedoch schon seit längerem aus dieser kritischen Lage ihre Schlüsse gezogen. Wenn es schon nicht möglich war, die Grundbesitzer zur Herausgabe ihrer Arbeitskräfte zu bewegen, dann sollte das mit entsprechenden Steuern ausgeglichen werden.

In der zweiten Hälfte des 4. Jahrhunderts begann man, diese Alternative in die Tat umzusetzen. Die Senatoren durften jetzt jeden Rekruten, den sie zu stellen hatten, mit 25 Goldmünzen freikaufen. Ebenso konnte sich auch der Einzelne befreien. Der Historiker Ammianus hatte sich schon seinerzeit gegen diese Art der Wehrdienstverweigerung ausgesprochen. Aber obwohl diese Praxis das

Zugeständnis eines Übelstandes war, erwies sie sich doch als sinn-
voll, da man dem Mangel anders nicht abhelfen konnte; es erwies
sich als fast unmöglich, eine ausreichende Zahl von Bürgern zu
rekrutieren, und zwar auch nach Einführung der allgemeinen
Wehrpflicht. Mit den Steuergeldern ließen sich nun an ihrer
Stelle wenigstens germanische Söldner kaufen. In der Absicht,
sich ihrer Dienste als Soldaten zu versichern, hatte ein Kaiser nach
dem anderen ihnen erlaubt, sich als Konföderierte und Bundesgenossen in den Provinzen niederzulassen. Da es in Westrom unmöglich war, ein römisches Heer aufzustellen, verfügte man so
wenigstens über ein germanisches. Im Lauf der Zeit löste sich die
römische Armee vollständig auf. Und am Ende des Weströmischen Reichs war nichts mehr davon übrig.

Ambrosius hatte recht gehabt, als er sagte, zu seiner Zeit werde
der Soldatenberuf als Sklaverei angesehen und verachtet. Doch
seltsamerweise beklagen sich die römischen Historiker in den
letzten 200 Jahren immer wieder darüber, daß die Soldaten es viel
zu gut hätten. Sie werfen den römischen Kaisern vor, daß sie ihre
Armee zu sehr verwöhnten und damit verdürben.

Solche Vorwürfe waren schon unter Septimius Severus (193–211)
laut und deutlich erhoben worden, und das hat Gibbon so stark
beeindruckt, daß er behauptete, dieser Kaiser sei deshalb der
Hauptverantwortliche für den Niedergang des Imperiums. Seit
jener Zeit erhielten die Soldaten einen immer größeren Prozentsatz ihres Lohns in der Form von Verpflegung, Bekleidung und
anderen Waren. Auch die Freigebigkeit Konstantins gegenüber
seinen Soldaten wurde als übertrieben verurteilt.

Wie Ammianus schreibt, war es jedoch Valentinian I., der auf Kosten der Allgemeinheit ihren Status verbesserte und ihre Einnahmen erhöhte. Auch von Theodosius I. behauptete man, er be-
handle sie viel zu nachsichtig. So gab es zum Beispiel Ärger, weil
sie landwirtschaftliche Geräte, Saatgut und Zuchtvieh bekamen,
da der Kaiser ihnen erlaubte, in ihrer freien Zeit als Bauern und
Landarbeiter zu arbeiten – weil es auch hier an Arbeitskräften
fehlte. Doch neben aller Kritik war es die althergebrachte Auffas-

DNVALENTINIANVSPFAVG
FELIXADVENTVSAVGN

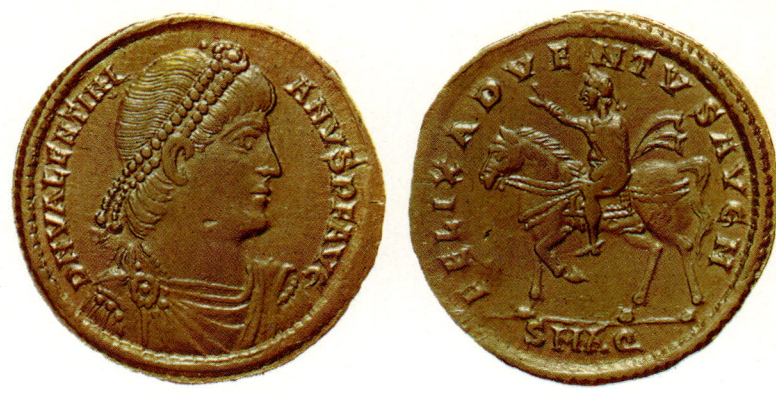

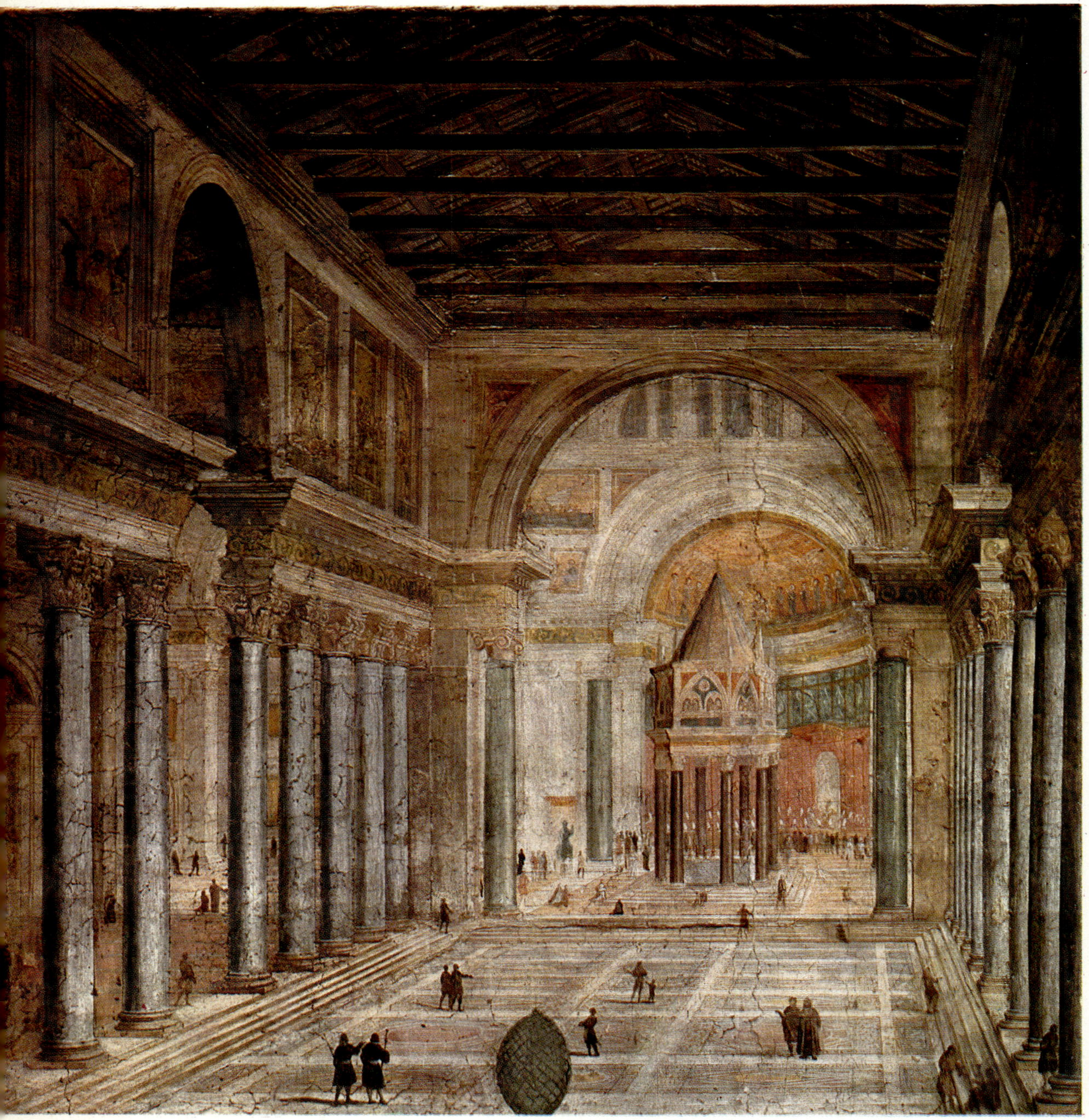

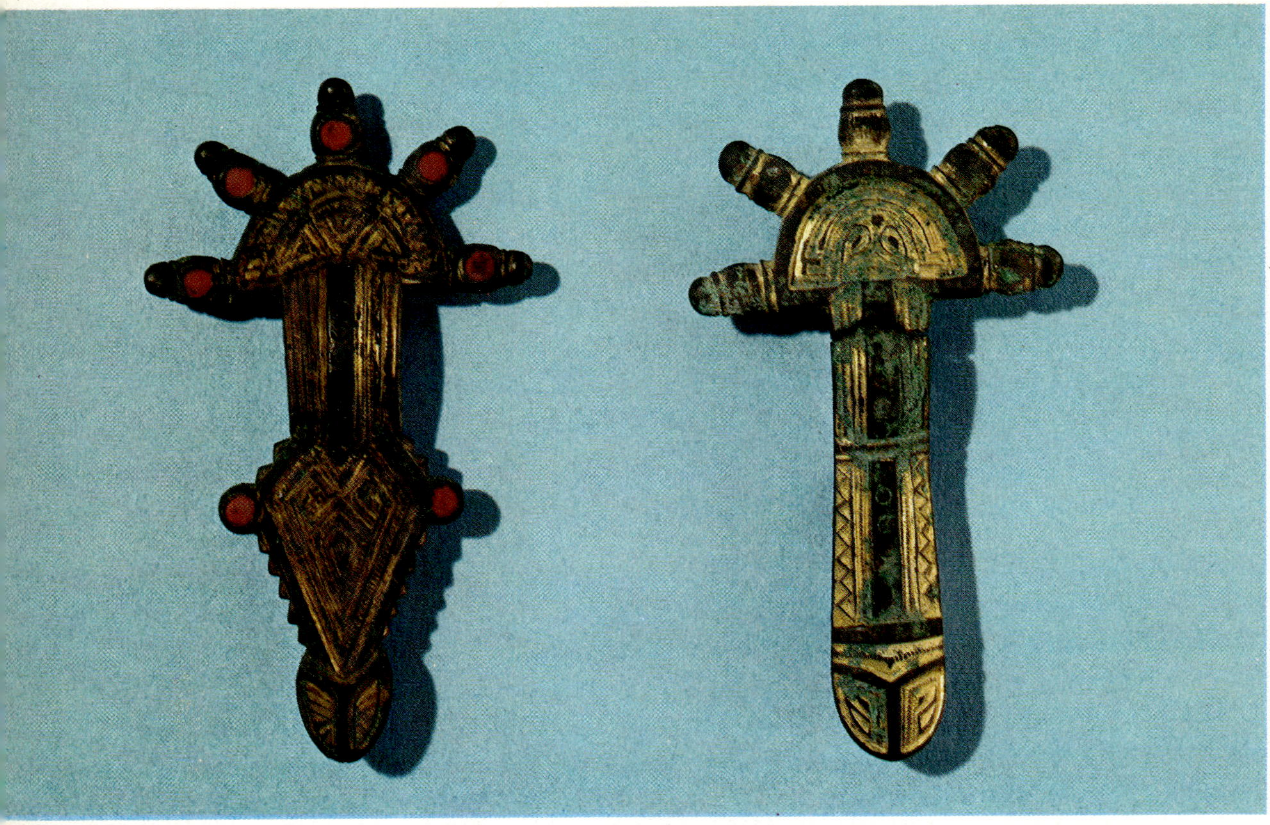

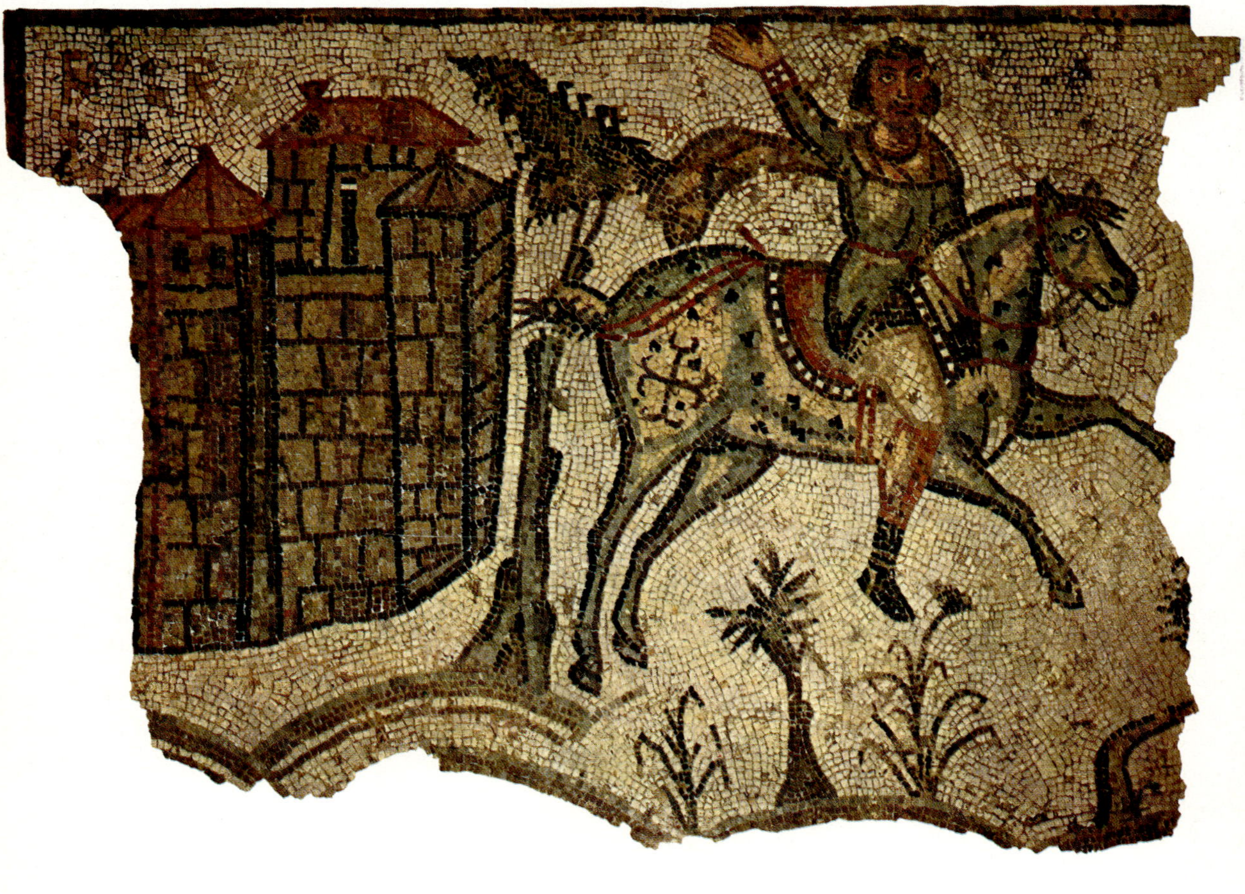

Sarkophag mit dem Monogramm Christi (Mitte des 4. Jahrhunderts)

zu den Farbtafeln Seite 80:

oben: Vergoldete fränkische Silberbroschen mit Granaten und Niello verziert aus der Charente (6. Jahrhundert)
unten: Dieses Mosaik aus Karthago zeigt einen Reiter

sung der Klasse der Senatoren, die stets nach der Regierungsgewalt gestrebt hatten, daß sie sich von der Armee nicht in den Hintergrund drängen lassen dürften.

In Wirklichkeit waren die Soldaten, obwohl sie sich oft mit Leidenschaft in die Politik eingemischt hatten, nie übermäßig gut bezahlt oder belohnt worden, und die von Severus und Valentinian eingeführten Reformen brachten ihren Sold nur auf ein vertretbares Maß. Im 5. Jahrhundert haben sich die Verhältnisse augenscheinlich nicht entscheidend verändert; nur daß ihr Lohn nicht mehr regelmäßig gezahlt werden konnte, weil die Verbindungswege zu ihren Garnisonen so oft unterbrochen waren.

Aus diesen Gründen mißlang es immer wieder, die Wünsche der Soldaten zu befriedigen. Ein Hauptanreiz für den Militärdienst war es früher gewesen, daß römische Legionäre bei der Einstellung und Hilfstruppen bei ihrer Entlassung das römische Bürgerrecht erhielten. Diese Bestimmung war jetzt wirkungslos, denn seit 212 besaßen praktisch alle Bewohner des Imperiums, die keine Sklaven waren, das Bürgerrecht. Zudem mußten die Soldaten einen großen Teil der Schwierigkeiten auf sich nehmen, die dieses Zeitalter allen Römern brachte. Die Vorteile genügten nicht, um die negativen Umstände auszugleichen, die ihren Diensteifer beeinträchtigten.

So setzten die jungen Männer des spätrömischen Reichs alles daran, sich vom Militärdienst zu befreien. Das nahm oft bizarre Formen an. Aus den damals erlassenen Gesetzen erkennt man, zu welchen Verzweiflungstaten Einzelne fähig waren, wenn sie zu den Waffen gerufen wurden. Viele schnitten sich zum Beispiel, wie berichtet wird, den Daumen ab, um dadurch dienstuntauglich zu werden. Es gab daher ein Gesetz, nach dem Selbstverstümmelung durch Verbrennen bei lebendigem Leibe bestraft wurde. Theodosius I. hob diese Bestimmung auf, befahl jedoch, daß der Selbstverstümmler trotzdem seinen Wehrdienst leisten mußte. Grundbesitzer, die eine bestimmte Zahl von Landarbeitern zum Dienst bei der Armee abzustellen hatten, konnten statt eines volltauglichen Rekruten zwei verstümmelte zur Verfügung stellen.

Auch das Verstecken der Dienstpflichtigen wurde streng geahndet. 440 stand darauf sogar die Todesstrafe.

Die gleiche Strafe wurde dem angedroht, der einen Deserteur bei sich aufnahm. Damit verschärften sich die bisherigen Strafen, denn bis dahin wurde ein Armer wegen eines solchen Verbrechens mit Zwangsarbeit im Bergwerk, ein Reicher mit der Beschlagnahme der Hälfte seines Vermögens bestraft.

Die Klasse der Reichen wurde ständig beschuldigt, die Erfüllung der Wehrpflicht zu hintertreiben und Deserteuren Unterschlupf zu gewähren, um die Zahl ihrer landwirtschaftlichen Arbeiter zu vergrößern. Die strenge offizielle Mißbilligung traf auch die Agenten und Aufseher der Grundbesitzer, denen man in einigen Provinzen die Verwendung von Pferden verbot, weil man hoffte, sie damit davon abzuhalten, Deserteure zu verstecken.

Welch schweres Problem die Fahnenflucht war, zeigte eine Bestimmung, nach der neu eingestellte Rekruten in ihren Kasernen wie Sklaven mit einem Brandzeichen versehen wurden. Die zunehmende Härte solcher gesetzlichen Maßnahmen zeigt die Schwierigkeiten der Regierung, die Einhaltung der Gesetze zu erzwingen. Eine weitere Gefahr bestand darin, daß sich die Deserteure zu Räuberbanden zusammenschlossen, zu deren Bekämpfung weitere Gesetze erlassen wurden.

Welche Auswirkungen diese Situation auf die Grenzverteidigung hatte, zeigt eine andere Verfügung. Ein Gesetz aus dem Jahr 409 läßt erkennen, daß die Zahl der Truppen an der Grenze in besorgniserregender Weise zusammenschmolz. Damit vollendete sich ein Prozeß, der vor langer Zeit begonnen hatte, denn in den Jahren unmittelbar nach der Katastrophe von Adrianopel 378 n. Chr. gab es eine Welle von Desertionen. Die Befestigungsanlagen waren in einen desolaten Zustand geraten und viel zu schwach besetzt.

Als daher die Germanen über Rhein und Donau vorstießen, muß es zum Teil daran gelegen haben, daß Grenzstädte und Festungen militärisch nicht richtig ausgenutzt wurden. Salvianus, Presbyter von Marseille, der als Zeitgenosse der Katastrophe ein düsteres Bild zeichnet, berichtet, es habe den Städten noch an militäri-

Dieses Detail aus dem Triumph-
bogen Konstantins zeigt
römische Soldaten bei der
Erstürmung einer Stadt

schem Schutz gefehlt, als die Barbaren schon fast in Sicht waren.
Man hätte, wie er meint, denken sollen, die Verteidiger und Einwohner hätten nicht den Wunsch gehabt zu sterben. Doch habe
niemand die geringste Anstrengung unternommen, dem Tode zu
entgehen. Oft haben allerdings römische Soldaten, auch wenn sie
zunächst wenig Kampfbegeisterung zeigten, tapfer gekämpft,
wenn sie von fähigen Befehlshabern geführt wurden. Stilicho hat
zum Beispiel mehrfach weit überlegene feindliche Heere besiegt.
Aber oft waren die Truppen des Imperiums bereits geschlagen,
bevor sie einen germanischen Krieger zu Gesicht bekommen hatten. Karl Marx, der viele Jahrhunderte später lebte, hat das nicht
überrascht. Er schreibt, für diese zwangsrekrutierten Leibeigenen
habe es keine Veranlassung gegeben, tapfer zu kämpfen, denn sie
hätten sich ihrem Staat nicht verpflichtet gefühlt.

Andererseits war die Armee, wie ein zeitgenössischer Beobachter, Synesius von Cyrene, sarkastisch feststellt, zwar nicht der Schrecken ihrer Feinde, wohl aber der Schrecken der Bevölkerung in den Provinzen.

Der Rhetoriker Libanius, ein Zeitgenosse Konstantins, sagt uns, warum. Er berichtet von zerlumpten Soldaten, die sich weit hinter der Front in den Tavernen herumtrieben und ihre Zeit damit totschlugen, auf Kosten der Bauern zu fressen und zu saufen.

Ammianus beschreibt die Situation in ähnlich düsteren Farben. Bevor er sich der Geschichtsschreibung zuwandte, war er selbst Offizier gewesen. Und wenn er von der Wildheit, Brutalität und Unzuverlässigkeit der Soldaten spricht, dann wahrscheinlich aus eigener Erfahrung. Der Bischof von Pavia, Ennodius, aus dem 6. Jahrhundert, berichtet, den größten Spaß hätten die Soldaten daran gehabt, die örtlichen Bauern in Angst und Schrecken zu versetzen. Ihre militärischen Pflichten im Lager langweilten sie, sie beklagten sich darüber, daß ihre Vorgesetzten zu streng seien. Sobald man ihnen mitteilte, sie würden aus einer ihnen liebgewordenen Garnison in eine andere versetzt, kam es zu Befehlsverweigerungen. Diese Truppen verhielten sich, wie es heißt, eher wie Besatzungsstreitkräfte, nicht wie eine Armee aus römischen Bürgern. Sie waren daher verhaßt und gefürchtet. Augustinus kritisierte zum Beispiel die persönliche Leibgarde des Gouverneurs für ihr empörendes Verhalten. Seine Kirchengemeinde haßte die Armee so sehr, daß sie den örtlichen Befehlshaber lynchte. Gibbon schreibt: »Die wichtigsten Grenzstädte waren angefüllt mit Soldaten, die ihre Landsleute für ihre unversöhnlichsten Feinde hielten.«

Ist das übertrieben? Vielleicht, denn hier kommen Schriftsteller zu Worte, die wegen politischer oder gesellschaftlicher Vorurteile dazu neigen, die schlimmsten Vorfälle herauszugreifen. Dennoch geht aus diesen Berichten und den bedrückenden Aussagen kaiserlicher Gesetze deutlich hervor, daß irgend etwas bei der Armee nicht mehr stimmte.

Der Militärexperte Vegetius behauptete, die Rückkehr zur alten

Disziplin wäre eine Lösung gewesen. Es gibt immer Konservative, die das sagen, aber es war unmöglich, die Uhr einfach zurückzudrehen. Valentinian gab sich alle erdenkliche Mühe und war zunächst ein rücksichtsloser Zuchtmeister. Doch er scheute die letzte Konsequenz. Er war streng zu seinen Soldaten, glaubte aber, die Offiziere mit Nachsicht behandeln zu müssen, um sich ihrer Loyalität zu versichern.

Im römischen Offizierskorps dienten immer noch viele gute Männer. Aber oft entsprachen sie nicht mehr der glänzenden Tradition der ruhmreichen Vergangenheit. Besonders die Truppen in den Grenzgarnisonen waren ihren Offizieren auf Gnade und Ungnade ausgeliefert, die sie schamlos ausbeuteten, sich ihren Sold aneigneten und dafür disziplinarisch die Zügel schleifen ließen. Man erzählte sogar, daß sie die Stärke ihrer Verbände unter den Sollstand absinken ließen, um die Bezahlung für die nicht vorhandenen Männer in die eigene Tasche zu stecken.

Ein Grieche am Hof Attilas erzählte Priscus aus Panium, einem Gesandten des Oströmischen Reichs, welch geringe Meinung er von den römischen Offizieren habe. Attilas Behauptung, der Krieg gegen Westrom sei ›bitterer‹ als der gegen den Osten, war viel weniger ein Kompliment für den Westen, als man meinen sollte. Er meinte damit keineswegs, daß die weströmischen Soldaten besonders tüchtig seien, sondern erkannte damit lediglich die Kriegstüchtigkeit der Goten an, die zu dieser Zeit einen großen Teil der weströmischen Armee ausmachten.

Aus diesem Grund ließen es die Kaiser auch gern zu, daß Untertanen in den Provinzen sich mit Gold vom Militärdienst freikauften, denn damit konnten sie an ihrer Stelle germanische Söldner bezahlen.

Das war an sich nichts Neues. Schon in der frühen Kaiserzeit hatten viele Germanen bei den römischen Hilfstruppen gedient, wenn auch meist unter römischen Offizieren. Anfang des 4. Jahrhunderts unter Konstantin dem Großen wurde eine größere Zahl solcher Männer eingestellt, und zwar meist auf Grund von Individualverträgen. Auch diese Verbände standen unter dem Kom-

Sarkophag mit römischen
Soldaten und einem gefangenen
Barbaren

mando von Römern. Angesichts dieser Entwicklung konnte Por-
phyrius, der zum Lob von Konstantin ein literarisch wertloses
Gedicht verfaßte, mit Recht sagen: »Dein Rhein versorgt dich mit
Armeen.« Mit Ausnahme weniger Kriegsgefangener, die man
zum Dienst in der römischen Armee gepreßt hatte, waren diese
Germanen keineswegs Feinde Roms und traten gern in römische
Dienste. Sie betrachteten das Imperium nicht als feindlichen
Staat, sondern sahen hier die Möglichkeit, Karriere zu machen.
Julianus Apostata (361–363) äußerte sich abfällig über die ›Barba-
renfreundlichkeit‹ Konstantins. Er hatte jedoch in seiner kurzen
Regierungszeit keine Möglichkeit, das System zu verändern, und
hätte es wahrscheinlich auch nicht tun können, denn die politische
Lage erlaubte es nicht mehr, auf die Dienste germanischer Soldaten zu verzichten.
Als Valens vor seiner katastrophalen Niederlage bei Adrianopel
die Westgoten aufforderte, sich in den Provinzen niederzulassen,
rechtfertigte er das in erster Linie mit seiner Absicht, die Armee
zu vergrößern – und natürlich auch die Steuereinnahmen zu erhöhen. Denn die Summe, die von den in den Provinzen lebenden
Römern aufgebracht wurde, um sich vom Wehrdienst loszukau-
fen, war höher als diejenige, mit der er die Germanen bezahlen
mußte. 382 ergriff jedoch Theodosius eine schicksalsschwere und
entscheidende Maßnahme. Jetzt waren die germanischen ›Bundesgenossen‹ oder Konföderierten, die er als Soldaten einstellte,
nicht mehr einzelne Dienstwillige, sondern ganze Stämme wurden geschlossen unter der Führung ihrer Häuptlinge in die Armee

eingegliedert. Sie erhielten vom römischen Kaiser jährlich eine bestimmte Summe Bargeld und Materiallieferungen zur Entlöhnung ihrer Soldaten, über die sie den Oberbefehl behielten. Diese Männer dienten unter günstigeren Bedingungen als Freiwillige und durften den Heeresdienst quittieren, wenn sie einen Ersatzmann stellten.

388 wies Ambrosius auf die entscheidende Rolle der Germanen in der Armee des Kaisers Theodosius hin. Dabei hätte er auch die nicht-germanischen Hunnen erwähnen können, denn zu jener Zeit gab es zahlreiche hunnische Soldaten im römischen Heer. Nachdem dieses System einmal eingeführt worden war, stieg die Zahl fremder Söldner stetig. Diese Entwicklung beschleunigte sich noch, weil sich an den Kämpfen zwischen Theodosius I. und den Usurpatoren auf beiden Seiten viele germanische und andere nicht-römische Truppen beteiligten.

Zwar pries man die Kaiser dafür, daß es ihnen gelungen war, diese Kräfte zu mobilisieren, doch andere Römer und Griechen haben die gleiche Entwicklung als schädlich bezeichnet. Synesius erklärte, es sei sinnlos, die Verteidigung der Herde ausgerechnet den Wölfen anzuvertrauen, die sich auf sie stürzen wollten, Männern, die der gleichen Rasse angehörten wie die römischen Sklaven. Auch Hieronymus meinte, die Römer seien jetzt das schwächste Volk der Erde, weil sie nur noch Barbaren für sich kämpfen ließen. Der im 5. Jahrhundert lebende heidnische Historiker Zosimus, sonst in fast jeder Frage anderer Auffassung als Hieronymus, beklagte, daß die römische Armee unter Theodosius praktisch aufgehört habe, zu bestehen. Zwar war es damals noch nicht ganz so weit, kam aber der Wahrheit nahe, denn die vollständige Auflösung der römischen Armee stand, wenn man von den germanischen Verbänden absieht, kurz bevor.

Da es so schwierig war, andere Rekruten zu bekommen, blieb Theodosius wahrscheinlich gar nichts anderes übrig, als anstelle von Römern germanische Soldaten in seine Armee aufzunehmen. Damit ergab sich auch die Gelegenheit, die Rassen miteinander zu versöhnen, obwohl das wegen der Rassenvorurteile der Römer und der Wildheit der Germanen nicht immer gelang. Aus diesem Grunde wurden die Konföderierten, die von der Haltung der Römer enttäuscht waren, immer unzuverlässiger.

Da die Zentralregierung sich nicht mehr auf ihre Bundesgenossen verlassen konnte, versuchte sie gelegentlich, die äußeren Grenzen des Reichs durch an Ort und Stelle aufgestellte Truppen zu verteidigen. Ähnliche Maßnahmen waren schon früher ergriffen worden, zum Beispiel in den 350er Jahren zur Verteidigung von Trier gegen einen Usurpator. Doch 391 erhielt im Gegensatz zu der bisher geübten Praxis jeder das Recht, sich mit Waffengewalt gegen ›Banditen‹ zu verteidigen. Dabei ging man, wie es in der *Historia Augusta* heißt, von dem Grundsatz aus, daß jeder am tapfersten kämpft, wenn er seinen eigenen Besitz schützen will.

Auch um die Jahrhundertwende kam es gelegentlich dazu, daß feindliche Angriffe von den Grenzbewohnern abgewehrt wurden. Das geschah nicht oft und blieb darum relativ wirkungslos. Als nach der Invasion Italiens 405 eine verzweifelt kritische Lage entstanden war, appellierte die Regierung an die Bewohner der Provinzen, sich »aus Liebe zum Frieden und zum Vaterland« freiwillig zum Dienst mit der Waffe zur Verfügung zu stellen. Der Aufruf verhallte ungehört. Als es zwei Jahre später in Britannien und in der Bretagne zu Autonomiebestrebungen kam, führte das vielleicht zu ersten Versuchen, ›konzertierte‹ Abwehrmaßnahmen zu ergreifen. Wenig später, im Jahr 410, schrieb Honorius nach Britannien und befahl den Provinzialbehörden, selbst etwas zu ihrer Verteidigung zu unternehmen. Dreißig Jahre später erhielten die Briten eine ähnliche Anweisung. Als Geiserich und seine Vandalen Italien bedrohten, erlaubte die Regierung allen italienischen Bürgern, Waffen zu tragen. Auch 471 bis 475 verteidigten die Bewohner der Auvergne in Gallien auf Veranlassung ihres Bischofs Sidonius die Hauptstadt Clermont-Ferrand gegen die Westgoten.

Doch solche Versuche der Landesbewohner, den Schutz ihrer Grenzen selbst in die Hand zu nehmen, waren selten. Im Rahmen der Gesamtgeschichte der Kriege spielten sie keine besondere

Porta Nigra in Trier (ca. 300 n. Chr.), Stadttor und Festung einer kaiserlichen Hauptstadt

Rolle. Was die römische Armee selbst betraf, so stand ihre endgültige Auflösung, wenn man von den unbotmäßigen Verbündeten absieht, bevor. Ein 444 von Valentinian III. erlassenes Gesetz unternahm gar nicht erst den Versuch, die verzweifelte Lage zu verschleiern. Hier gab der Kaiser offen zu, daß seine militärischen Pläne gescheitert waren.

Jetzt brach alles zusammen. Trotz ernster Ermahnungen ging Britannien endgültig verloren. Auf weiten Strecken entlang der Donau waren die militärischen Verbände schon zu Beginn des Jahrhunderts aufgelöst worden. Die Grenzverteidigung brach zusammen, niemand zahlte den Soldaten ihren Lohn. Nur der Teil des Italien am nächsten gelegenen Flußlaufs blieb bis zum Ende in der Hand der Römer.

Ein gewisser Eugippius schildert in seiner Biographie eines örtli-

chen Mönchs die letzten Tage seiner Garnison um das Jahr 482.
Er berichtet, wie sich die Grenztruppen auflösten und die Grenz-
befestigungen verfielen. Der restliche Truppenverband schickte
eine Abordnung nach Passau, um zum letztenmal die Löhnung für
die Soldaten abzuholen.

Auch in Italien selbst gab es keine römischen Verbände mehr.
Hier bestand die von Odoaker geführte römische Armee, die den
letzten weströmischen Kaiser zur Abdankung zwang, nur noch
aus Konföderierten.

Wären die Römer in der Lage gewesen, eine eigene Armee zu unterhalten, hätten sie sich vielleicht vor dem Untergang retten
können. Daß sie nicht mehr imstande waren, eigene Verbände
aufzustellen, war eine der entscheidenden Ursachen für den Verfall des Römischen Reichs.

Heute haben wir diesen Punkt noch nicht erreicht. Es wird jedoch
von vielen Seiten beklagt, daß die Qualität, der Geist und die Disziplin der Soldaten nicht mehr das seien, was sie waren. Diese Klagen hört man besonders in Amerika, wo der Vietnamkrieg eine
tiefe Kluft zwischen der Armee und dem übrigen Teil der Gesellschaft aufgerissen hat. Auch im spätrömischen Imperium gab es
bei der Zivilbevölkerung kein Verständnis mehr für die Belange
der Armee, und diese Diskrepanz zwischen den notwendigen Verteidigungsaufgaben und der Bereitschaft des Volkes, sie zu übernehmen, hat wesentlich zum Untergang Westroms beigetragen.

Aber warum konnte eine solche Diskrepanz so katastrophale Pro-
portionen annehmen? Die Ursachen lassen sich nicht sofort erkennen. Sie liegen in der Zerrissenheit der Gesellschaftsstruktur
des spätrömischen Reichs. Es sind diese Gegensätze, die wir im
folgenden untersuchen müssen.

2. Teil

Klassengegensätze

3. Die Armen gegen den Staat

Der Hauptgrund für die Weigerung der Zivilbevölkerung, das Heer zu unterhalten und sich in die Streitkräfte einzureihen, war die gewaltige Steuerlast, die ihr für die Finanzierung der Streitkräfte aufgebürdet wurde; eine Riesenlast, die die Armen in einen entschiedenen Gegensatz zum Staat brachte, der schließlich tödliche Folgen hatte. Auch heute haben wir das gleiche Problem. Es fragt sich, wie weit man die Steuern erhöhen darf, bis sie sich so negativ auswirken, daß sie das Staatsgefüge erschüttern, anstatt es zu stärken.

Der anonyme Verfasser der Schrift über die Kriegführung hat die gefährliche Lage, in die eine bedrückend harte Steuerpolitik die weströmische Welt stürzte, zutreffend analysiert. In der vorsichtigen Formulierung, die einer Denkschrift für die kaiserlichen Verwaltungsbehörden angemessen ist, wurde es wie folgt ausgedrückt: »Die hohen Ausgaben für das Heer müssen eingeschränkt werden, denn durch sie ist das ganze Steuersystem in Schwierigkeiten geraten.«

In gewissem Sinne war das nicht ganz gerecht oder zeigte doch nur einen Teil des Problems auf, denn hohe Wehrausgaben waren erforderlich, wenn das Imperium überhaupt überleben sollte.

Die Ausgaben für die Verteidigung der Grenzen waren gewaltig angestiegen. Als der Schatzmeister Ursulus im Jahr 360 das zerstörte Amida, das heutige Diyarbakir in der Südtürkei, besuchte, das die Römer hatten aufgeben müssen, konzentrierte sich seine Kritik auf den finanziellen Aspekt der Lage: »Man beachte, mit welchem Mut die Städte von unseren Soldaten verteidigt werden, für deren Bezahlung der Reichtum des Imperiums nicht mehr auszureichen beginnt.«

Dieser Ausspruch kostete Ursulus später das Leben, denn die kritisierten Soldaten töteten ihn; selbst wenn seine kritischen Bemerkungen über den Verlust von Amida gerechtfertigt waren und das Verschleudern hoher Geldsummen nichts Außergewöhnliches war, so mußte die Armee doch unterhalten werden, und man war gezwungen, das Geld irgendwie aufzubringen. Es zeigte sich jedoch, daß dies nicht möglich war. Als Valentinian III. zugeben mußte, seine Pläne für die Armee seien gescheitert, machte er dafür Geldmangel verantwortlich. Er sagte, schon für die vorhandenen Truppen habe er nicht genug Geld, geschweige denn für die Einstellung neuer Rekruten.

Der Verfasser der Schrift über die Kriegführung beschäftigt sich nicht nur mit dem Hauptproblem, er gibt auch eine Reihe besonderer Empfehlungen, obwohl diese leider nicht immer sehr zweckentsprechend sind. Eine von ihnen – und er gibt zu, daß es gefährlich sei, seinem Herrn einen solchen Vorschlag zu machen – besteht darin, daß die Regierung die Zahlung der besonderen Gratifikationen einstellen sollte, die Soldaten und Zivilbeamten gewährt wurden, denn er sähe diese Zahlungen als die Hauptursache für den Verfall des Imperiums an.

Aber auch frühere Herrscher hatten es für eine politische Notwendigkeit gehalten, an ihre Truppen und Gefolgsleute möglichst reiche Geschenke auszuteilen, ob diese nun aus den Steuern oder aus der Kriegsbeute kamen.

Der anonyme Verfasser hatte sicherlich recht, wenn er sagte, daß solche Sondergratifikationen den Steuerzahler schwer belasteten. Das Schlimme war nur, daß es selbstmörderisch sein konnte, sie einzustellen. Er schlug auch vor, die Soldaten aus der Armee zu entlassen, solange sie noch jünger waren, um keine höheren Löhne zahlen zu müssen. Aber auch das ließ sich wahrscheinlich in der Praxis nicht durchführen, weil es für die Entlassenen keinen Ersatz gab.

Ein anderer anonymer Schriftsteller aus der gleichen Periode, der als Biograph an der *Historia Augusta* mitgearbeitet hat, berichtet begeistert von einem Ausspruch des Kaisers Marcus Aurelius Probus (276–286), der angeblich gesagt hatte, da sich die Lage unter seiner Herrschaft so günstig entwickelt habe, werde es bald keine römische Armee mehr geben müssen.

». . . Welche große Wohltat wäre es gewesen, wenn es unter seiner Herrschaft keine Soldaten mehr gegeben hätte! Kein Provinzbewohner hätte sie mehr versorgen müssen. Man hätte die Truppen nicht mehr aus den öffentlichen Kassen zu bezahlen

brauchen. Der römische Staat dürfte seine Schätze behalten, der Fürst bräuchte keine Zahlungen mehr zu leisten, und die Grundbesitzer müßten keine Steuern mehr zahlen!
Damit stellte er uns wirklich das goldene Zeitalter in Aussicht.«
Er hatte recht, aber das goldene Zeitalter kam nicht. Das Gegenteil trat ein. Das Heer wurde immer größer. Die *Historia Augusta* beurteilt die Armee jedoch ganz richtig als den größten Verbraucher von Steuergeldern. Als daher Valentinian I. und Theodosius I., jeder auf seine Art, gewaltige Anstrengungen unternahmen, die Streitkräfte zu vermehren, war es unvermeidlich, daß sich auch die Steuern erhöhten. Da die Regierung über kein Betriebskapital verfügte, konnte sie ihre finanziellen Lasten nicht, wie man das heute tut, der Nachwelt aufbürden, indem sie Schulden machte.
Wenigstens Valentinian hat diese Steuern nur ungern erhoben, denn Ammianus teilt uns ausdrücklich mit, der Kaiser habe den Wunsch gehabt, den Provinzbewohnern einen Teil ihrer finanziellen Lasten abzunehmen. Doch was er auch persönlich gewollt haben mag, er fühlte sich verpflichtet, Petronius Probus, seinem prätorianischen Präfekten in Italien, Jugoslawien und Nordafrika, freie Hand zu geben, der diesen Provinzen schwere Steuerlasten auferlegte. Und gegen Ende seiner Regierungszeit stieg die Besteuerung erheblich an.
Die unter Theodosius I. erlassenen Gesetze zeigen, daß er es versucht hat, die Steuereinnahmen auf jede mögliche Weise zu erhöhen. 383 verkündete er: »Niemand soll irgendwelches Vermögen besitzen, ohne es zu versteuern!« Er erließ eine ganze Reihe von Verordnungen, um die Verwirklichung dieses Grundsatzes mit aller Härte durchzusetzen.
Er tat das mit Hilfe von beispiellos strengen Kontrollmaßnahmen. Die scharfe Überwachung der Steuerpflichtigen war an sich nichts Neues. Es gab sie seit mehr als hundert Jahren. Im 3. Jahrhundert n. Chr., in dem es zu zahlreichen äußeren und Bürgerkriegen gekommen war, die das Imperium in eine kritische Lage gebracht hatten, waren die politische Struktur und die nationale Verteidigung fast zusammengebrochen, und so entstand eine Krise, die

Relief mit steuerzahlenden
Bauern aus Igel bei Trier (Ende
des 3. Jahrhunderts)

das Reich nur überwinden konnte, wenn es ungeheure militärische Anstrengungen unternahm. Doch der Preis war hoch gewesen, die Steuern hatten stetig erhöht werden müssen, und man hatte zahlreiche totalitäre Zwangsmaßnahmen ergriffen, um die erforderlichen Gelder aufzubringen.

Jetzt hatte sich dieser Druck noch verstärkt. Ein Kaiser nach dem anderen hatte die Steuerschraube kräftiger angezogen. Eine ganze Flut von Gesetzen und Edikten, die Theodosius I. erließ, zeigt, daß besonders er diese Entwicklung bis zu dem Punkt vorangetrieben hatte, an dem das System zusammenbrechen mußte. Dabei nützte es auch nichts, daß der Dichter Claudian die steuerliche Überbelastung der Provinzen bestritt oder daß der Gesandte Priscus aus Panium ein halbes Jahrhundert später einem Exilgriechen versicherte, das Imperium befände sich in einer durchaus günstigen politischen Lage.

Valentinian III. gab die Grausamkeit seines Steuersystems offen zu und stundete sogar – wenigstens den Reichen – einen Teil ihrer Steuerschulden. Als bald darauf Majorian auf den Thron kam und Sidonius dieses Ereignis mit einer feierlichen Ansprache begrüßte, erwähnte er dabei auch die Steuerlasten, die sein heimatliches Gallien bedrückten, und der neue Kaiser selbst erließ eine gesetzliche Verfügung, in der er die strengen Maßnahmen mit erfrischendem Freimut beklagte.

Während der Notzeiten im 3. Jahrhundert war es üblich geworden, Steuern in Form von Materialabgaben und nicht mehr in barem Geld einzutreiben, eine Rückkehr zum Tauschsystem aus primitiven Zeiten (auch die Soldaten wurden in ähnlicher Weise entlohnt).

Doch gegen Ende des Kaiserreichs gab man dieses System wieder auf, und die Materiallieferungen wurden erneut durch Zahlungen in Goldmünzen abgelöst. Zunächst betraf das die Bereitstellung von Pferden und Ochsen für die Armee und dann auch die Bodensteuer, die bis dahin in Form von Getreide, Wein, Öl und Fleisch entrichtet werden konnte. Diese Reform der Steuerpolitik war eine weit vorausschauend geplante Maßnahme. Sie half jedoch den Männern und Frauen nicht, die am schwersten unter den Steuerlasten zu leiden hatten.

Die Lage verschlimmerte sich noch durch den Umstand, daß die Bevölkerung durch ein schlechtes Währungssystem, das dem der frühen Kaiserzeit weit unterlegen war, in Schwierigkeiten gebracht wurde. Zwar hatte Konstantin, nachdem eine Zeitlang Goldmünzen geprägt worden waren, auf deren Qualität man sich nicht verlassen konnte, den *solidus* eingeführt, eine Standardmünze aus Gold. Das half jedoch den meisten Bewohnern des Reichsgebiets nichts, die kaum Goldmünzen besaßen (obwohl bestimmte Steuern in Gold zu entrichten waren); und obwohl die neue von Theodosius herausgebrachte Goldmünze nur ein Drittel des Gewichts des *solidus* hatte, konnte diesem Mangel nicht abgeholfen werden. Er und seine Mitkaiser ließen auch eine kleine Silbermünze prägen, die jedoch nicht lange im Umlauf blieb. Die meisten Menschen bekamen nur Münzen aus Bronze oder aus einer leichten Bronze-Silber-Legierung zu Gesicht, deren Kaufkraft im Lauf der Zeit immer geringer wurde. So entstanden schon damals akute inflationäre Probleme, wie wir sie noch heute kennen.

Die Hauptursache einer Inflation im Altertum war das Steigen des Nominalwerts des *solidus.* Dieser Nominalwert gegenüber den aus Bronze geprägten Münzen war im Jahr 400 wenigstens 25 mal höher als hundert Jahre früher. Das bedeutete, daß die Regierung immer mehr Bronzemünzen prägen ließ, ohne einen größeren Teil davon in Gestalt von Steuern wieder einzuziehen, weil diese meist in Gold gezahlt werden mußten, so daß die Bronzemünzen den Markt verstopften und im Lauf der Zeit gemessen am Gold immer weniger wert waren. Die Behörden kümmerten sich nicht um diese Entwicklung, denn die Bronzemünzen waren nur Scheidemünzen, und ihr Nominalwert konnte willkürlich festgesetzt werden, was dem Staat hohe Gewinne brachte. Wie jedermann in der antiken Welt waren sich auch die Behörden der wirtschaftlichen Gesetzmäßigkeit nicht bewußt, die darin besteht, daß die

Preise steigen müssen, wenn sich das Geldvolumen erhöht, das Warenangebot jedoch gleich bleibt.

Die negativen wirtschaftlichen Auswirkungen waren ungewöhnlich stark, wie sie das schon bei den Inflationen im vorigen Jahrhundert gewesen waren. Das Leben muß für die Händler in den Westprovinzen, die hauptsächlich Griechen und Juden waren, fast unerträglich gewesen sein, besonders weil die Regierung ihre Münzämter dort einrichtete, wo es für die Armee am günstigsten war, auf die Bedürfnisse des Handels aber keine Rücksicht nahm. Auch die Geldwechsler beschwerten sich bei dem römischen Stadtpräfekten Symmachus darüber, daß es ihnen unter diesen Umständen kaum noch möglich war, ihr Geschäft zu führen. Weitere Schwierigkeiten entstanden, weil große Mengen von Münzen inoffiziell nachgeprägt wurden.

Diese Schwächen im Währungssystem brachten der Bevölkerung im 5. Jahrhundert noch größere Nachteile, als die weströmische Regierung es praktisch aufgab, eine ausreichende Zahl kleiner Münzen prägen zu lassen; das Knappwerden der Bronzemünzen aber hat wahrscheinlich die Inflation beendet, wenn auch viel zu spät. Da es jedoch keine anderen Scheidemünzen gab und Silbermünzen fehlten, müssen alle Transaktionen noch schwieriger und risikoreicher geworden sein als zuvor – nur nicht für die Wenigen, die über größere Mengen von Goldmünzen verfügten.

Doch alle diese Unbequemlichkeiten bedeuteten nichts im Vergleich mit der Hauptbelastung, den unerträglich hohen Steuern. Die Steuerzahlungen waren nur ein Teil dessen, was der Bürger gegenüber dem Staat zu leisten hatte. Auch seine persönlichen Dienste wurden gefordert. So war er zum Beispiel gezwungen, besonders für die staatlichen Arsenale und Münzanstalten Holz und Kohle zur Verfügung zu stellen. Er mußte Kalk löschen und sich, wenn er über die entsprechenden Kenntnisse und Fähigkeiten verfügte, als Facharbeiter einsetzen lassen, vor allem beim Bau von Straßen, Brücken und öffentlichen Gebäuden. Der Kaiser Honorius erließ nicht weniger als zehn Verordnungen für die Ausbesserung der Straßen, die sich in so schlechtem Zustand befanden, daß die kaiserliche Post, die ihren Dienst mit requirierten Pferden versah, vollständig in Unordnung geraten war.

Um diesem Übelstand abzuhelfen, wurden immer mehr Menschen zur Zwangsarbeit verpflichtet. »Der Dienst für das Vaterland«, so heißt es über das spätrömische Reich, »glich jetzt einer Zwangsanleihe«. Und doch gab es zu viele Menschen, die von diesem Dienst befreit waren, besonders die Geistlichkeit, die Pächter von Staatsgütern und die oberen Klassen im allgemeinen, obwohl gerade diese Leute am ehesten in der Lage gewesen wären, solche Belastungen auf sich zu nehmen.

Bei der Verteilung der vom Staat verlangten Leistungen nahm die Korruption erschreckende Ausmaße an. Besonders bei der Eintreibung der Steuern zeigte sich die Bestechlichkeit der Beamten. Die Kaiser waren sich dieser Tatsache bewußt und stellten solche Übergriffe unter schwere Strafen. Valentinian III. beklagte sich darüber, daß sich die Verantwortlichen »hinter undurchdringlichen Rauchschwaden« verbargen. Die für die Einhebung der Steuern verantwortlichen Beamten des Schatzamts gingen mit nicht zu übertreffender Arroganz und Frechheit gegen die Bürger vor und ließen sich durch die Strafandrohungen des Kaisers nicht stören, weil sie wußten, daß es unmöglich war, den kaiserlichen Edikten Geltung zu verschaffen.

Der Rhetoriker Libanius aus dem 4. Jahrhundert schildert die herzzerreißenden Szenen, zu denen es kam, wenn die Steuereinnehmer eine Stadt oder ein Dorf heimsuchten.

».. . Während die Kaufleute ihre Verluste durch Spekulationen wieder ausgleichen können, werden diejenigen, die sich durch die Arbeit ihrer Hände kaum den Lebensunterhalt verdienen können, unter den Lasten erdrückt. Der arme Flickschuster kann sich nicht dagegen wehren. Ich habe einige von ihnen gesehen, die mit dem Ledermesser in der Hand die Arme zum Himmel erhoben und beteuerten, sie könnten nichts mehr bezahlen. Aber ihre Beteuerungen beeindruckten ihre gierigen und grausamen Bedrücker nicht, die sie mit lauten Beschimpfungen verfolgten und offenbar bereit waren, sie zu verschlingen.«

Terrakottarelief: Grobschmied in der Schmiede, aus Isola Sacra bei Ostia

Seit der Regierungszeit Konstantins gab es immer wieder Berichte über gewaltsame Steuereintreibungen, bei denen sogar die Folter angewendet wurde. Kinder wurden gezwungen, gegen ihre Eltern auszusagen, und Frauen mußten ihre Ehemänner verraten.

Es hatte auch keinen Sinn, die Grundsteuer zu erlassen, wie Honorius es mehrmals versucht hat, denn die Bezirke, denen er solche Erleichterungen gewährte, waren schon vorher so stark ausgeplündert worden, daß ihre Bewohner ohnedies nichts mehr hätten bezahlen können. In einem kaiserlichen Edikt wird offen zugegeben, daß in solchen Fällen staatliche Zwangsmaßnahmen den Steuerzahler vollständig ruiniert hätten, ohne dem Staat irgendeinen Gewinn zu bringen. Auch die Stundung von Steuerrückständen, wie sie von Majorian gewährt wurde, nützte nicht viel, denn sie bedeutete nur das Abschreiben von Schulden, die sich nicht mehr eintreiben ließen. In jedem Fall handelte es sich dabei um Schulden der Reichen, denen es immer wieder gelang, ihre Zahlungen hinauszuzögern, wenn sie sich dabei auch den ohnmächtigen Zorn ihrer kaiserlichen Gesetzgeber zuzogen.

So war ein schreckliches Dilemma entstanden. Der Staat brauchte die Steuern, um zu überleben, und das Fehlen dieser öffentlichen Einnahmen war einer der Gründe für den Untergang Roms, denn ohne die Geldmittel konnten die Römer ihre Armee nicht unterhalten. Doch das Eintreiben dieser so dringend gebrauchten Steuern hatte unbeschreibliches Elend zur Folge.

Wenn es so war, daß die Bevölkerung die von ihr verlangten Geldsummen unmöglich aufbringen konnte, dann gab es keinen Ausweg, und es hatte keinen Sinn, daß das Weströmische Reich überhaupt den Versuch unternahm, sich militärisch zu schützen, weil die dafür benötigten Geldmittel fehlten. Es hat jedoch den Anschein, daß das benötigte Geld hätte aufgebracht werden können, wenn das System der Steuereintreibung nicht so grausam und daher nicht so wirkungslos gewesen wäre. Die Steuereinnehmer machten sich schwerer Übergriffe schuldig, und aus diesem Grund waren Steuerhinterziehungen an der Tagesordnung.

Die Kritiker des Systems hatten recht, wenn sie behaupteten, die bäuerliche Bevölkerung habe am meisten darunter gelitten. Neunzig Prozent der Steuereinnahmen kamen aus der Grundsteuer, das heißt sie mußten von der Landbevölkerung aufgebracht werden. Diese Steuern waren nicht gestaffelt, und deshalb trafen sie die Armen verhältnismäßig viel härter als die Reichen. Eine weitere Ungerechtigkeit lag darin, daß die Qualität des Bodens und die Erträge nicht in Rechnung gezogen wurden.

Im Jahr 350 waren die Staatseinnahmen aus dieser Hauptquelle in einer Generation um das Dreifache gestiegen, und auch später wurde die Landbevölkerung durch die Grundsteuer in immer stärkerem Maß belastet.

Die wichtigsten als Steuer aufgebrachten Materiallieferungen, die zum Teil zur Bezahlung der Regierungsbeamten verwendet wurden, kamen ebenfalls aus der Landwirtschaft. Es waren Lieferungen von Getreide, dem Hauptnahrungsmittel im Römischen Reich. Aber oft waren die Ernten zu gering, und die großen, von den Steuereinnehmern verlangten Mengen konnten nicht zur Verfügung gestellt werden.

Das überrascht nicht, denn das Transportsystem war primitiv und es gab keine arbeitsparenden Maschinen und Geräte. Eine Gesellschaft, in der noch Sklaven gehalten wurden, unternahm nichts, um diesem Mangel abzuhelfen. Auch der neue christliche Staat, in dem Männer wie Eusebius und Ambrosius die Wissenschaft als vergebliche Mühe bezeichneten, änderte nichts daran – denn solche Reformen dienten nicht der Seelenrettung der Menschen. Außerdem fehlte es an Arbeitskräften. Der amerikanische Historiker A. E. R. Boak vertritt die Auffassung, daß der Bevölkerungsschwund entscheidend zum Untergang Roms beigetragen hat. Andere haben ihm widersprochen. Aber die Bevölkerung hat wirklich abgenommen. Die Invasionen fremder Armeen, die Kriegszerstörungen und die Verarmung der Bevölkerung haben verheerende Auswirkungen gehabt, denn nachdem Pachtzins und Steuer bezahlt worden waren, hatte niemand mehr das Geld, so viele Kinder aufzuziehen, wie notwendig gewesen wären, um die hohe Sterblichkeitsrate auszugleichen. Eine weitere Ursache für den Geburtenrückgang war, daß die Armen ihre Kinder in die Sklaverei verkauften. Früher war das durch Gesetz verboten gewesen, aber nach 300 tolerierte die Regierung diese Praxis, und während der furchtbaren Hungersnot im Jahr 450 wurde sie allgemein angewendet. Vergeblich hatte Valentinian III. noch vor zehn Jahren Steuererleichterungen verfügt, um einer Entvölkerung der landwirtschaftlichen Gebiete entgegenzuwirken. Aber ·die Entwicklung war nicht mehr aufzuhalten.

Der Mangel an Arbeitskräften hatte zur Folge, daß bis dahin kultiviertes Land brach liegenblieb. Die übermäßigen Steuerlasten vertrieben die Kleinbauern von ihren Höfen. Im gesamten Reichsgebiet mußten aus diesen Gründen, wegen der Verarmung des Bodens und als Folge der Erosion schätzungsweise 10 bis 15 Prozent der bisher genutzten Flächen aufgegeben werden. Das bedeutete, daß die Steuerlasten, die vor allem von der Landwirtschaft getragen wurden, für diejenigen umso schwerer wurden, die ihre Höfe noch bewirtschafteten.

Als die Kaiser die Germanen aufforderten, sich in den Provinzen anzusiedeln, sollten diese Einwanderer, ebenso wie die römischen Grenztruppen in ihrer freien Zeit, nicht nur in der Armee dienen, sondern auch das brachliegende Land kultivieren. Doch die immer wieder erlassenen, wenig wirksamen Gesetze über die Nutzung des bisher nicht bewirtschafteten Bodens zeigen, daß das Problem der Neubesiedlung nie gelöst worden ist und auf diesem Gebiet kaum etwas erreicht wurde. Denn solange das Land mit so hohen und ungerechten Steuern belastet wurde, hatte niemand das Verlangen, wieder in die Landwirtschaft zu gehen. Die schwache und schlecht verwaltete Wirtschaft des Imperiums hatte sich als unfähig erwiesen, den an sie gestellten Anforderungen zu genügen.

In bestimmten Gebieten wie etwa in Mauretanien und an der mittleren Donau gab es genug Sklaven, deshalb bestand dort auch kein Mangel an Arbeitskräften. Doch die Gesamtzahl der Arbeiter erhöhte sich deshalb nicht. Vielmehr wurde das Schicksal der mittellosen ›Freien‹ nur noch schwerer, denn sie konnten mit den unbezahlten Sklavenarbeitern nicht konkurrieren und schieden daher aus dem Arbeitsmarkt aus.

Doch in den meisten Gebieten gab es zu dieser Zeit nicht so viele Sklaven, daß man mit ihrer Hilfe die Engpässe auf dem Arbeitsmarkt hätte beseitigen können. Zwar vermehrte sich die Zahl der Sklaven geringfügig gegenüber der unmittelbar vorangegangenen Periode durch die eingebrachten Kriegsgefangenen, den Verkauf von Säuglingen und die Versklavung verarmter Bürger. Aber da viele Kriegsgefangene nicht in die Sklaverei geschickt, sondern als Soldaten in die römische Armee eingestellt wurden, kamen zu wenige von ihnen als Arbeiter in die Landwirtschaft, um den Mangel an Landarbeitern auszugleichen.

Während der militärischen Krisen zu Beginn des 5. Jahrhunderts unternahm die römische Regierung den verzweifelten Schritt, zum erstenmal seit Jahrhunderten Sklaven zum Militärdienst einzuziehen. Doch hier bestand die Gefahr, daß diese Männer, anstatt ihrem neuen Vaterland zu dienen, sich auf die Seite der Invasoren stellten, die oft ihre Landsleute waren. Marxistische Historiker haben sogar behauptet, das System der Sklaverei sei gegen Ende des Römischen Reichs zusammengebrochen, und damit sei eine neue Epoche in der Weltgeschichte eingeleitet worden, weil Sklaven und Bauern gemeinsame Sache mit den fremden Eindringlingen machten. Doch das ist übertrieben. Es kam zwar in

Zuschauer im Zirkus, Mosaik aus
Capsa (Gafsa, Tunesien)
(5. Jahrhundert)

einzelnen Fällen dazu, daß Sklaven den Feind begünstigten. Das
geschah zum Beispiel vor der Schlacht von Adrianopel gegen die
Westgoten und als Alarich vor den Toren Roms stand. Auch um
das Jahr 415 zogen plündernde Sklaven unter der Führung junger
Adeliger in der Gegend von Bordeaux umher. Doch das waren wenige Ausnahmen. Die Sklaven haben in der Geschichte dieser Zeit
eine relativ unbedeutende Rolle gespielt.

Das gleiche gilt für die verarmten freigeborenen Römer. Ammianus berichtet, daß sie sich in den Tavernen, öffentlichen Küchen,
an den Würfeltischen, bei den Wagenrennen und Gladiatoren-
kämpfen herumtrieben. Das hat moderne Moralisten veranlaßt,
ähnliche Verfallssymptome in unserer Gesellschaft zu entdecken,
zum Beispiel in Los Angeles, wo, wie es in einem Artikel aus jüngster Zeit heißt, »die Arenen irgendwie an die Römerzeit erinnern«. Aber Ammianus übertreibt wahrscheinlich, weil er das
städtische Proletariat verachtete.

Und doch trifft es zu, daß an 175 Tagen im Jahr öffentliche Veranstaltungen stattfanden, während es 200 Jahre vorher nur 135 gewesen waren. Erst im Jahr 438 ist das Colosseum restauriert wor-
den. Ebenso trifft zu, daß in der Mitte des 4. Jahrhunderts 300 000
Einwohner von Rom umsonst verpflegt wurden, und noch ein
Jahrhundert später, als die Einwohnerzahl erheblich zurückge-
gangen war, nahmen noch 120 000 Menschen an den öffentlichen
Speisungen teil. Sicher bestand ein großer Teil der Bewohner
Roms aus Parasiten, und wir könnten heute einiges aus diesen Er-
fahrungen lernen, doch das römische Stadtproletariat hat auf den
Verlauf der Ereignisse, die zum Untergang des spätrömischen
Reichs führten, kaum einen Einfluß gehabt.

Andererseits war es die verarmte ›freie‹ Landbevölkerung, der die
Regierung die schweren Steuerlasten aufgebürdet hatte, um die
für die Armee benötigten Gelder zusammenzubringen. Diese
Leute lebten zwar nominell in einem anderen sozialen Status als
die Sklaven, aber es ging ihnen nicht besser, vielleicht sogar
schlechter; denn oft gerieten sie durch die Überbesteuerung in
eine verzweifelte Lage und verarmten vollständig.

103

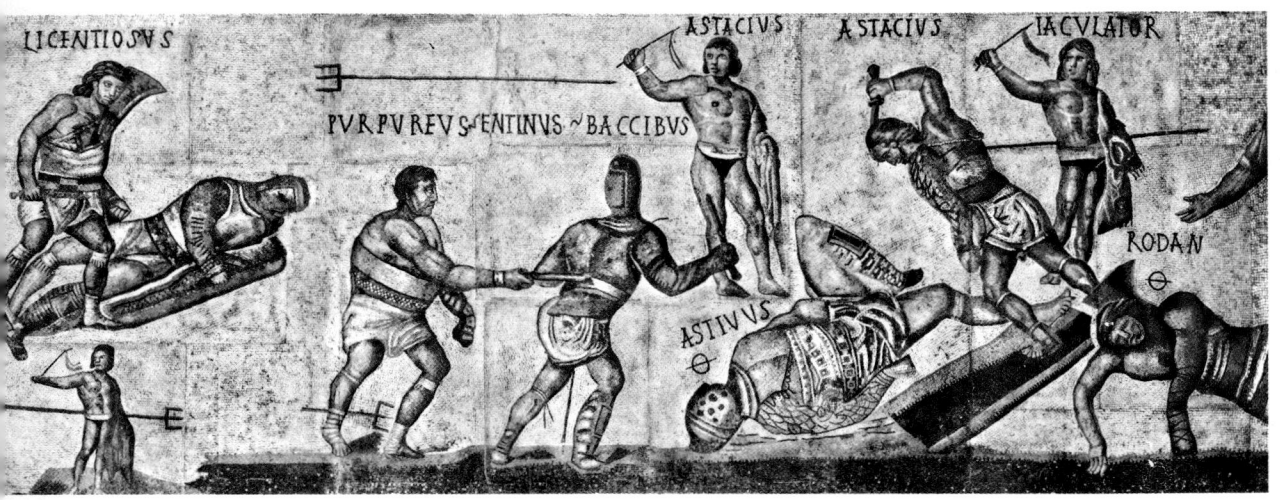

Gladiatoren im Kampf, Mosaik
(4. Jahrhundert)

Die mittellose Landbevölkerung wurde rücksichtslos von der Regierung ausgebeutet, und die Beziehungen zwischen der herrschenden Klasse und diesen Menschen waren die von Feinden.

Das war vielleicht der gravierendste Gegensatz, den es im Weströmischen Reich gegeben hat. Der Staat und die unterprivilegierten ländlichen Schichten standen einander in einem selbstmörderischen, destruktiven Antagonismus gegenüber, der entscheidend zum Verfall des Imperiums beigetragen hat. Diese Kluft hat es verhindert, daß die Steuern, die für den Unterhalt der Armee gebraucht wurden, eingetrieben werden konnten. Weil das nicht geschah, fand sich niemand, der das Reich nach außen verteidigte, das deshalb dem Untergang geweiht war.

Angesichts der wirtschaftlichen Schwierigkeiten im Westen sind auch heute kommunistische Beobachter überzeugt, die westliche kapitalistische Gesellschaft werde als Folge einer ähnlichen inneren Zerrissenheit zugrunde gehen, und manchmal sieht es so aus, als könnten sie recht haben, wenn nicht neue, radikale Maßnahmen ergriffen werden, um diese Theorie zu widerlegen; denn in zweierlei Hinsicht gleichen sich die Probleme von damals und jetzt.

Erstens lehnen auch heute die unterprivilegierten Klassen in vielen Ländern ihre Regierungen entschieden ab, und das zeigt sich sowohl in den Auseinandersetzungen mit den Gewerkschaften, den anerkannten Vertretern dieser Schichten, als auch in der Konfrontation mit den nicht anerkannten Terroristen und Untergrundbewegungen, die mit anarchistischer Gewalttätigkeit vorgehen.

Zweitens werden die Regierungen im Westen von einer Opposition, die immer geschlossener auftritt, und durch die Möglichkeit konzertierter Aktionen vieler anderer Länder bedroht, in denen der Lebensstandard viel niedriger ist als in den Industriestaaten. Wenn es nicht gelingt, diesen beiden Herausforderungen erfolgreich zu begegnen, könnte es in der westlichen Zivilisation zu unvorstellbaren Veränderungen kommen, weil sie sich als unfähig erwiesen hätte, mit dem Problem der Armut fertigzuwerden. Ein ähnliches Versagen ging, wenn auch unter anderen, für die damalige Zeit geltenden Bedingungen, dem Untergang des Römischen Reichs voraus.

Als die Kleinbauern und landwirtschaftlichen Arbeiter im spätrömischen Reich vom Gewicht der Steuerlasten so stark niedergedrückt wurden, daß sie ihren Lebensunterhalt nicht mehr bestreiten konnten, suchten sie Schutz, wo sie ihn finden konnten.

Ganze Dörfer erklärten zum Beispiel die an Ort und Stelle stationierten Offiziere des Heeres zu ihren ›Patronen‹. Da sich diese Soldaten gegen entsprechende Belohnung bereit erklärten, die kaiserlichen Steuereinnehmer zu verjagen, wurde das Patronat zunächst durch Gesetz verboten. Doch im Jahr 415 wurde es in einigen Provinzen zugelassen, und zwar unter der Voraussetzung, daß der Patron die Verantwortung für die Eintreibung der Steuern in den betreffenden Dörfern übernahm.

In einer größeren Zahl von Dörfern, und zwar vor allem im Westen, stellte sich die Landbevölkerung unter das Patronat der Grundbesitzer und nicht der Soldaten. Das taten aber nicht nur geschlossene Dorfgemeinden, sondern auch ungezählte Einzelne. Meist waren es Kleinbauern, Menschen, die nach dem Verlassen ihrer Höfe völlig verarmt waren, dann bei einem Grundbesitzer Schutz suchten und dort den Rest ihres Lebens zubrachten. Diese massiven Umschichtungen innerhalb der Bevölkerung, die durch die überhöhten Anforderungen des Staates veranlaßt worden waren, leiteten eine der folgenschwersten gesellschaftlichen Entwicklungen jenes Zeitalters ein.

Die Magnaten nahmen die landlosen Bauern gerne auf, denn es war auch für sie nicht leicht, landwirtschaftliche Arbeiter zu bekommen. Ammianus erklärt, das sei der Grund gewesen, weshalb »sich die Armen auf Gedeih und Verderb den Reichen in die Arme warfen«. Es war in der Tat eine bedingungslose Kapitulation. Bevor diese Leute sich dem Grundherrn überantworteten, waren sie ihm in vielen Fällen wahrscheinlich schon hoch verschuldet, je-

Goldmedaillon Diokletians
(284–305 n. Chr.)

denfalls bezahlten sie ihm von diesem Zeitpunkt an eine Pacht-
summe in barem Geld, verpflichteten sich, einen Teil der Ernte
abzuliefern, oder pachteten ein Stück Land von ihm, dessen Ernte
sie ihm zum Teil verpfändeten. Manchmal stellten sie sich dem
Grundbesitzer auch nur als landwirtschaftliche Arbeiter zur Verfügung. Dafür erfreuten sie sich eines Minimums an Sicherheit,
Stabilität und Schutz gegen die Willkür des Staates. Das
Schlimmste für sie war jedoch, daß die Regierung von ihnen auch
jetzt, nachdem sie ihren Landbesitz im Stich gelassen hatten, noch
die Grundsteuern dafür verlangte.

Hier brauchten sie wieder den Schutz der Grundherren, denn
ebenso wie die militärischen Patrone waren diese oft bereit, dem
Steuereinnehmer die Tür zu weisen, wenn sich die armen Bauern
im übrigen ihrem Willen fügten.

Doch schließlich einigten sich die Grundbesitzer mit der Regierung und ließen die Flüchtlinge am neuen Wohnort in die Steuer-
listen eintragen.

Um das Einziehen der riesigen Steuersummen zu vereinfachen,
hatte Diokletian eine Verfügung erlassen, nach der alle Bewohner
landwirtschaftlicher Gebiete verpflichtet waren, an den Orten, wo
man sie einmal registriert hatte, zu bleiben und sie nie wieder zu
verlassen. Nun verpflichteten sich die Grundherren unter der Bedingung, daß der Staat die gleiche Bestimmung auch auf ihre
Pächter und die zu ihnen geflohenen Kleinbauern anwendete,
dazu, die Steuereinnehmer nicht mehr abzuweisen.

Deshalb untersagte es Valentinian I. den Pächtern, ihr Land ohne
Einwilligung des Grundherrn zu verlassen, und Theodosius I. erließ die folgende strenge Bestimmung:

*». . . Um nicht den Anschein zu erwecken, daß die Pächter von
der Steuerpflicht befreit worden sind und abwandern dürfen, wohin sie wollen, sollen sie nach dem Grundsatz der Ortszugehörig-
keit gebunden sein; denn obwohl sie nach ihrem Status freigebo-
ren zu sein scheinen, sollen sie im Hinblick auf das Land, in dem
sie geboren sind, wie Sklaven behandelt werden und kein Recht
haben, fortzugehen, wohin sie wollen, oder ihren Aufenthaltsort*

Das große afrikanische Land-
haus und das Landgut des
Julius, Mosaik (4. Jahrhundert,
Karthago)

zu verändern. Der Grundbesitzer soll sich jedoch des Rechts er-
freuen, für sie wie ein Vater und mit den Machtbefugnissen eines
Herrn zu sorgen.«

Weitere Verfügungen besagten, daß jeder, der den Ort verließ, zu
dem er gehörte, ein schweres Verbrechen beging, und zwar einen
Diebstahl: »Er stiehlt seine eigene Person«.

In den Gerichtsakten wird immer wieder berichtet, daß Pächter
gegen diese Bestimmungen verstoßen und versucht haben, von
den Landgütern zu fliehen, an die sie gebunden waren. Dann bemühten sich Grundbesitzer und Steuerbeamte gemeinsam, die
Flüchtigen einzufangen und zurückzubringen. Im 5. Jahrhundert,
war es den Kleinpächtern nicht einmal gestattet, Kriegsdienst zu
leisten. Aber die Fesseln, die sie trugen, waren noch nicht so fest
wie diejenigen, die in der Antike den Sklaven an seinen Herrn oder
im Mittelalter den Leibeigenen an den Grundherrn banden. In der
Praxis waren diese Leute jedoch nichts anderes als Sklaven und
Leibeigene. Sie durften ihre Herren nicht einmal vor Gericht ver-
klagen, und ihr Status war erblich.

Das einzig Tröstliche an dieser Situation war der Umstand, daß diese Gesetze – wie man daraus ersieht, daß immer wieder neue Bestimmungen erlassen werden mußten – sich nicht absolut durchsetzen ließen. Es gab viele Möglichkeiten, sie zu umgehen. Manche Kleinbauern hielten es auch auf ihren Höfen aus, aber Tausende anderer gerieten allmählich doch in die völlige Abhängigkeit von den Großgrundbesitzern.

Wenigstens ein Kaiser unternahm den Versuch, den Armen zu helfen. Das war Valentinian I. Ein solches Verhalten mag ungewöhnlich erscheinen, denn gerade er hatte viel getan, um die Pächter an ihre Grundherren zu fesseln. Vielleicht hatte er aber aus ganz realistischen Motiven gehandelt, denn es gab noch Schlimmeres; vielleicht hatte er daran gedacht, daß es gefährlicher sein würde, wenn diese Leute nicht mehr in ihre früheren Berufe zurückgehen könnten, als wenn sie daran gefesselt blieben. Und die Kleinbauern wären ohne Arbeit und Brot gewesen, wenn sich die Großgrundbesitzer nicht ihrer angenommen hätten.

Auch durch andere Maßnahmen bewies Valentinian I. deutlich, daß er sich aufrichtig um das Wohl der unteren Klassen sorgte, zu denen er selbst einmal gehört hatte. In einem Edikt sagt er über das Leben dieser Menschen: »Unschuldiges und friedliches Landleben«. In einer anderen Proklamation fordert er vor allem soziale Gerechtigkeit von seinen Steuerbeamten und verlangt, daß eine besondere Rücksichtnahme auf bevorzugte Personen zu unterbleiben habe, denn solche Zugeständnisse könnten nur auf Kosten der gewöhnlichen Bewohner des Imperiums gemacht werden. Die wichtigste Maßnahme, die Valentinian in den Jahren 368 bis 370 traf, war die Ernennung der offiziell so bezeichneten ›Verteidiger des Volkes‹ oder ›Verteidiger des Gemeinwesens‹.

Das Amt dieser Funktionäre entsprach in gewisser Weise dem des heutigen Ombudsmannes, dessen Pflicht es ist, den einzelnen Bürger vor staatlichen Übergriffen zu schützen. Doch Valentinians Verteidiger hatten den ausdrücklichen Auftrag, den unterprivilegierten Klassen beizustehen. In einem Brief an seinen prätorianischen Präfekten Petronius Probus schreibt der Kaiser: »Wir ergreifen eine sehr notwendige Maßnahme, um sicherzu-

Grabstein des Publius Longidienus, eines Schiffsbauers aus Ravenna

stellen, daß die Menschen Patrone haben, die sie gegen die Ungerechtigkeiten der Mächtigen schützen.«

In jeder Stadt sollte der Präfekt einen Verteidiger des Volkes ernennen, und der Kaiser selbst ließ sich die Namen der für diesen Posten bestimmten Männer nennen. Sie hatten die Vollmacht, in geringfügigeren Fällen selbst eine Entscheidung zu treffen, und es war ihre Pflicht, dafür zu sorgen, daß den Armen in jedem Fall Gerechtigkeit widerfuhr.

Frühere Kaiser hatten Ähnliches versucht, aber erst Valentinian I. entwickelte diese Versuche zu einer umfassenden Methode. Es hatte jedoch nichts Gutes zu bedeuten, daß seine erste Anweisung in dieser Sache ausgerechnet an Petronius Probus gerichtet war, der als einer der schlimmsten Unterdrücker des Volkes galt.

Als Valentinian starb, wurde das Amt der Verteidiger des Volkes so gründlich verwässert, daß es kaum noch einen Wert hatte, denn Theodosius I. übertrug die Ernennung den Stadträten, und gerade sie waren für das Eintreiben der Steuern verantwortlich.

Honorius setzte einen Ausschuß ein, der die Verteidiger zu ernennen hatte und zugleich die Interessen der Grundbesitzer vertrat. Valentinian hatte beabsichtigt, die Armen vor der Willkür der Grundbesitzer zu schützen, doch jetzt hatten sich Verteidiger und Grundherren in einem unheiligen Bündnis vereinigt.

Es hatte also eine Zeitlang ernstzunehmende und positive Bemühungen gegeben, das Los der Unterdrückten zu lindern, aber diese Bemühungen waren fehlgeschlagen. Das Ausmaß dieses Fehlschlags zeigt sich deutlich in der antiken Literatur. Die meisten Schriftsteller jener Zeit waren gegenüber den Leiden der Unter drückten zwar recht gleichgültig, aber es gab bemerkenswerte Ausnahmen. Zu ihnen gehörte Johannes Chrysostomus, der Bischof von Konstantinopel, der sich der Kluft zwischen Arm und Reich durchaus bewußt war. Obwohl er sich wenigstens ebenso sehr von theologischen wie von sozialen Überlegungen leiten ließ, empfand er den Unterschied im Lebensstandard so schmerzlich, daß der Historiker J. B. Bury 1923 schrieb, er sei ›fast ein Sozialist‹ gewesen.

Das Programm des Salvianus von Marseille bedeutet nichts anderes als die ›moralische Aufrüstung‹. Doch die Sünden, für die nach seiner Meinung die Welt von Gott heimgesucht wird, werden mit Recht als die Sünden der materiellen Unterdrückung diagnostiziert. Das Zeitalter, in dem er lebte, betrachtete – ähnlich wie das 19. Jahrhundert – die Armut fast als Schande. Salvianus war empört darüber und verneinte leidenschaftlich dieses Stigma. Er war so radikal, daß keine Klasse außer den Armen Gnade vor seinen Augen fand, und ihr Schicksal malte er in den düstersten Farben.

». . . Die Besteuerung, so hart und brutal sie auch sein mag, wäre weniger schwer zu ertragen, wenn alle das gleiche Los teilten. Aber die Lage wird beschämender und verheerender durch den Umstand, daß die Lasten nicht gleichmäßig auf alle verteilt sind. Die Tribute, die von den Reichen gezahlt werden sollten, werden von den Armen erpreßt, und die Schwächeren tragen die Lasten der Stärkeren. Der einzige Grund, weshalb sie nicht die ganze Last tragen, ist daß mehr von ihnen gefordert wird als sie besitzen . . .

So wie den Armen zuerst die Last auferlegt wird, so sind sie auch die Letzten, die Erleichterung erfahren. Jedesmal wenn die herrschenden Mächte, wie das jüngst geschehen ist, es für richtig gehalten haben, Maßnahmen zu ergreifen, um den bankrotten Städten zu helfen, ihre Steuerlasten etwas zu erleichtern, sehen wir sofort, wie nur die Reichen die Heilmittel untereinander verteilen, die eigentlich für alle gedacht sind. Wer denkt dann schon an die Armen? . . . Was soll ich noch mehr sagen? Nur daß man

die Armen nicht als Steuerzahler ansieht, außer wenn man ihnen die Bürde der Steuern auferlegt. Sie gehören nicht zu denjenigen, denen Erleichterungen gewährt werden.
Wie können wir unter solchen Umständen glauben, daß wir nicht Gottes schwere Strafe verdient haben, wenn wir selbst ständig die Armen so bestrafen?«

Als ausgezeichneter Rhetoriker malt Salvianus das Bild in den dunkelsten Farben, die er finden kann. Aber es gibt eine ganze Reihe von Anhaltspunkten dafür, daß die Lage kaum besser war als er sie schildert.

So wurde zum Beispiel auch Sidonius, nachdem er zum Bischof von Clermont-Ferrand geweiht worden war, von einer großen Zahl völlig verarmter Bittsteller bedrängt, die ihm die Augen über die unermeßliche soziale Not seiner Zeit öffneten. Der wenig bekannte Verfasser christlicher Predigten Gaudentius schrieb, daß die Zahl der Bauern, die verhungerten oder von den Wohltätigkeitseinrichtungen der Kirche unterstützt werden mußten, so groß war, daß er sich schämte, sie zu nennen.

In ihrer Verzweiflung gelang es Tausenden nicht mehr, sich auf ehrliche Weise ihren Lebensunterhalt zu verdienen, und deshalb tauchten sie als umherstreifende Räuber und Banditen unter. Diese im Untergrund lebenden Gruppen, die man mit den heutigen Außenseitern der Gesellschaft und Terroristen vergleichen kann, und die es unmöglich fanden, in einem Gesellschaftssystem zu leben, das sie nicht akzeptierten, vermehrten sich durch fahnenflüchtige Soldaten und Horden entwurzelter Zivilisten. Ähnliches war auch schon früher geschehen, aber jetzt nahm das Problem gewaltige Dimensionen an.

Räuberbanden trieben ihr Unwesen in Italien, Nordafrika und an der Donau, aber in Gallien war die Lage brisant. Schon im 3. Jahrhundert war es hier am schwierigsten gewesen, die Ruhe und Ordnung aufrecht zu erhalten. Jetzt kam es erneut zu Unruhen. Die Banden in Gallien bezeichnete man als Bacaudae oder Bagaudae. Der Ursprung dieses Namens ist ungewiß, deutet aber vielleicht darauf hin, daß es sich um eine quasi-militärische nationa-

zu den Farbtafeln Seiten
113–115:

Seite 113:
oben: Stadtmauern von Konstantinopel
unten: Goldmünze Constantius' II.
Seiten 114–115:
Intarsie (Einlegearbeit aus Halbedelsteinen), konsulare Prozession; Basilika des Junius Bassus, Rom (4. Jahrhundert)

listische Bewegung gehandelt hat; denn der Verfall der Zentralregierung brachte zu dieser Zeit das Aufleben regionaler Subkulturen mit sich, besonders in Ländern wie Gallien, wo die Bevölkerung in bestimmten Gebieten ihre eigene Sprache erhalten hatte.

So berichtet Ammianus von schweren gallischen Revolten aus dem Jahr 369. Von 401 bis 406 machten Räuberbanden die Alpen unsicher, und im folgenden Jahrzehnt gehörte die Mehrzahl der bewaffneten Männer in Britannien nicht zu der Schutztruppe, auf deren Hilfe der Kaiser Honorius hoffte, sondern zu irregulären Banden, die es fast zu einem bürgerkriegsähnlichen Zustand kommen ließen, bei dem Pächter und Sklaven gemeinsam gegen die Grundherren rebellierten.

Zu einer weiteren Rebellion kam es 435 in Gallien. Sie wurde von einem gewissen Tibatto geführt, der sich vor allem an die Sklaven wandte und den Römern zwei Jahre Widerstand leistete. Die Unruhen lebten in den 440er Jahren unter der Führung des Arztes Eudoxius wieder auf, der anschließend zu den Hunnen floh. Auch in Spanien kam es wieder zu Revolten, bis eine von Aetius dorthin entsandte Armee sie 454 niederschlug.

Ein eigenartiges Theaterstück in Versen mit dem Titel *Der Querulant*, das wahrscheinlich Anfang des 5. Jahrhunderts geschrieben wurde, berichtet, wie die Bagaudae eine rudimentäre politische Struktur schufen und ein Volksgericht einsetzten, »das Todesurteile an dem Ast einer Eiche oder den Knochen eines Menschen befestigte«. Die Zustände in den Provinzen waren über weite Gebiete so verworren, daß diese Desperados, die vor den Behörden und ihren Grundherren geflohen waren, sich nun gezwungen sahen, die Dinge so gut es ging selbst in die Hand zu nehmen.

Umsonst bedrohten die Behörden sie mit strengen Strafen. Gegen Ende des 4. Jahrhunderts wurde ein Gesetz erlassen, nach dem jeder, der den Banditen Hilfe gewährte, mit der Prügelstrafe oder sogar dem Scheiterhaufen bedroht wurde. Alle Bürger erhielten das Recht, Waffen zu tragen, um sich gegen die räuberischen

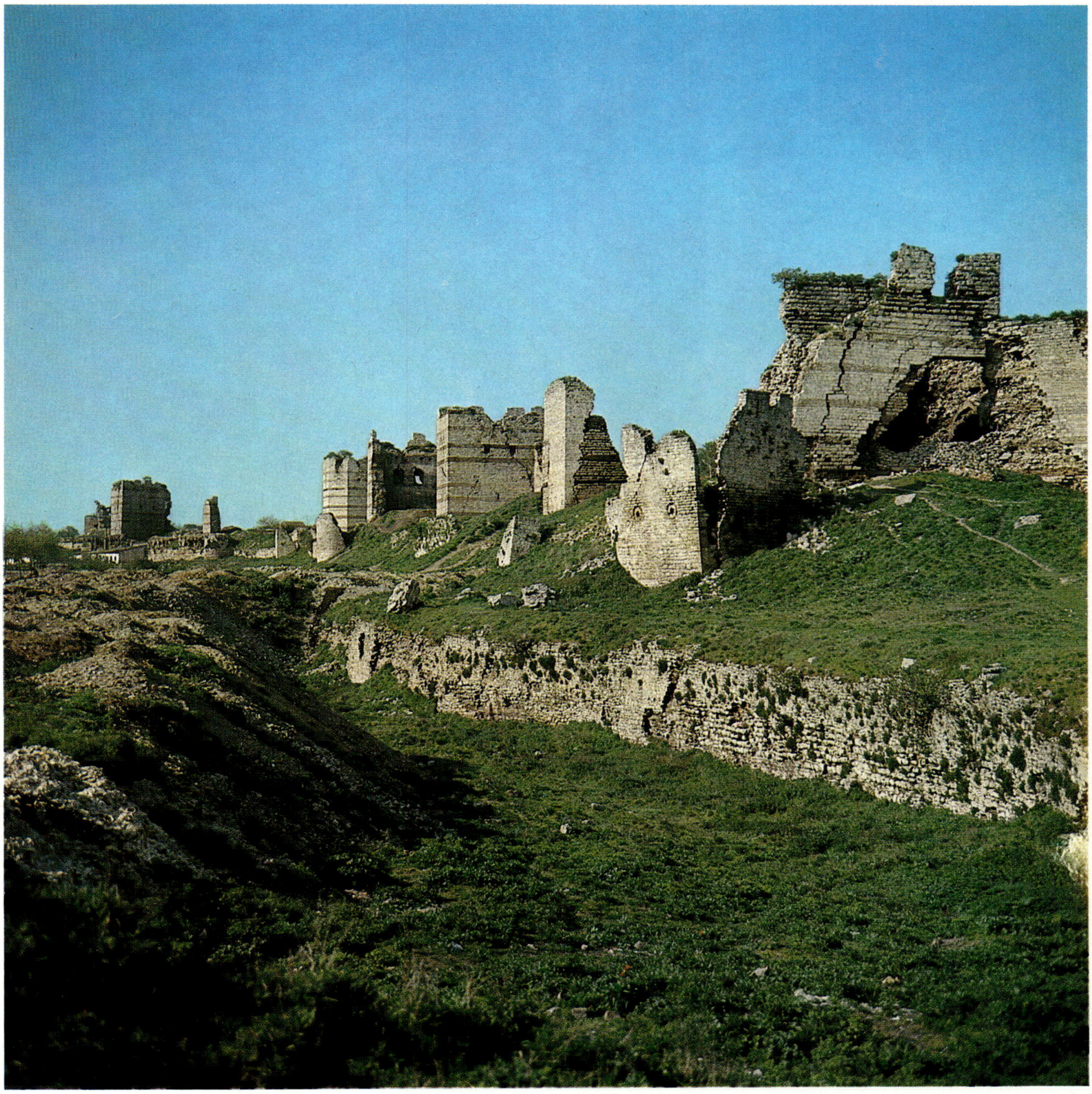

FLIVLCONSTAN TIVSPERPAVG
GLORIARO MANORVM
SMANT

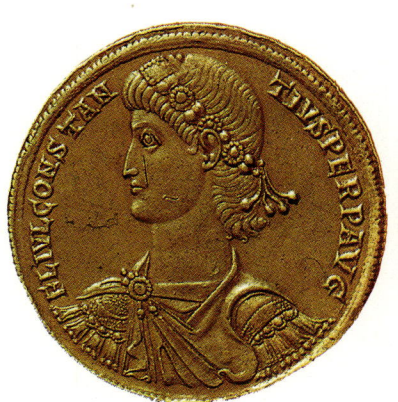

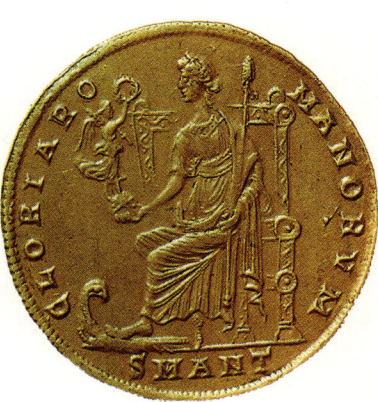

Zahlung von Steuern, Relief aus
dem 3. Jahrhundert, Noviomagus
(Neumagen)

zur Farbtafel auf Seite 116:
Platz in Cuicul (Djemila, Algerien)

Überfälle zu schützen. Aus einem 409 erlassenen Gesetz geht hervor, daß die Worte ›Schäfer‹ und ›Bandit‹ praktisch auswechselbar waren.

Angesichts des »überwältigenden Elends der Zeiten« beschloß man jedoch sieben Jahre später, eine Amnestie zu verkünden, weil man hoffte, die militanten Banden durch ein nachsichtigeres Vorgehen zur Vernunft zu bringen. Aber mit keiner dieser Maßnahmen, nicht mit Strenge und nicht mit Nachsicht, ließ sich die Ordnung wiederherstellen.

Darf man sich darüber wundern? fragt Salvianus. Anders als die meisten seiner Zeitgenossen lehnte er die Maßnahmen, die Aetius gegen die Räuberbanden einleitete, entschieden ab und gab für deren Absonderung von der Gesellschaft allein den römischen Kaisern und ihren zu den oberen Klassen gehörenden Anhängern die Schuld. Er räumte ein, daß das Räuberwesen überall anzutreffen und niemand davor sicher sei. Aber nach seiner Auffassung seien die sogenannten Räuber selbst nicht im mindesten schuldig. Was sie täten, das sei die Folge der Taten ihrer verbrecherischen und blutrünstigen Unterdrücker.

»... *Die Armen werden ausgeraubt, die Witwen jammern, die Waisen werden unterdrückt, so daß viele und sogar Personen aus guten Familien, die eine ausreichende Erziehung genossen haben, Zuflucht beim Feinde suchen, um dem Tod zu entgehen, der ihnen bei der allgemeinen Verfolgung droht. Bei den Barbaren suchen sie das römische Mitgefühl, denn sie können die barbarische Unbarmherzigkeit nicht ertragen, die sie bei den Römern finden ...*

Wir verwandeln ihr Unglück in Verbrechen; wir nennen sie bei einem Namen, der ihre Verluste bezeichnet, bei einem Namen, den wir zu ihrer Schande erfunden haben. Wir nennen jene Männer Rebellen und bezeichnen sie als Verworfene, obwohl wir sie selbst gezwungen haben, Verbrecher zu werden. Denn wodurch

117

sind sie zu Bagaudae geworden, wenn nicht durch unsere Ungerechtigkeit, durch die böswilligen Entscheidungen der Beamten, durch die Beschneidung ihrer Rechte und die Ausplünderung durch diejenigen, die sich bei dem Eintreiben öffentlicher Forderungen selbst bereichert haben und ihr Recht, Steuern einzuziehen, als die beste Gelegenheit ansehen, zu plündern?

Wie wilde Tiere haben die Beamten die ihnen ausgelieferten Menschen, anstatt sie zu regieren, verschlungen und sich nicht nur von ihrem Besitz genährt wie gewöhnliche Räuber, sondern auch von ihrem gequälten Fleisch und Blut. So ist es dazu gekommen, daß Männer, die durch die brutale Ausbeutung stranguliert und halb ermordet wurden, zu Barbaren geworden sind, da man ihnen nicht erlaubte, Römer zu sein. Sie mußten sich damit zufrieden geben, zu werden, was sie nicht waren, weil sie nicht mehr das sein durften, was sie gewesen waren. Und sie sahen sich gezwungen, ihr Leben nach Kräften zu verteidigen, weil sie erkannten, daß sie ihre Freiheit bereits vollständig verloren hatten.

Wie unterscheidet sich unsere gegenwärtige Lage von der ihren? Diejenigen, die sich den Bagaudae noch nicht angeschlossen haben, werden jetzt dazu gezwungen. Das unerträgliche Schicksal, das die Armen erleiden, weckt in ihnen den Wunsch, sich den Bagaudae anzuschließen, aber ihre Schwäche hindert sie daran. So sind sie wie Gefangene, die unter dem Joch des Feindes stehen und gegen ihren Willen die Folter leiden müssen. In ihren Herzen sehnen sie sich nach der Freiheit, während sie die schlimmste Sklaverei ertragen. In diesem Zustand befinden sich fast alle Angehörigen der unteren Klassen.«

In weiter Ferne, als seien Äonen darüber hingegangen, lag das goldene Zeitalter des Imperiums, in dem, wie Ammianus glaubte, »Hoch und Niedrig vom gleichen Geist beseelt bereit gewesen waren, den ruhmreichen Tod für das Vaterland zu sterben, als sei ihnen danach der himmlische Frieden gewiß«. Diese Zeiten waren in der Tat vorüber, und ihnen war eine Periode gefolgt, in der ein fundamentaler und selbstzerstörerischer Mangel an einem solchen alle verbindenden Geist beherrschte.

In seinem Gedicht *Horatius* läßt Macaulay einen Römer aus früherer Zeit sagen: »Die Männer kämpfen nicht wie sie kämpften zu jener ruhmreichen Zeit«. Doch jetzt lag die Schwierigkeit darin, daß sie nicht mehr die Summen aufbrachten, die für eine einsatzfähige Armee notwendig waren.

Dieser Konflikt zwischen dem Staat und der Masse der Untertanen war eine der Hauptursachen für den Untergang des Imperiums. Mit diesem Beispiel illustrierte Karl Marx seine These, zwischen den Klassen bestehe keine Interessengemeinschaft und der Klassenkampf sei daher unvermeidlich. Doch Marx behauptete auch, das Römische Reich sei vor allem deshalb untergegangen, weil sich seine Sozialstruktur, die sich auf die Sklaverei stützte, in ein Feudalsystem verwandelt habe, an dem die Struktur des Weltreichs zerbrochen sei. Vielleicht wäre es richtiger, zu sagen, einer der Hauptgründe für diesen Zusammenbruch sei der Umstand gewesen, daß die ›freie‹ Bevölkerung, die den größten Teil der Steuern aufbringen mußte, durch die Steuereinnehmer so sehr ausgeplündert wurde, daß sie, zahlungsunfähig geworden, ihre Freiheit verlor. Damit blieb kaum noch der Rest eines lebensfähigen Gemeinwesens übrig, dessen leere Hülle sich den Eindringlingen von außen nicht mehr widersetzen konnte.

So gewaltig war die Kluft zwischen der Regierung und der großen Masse der Untertanen und natürlich auch zwischen den Reichen und den Armen.

Diese Zustände nahmen die Situation im Europa des 19. Jahrhunderts vorweg, wo der größte Teil der Bevölkerung in so viel schlechteren Verhältnissen lebte als die oberen Klassen, daß Disraeli einer seiner Romanfiguren die Worte in den Mund legt: »Man hat mir gesagt, die privilegierten Klassen und das Volk stellten zwei verschiedene Nationen dar«. Auch heute finden wir dort, wo es *eine* Nation geben sollte, nur allzu oft zwei, und das erzeugt eine ebenso brisante Lage. Wenn sich die Entwicklung nicht aufhalten läßt, wenn wir nicht ein Mindestmaß an sozialer Gerechtigkeit verwirklichen, dann können diese Fehlentwicklungen zu einer ähnlichen Katastrophe führen wie im alten Rom.

4. Die Reichen gegen den Staat

Im vorigen Kapitel haben wir über die tragischen Umstände gesprochen, die dazu führten, daß die römische Regierung in eine direkte Konfrontation mit der verarmten Mehrheit ihrer Untertanen geriet.

Ein ebenso unglückliches Ende erwartet den Staat in jeder Epoche einschließlich unserer eigenen, wenn die Regierung in einen Konflikt mit den oberen Klassen gerät. Auch das ist im antiken Rom mit aller Schärfe geschehen, und trotz aller Privilegien, die der Oberschicht zugestanden wurden, war hier eine Kluft entstanden, die entscheidend zum Untergang des Imperiums beigetragen hat.

In der Verfallszeit des Römischen Reichs bestand die Oberschicht der Bevölkerung hauptsächlich aus Männern, die berechtigt waren, sich als Senatoren zu bezeichnen. Schon unter den früheren Kaisern war der Senat, der vorher als beratende Körperschaft die Entscheidungen des Staates mitbestimmt hatte, zu einer untergeordneten Institution geworden. Doch als das Imperium allmählich verfiel, war eine Veränderung eingetreten. Für die Senatoren hatte sich die Lage gebessert; denn wenn der Senat in seiner Gesamtheit auch keine besondere Bedeutung mehr hatte, so waren seine einzelnen Mitglieder jetzt mächtiger als je zuvor.

Diejenigen, die regelmäßig an den Senatssitzungen in Rom teilnahmen, bekamen den Kaiser, der in Mailand und später in Ravenna residierte, nur selten zu Gesicht. Teilweise hatte seine Abwesenheit für die Autorität der Senatoren ungünstige, zum Teil aber auch günstige Folgen. Der Grundsatz, »wo Caesar ist, da ist Rom«, und die Tatsache, daß er sich zumeist nicht in Rom aufhielt, hätten aus dem Senat eine Einrichtung machen können, die kaum mehr bedeutete als ein Stadtrat. Gelegentlich konnte man auch diesen Eindruck haben. Andererseits verlieh die Abwesenheit des Kaisers und des Hofs in anderen Städten den Senatoren in mancher Beziehung eine neue Unabhängigkeit. Darüber hinaus hatte Konstantin nach seinem Übertritt zum Christentum die heidnische Aristokratie besänftigen müssen und deshalb die Zahl der für die Senatoren vorgesehenen Posten erhöht.

Der Armee durften sie allerdings immer noch nicht angehören. Diese Bestimmung galt schon seit vielen Jahren. Aber das alljährlich neu zu besetzende Amt der beiden Konsuln, die sich dabei auf dem Höhepunkt ihrer politischen Laufbahn befanden, hatte jetzt eine größere Bedeutung als zu Beginn der Kaiserzeit, denn es blieb den wichtigsten Gefolgsleuten des Kaisers vorbehalten, seinen engen Freunden, die er als seine ›Genossen‹ bezeichnete. Solange sie Konsuln waren, hatten sie nicht besonders viel zu tun. Gibbon sagt, ein Konsul erfreute sich gegen Ende des Imperiums »der ungestörten Kontemplation seiner eigenen Würde«. Aber allein die Tatsache, daß jemand dieses Amt innegehabt hatte, verlieh ihm eine besondere gesellschaftliche Stellung und vermehrte seinen Reichtum.

Obwohl also Rom selbst nicht mehr im Mittelpunkt der Ereignisse stand, behielten die führenden Bürger der Stadt einen persönlichen Einfluß, wie sie ihn seit vierhundert Jahren nicht mehr besessen hatten.

Das Klassenbewußtsein war stark ausgeprägt. Symmachus, der im römischen Adel eine führende Stellung einnahm, hat erklärt, »edles Blut ist unverkennbar und wird sich stets gegenseitig erkennen«. Doch die aristokratische Struktur war an der Basis nicht geschlossen. So konnte zum Beispiel der Dichter Ausonius in die Reihen der Privilegierten aufsteigen, und obwohl er gegenüber Leuten vornehmerer Abstammung eine beschämende Servilität an den Tag legte, gelang es ihm doch, allen seinen Verwandten einträgliche Posten zu verschaffen.

Doch sein Kollege Claudian spricht von der Empörung der Senatoren darüber, daß der Eunuche Eutropius im Osten Konsul wurde, und Hieronymus schreibt von der Wut, die sie jedesmal packte, wenn Männer einfacher Herkunft oder ›Bauern‹ ihnen das Amt des Konsuls fortnahmen, das nach ihrer Auffassung nur an Angehörige ihres Standes vergeben werden durfte. Die meisten Schriftsteller hielten es für selbstverständlich, daß die unteren Klassen den Konsuln und Senatoren eine unermeßliche Hochachtung entgegenbrachten.

Doch die Bedeutung des Ausdrucks ›Senator‹ hatte sich seit der Frühzeit des Imperiums gewandelt, denn jetzt waren die Personen, die diesen Titel führten, durchaus nicht mehr nur die wenigen, die tatsächlich einen Sitz im Senat hatten. Das Gebäude, in dem sie sich gegen Ende des Weströmischen Reichs in Rom versammelten, steht noch heute am Forum Romanum. Hier hätten die 600 Mitglieder, aus denen der Senat zu Beginn des Kaiserreichs bestand kaum Platz gehabt. Jetzt zählte er 2000 Mitglieder, und weitere 2000 gehörten zum Senat in Konstantinopel.

Diese 4000 Senatoren gehörten zu drei Gruppen. Die Zugehörigkeit zu jeder dieser Gruppen richtete sich nach dem Besitzstand, und jede hatte ihre besonderen Privilegien. Im Jahr 450 brauchten die niedriger eingestuften Senatoren nicht an den Sitzungen des Senats teilzunehmen. Früher hatten die weströmischen Senatoren in Rom leben müssen, aber diese Bestimmung verlor ihre Gültigkeit und mußte offiziell aufgehoben werden, da viele Senatoren, meist die im Rang höchsten innerhalb der Hierarchie, es vorzogen, außerhalb der Hauptstadt und sogar außerhalb von Italien auf ihren ausgedehnten Besitzungen zu leben.

Diese Familien der Hocharistokratie waren über ein weites Gebiet verstreut, doch standen sie in engen Beziehungen zueinander und bildeten auf dem Staatsgebiet des Weströmischen Reichs eine solidarische Gemeinschaft, die das ganze Land beherrschte.

Obwohl die Senatoren niedrigeren Ranges dazu neigten, im Verlauf der allgemeinen Verarmung in die unter ihnen stehenden Klassen abzusinken, wurden die wohlhabendsten Adeligen immer reicher.

Wir hören von Leuten, die aus Pachtgeldern jährlich 4000 Pfund Gold einnahmen. Dazu kamen Einkünfte in Naturalien, die ihre Pächter in Form von Getreide, Wein und anderen landwirtschaftlichen Erzeugnissen bezahlen mußten. Diese Männer sind im Durchschnitt etwa fünfmal reicher gewesen als die Angehörigen ihrer Klasse zur Frühzeit des Imperiums.

Senatoren, die in Rom oder Konstantinopel zu Konsuln ernannt wurden, übernahmen damit die gesetzliche Verpflichtung, ihre

Die Kurie (Sitz des Senats) in Rom, von Diokletian restauriert

Ernennung mit der Bezahlung öffentlicher Feste und Spiele zu feiern. Augustinus hielt strenge Strafpredigten gegen die Reichen, die bereit waren, sich zu ruinieren, um solche Feiern zu finanzieren. Ein gewisser Petronius Maximus, der 455 für wenige Wochen Kaiser wurde, gab für öffentliche Spiele 4000 Pfund Gold aus. Als der Sohn des Symmachus sein Amt antrat, gab der Vater 2000 Pfund aus. Obwohl ein Zeitgenosse Symmachus als einen Mann bezeichnet hat, der über keinen übermäßigen Reichtum verfügte, besaß er drei Häuser in Rom und wenigstens dreizehn weitere in den verschiedensten Gegenden Italiens sowie andere in Sizilien und Afrika.

Die heilige Melania die Jüngere, für die sich Hieronymus besonders interessiert hat, besaß Landgüter in Italien, Afrika, Spanien, Sizilien und Britannien. Ihr Besitz in Sizilien wurde mit Einkünften aus sechzig Landgütern erhalten und von 400 Sklaven bewirtschaftet. Bei einer Gelegenheit befreite sie 8000 Sklaven auf einmal. Dennoch verstand sie es sehr gut, mit Geld umzugehen. Ihr Biograph schreibt: »Gesegnet sind, die ihren Besitz vor der Ankunft der Barbaren inventarisiert und verkauft haben.« Sie und ihre Familie haben es jedenfalls verstanden, ihre Gewinne rechtzeitig in den Osten in Sicherheit zu bringen.

Aus den Besitzverhältnissen von Leuten wie Symmachus und

Melania kann man erkennen, daß jeder, der ein Vermögen erwerben wollte, gut beraten war, wenn er sein Geld nicht in der Industrie, sondern in Grund und Boden investierte. Christliche Moralisten wie Ambrosius und Johannes Chrysostomus wandten sich gegen die Reichen, die Häuser und Äcker kauften, die ehemaligen bäuerlichen Besitzer vertrieben und in ihrer Unersättlichkeit schließlich ganze Dörfer erwarben. Als der Dichter Rutilius Namatianus 416 an der etruskischen Küste vorbeisegelte, sah er diese gewaltigen Besitzungen daliegen.

Wir segelten nach Norden an Alsium vorbei,
Und Pyrgi lag bald hinter uns.
Heute sind es große Landgüter;
Ehemals waren es kleine Dörfer.

Viele große Gutshäuser waren als feste Burgen angelegt. In diese fast uneinnehmbaren Festungen flüchteten sich viele verarmte und von ihrem Land vertriebene Personen. Die Landgüter waren kleine Königreiche, wirtschaftlich autark und als selbständige Gemeinwesen von Landarbeitern, Sklaven, Handwerkern, Wachpersonal, einer eigenen Polizei und anderem Gefolge bevölkert.

Das Mosaik eines gewissen Julius in Karthago zeigt einen dieser befestigten Paläste auf dem Lande; und die Familien mauretanischer Häuptlinge wie Firmus und Gildo, die glaubten, stark genug zu sein, um sich 373 und 397 gegen die Regierung zu erheben, lebten im gleichen Rahmen.

Sidonius beschreibt das große gallische Schloß Burgus des Leontius am Zusammenfluß der Dordogne und Garonne. In Gallien gab es besonders viele mächtige Großgrundbesitzer, die jetzt fast ausschließlich auf dem Lande lebten und nur selten nach Rom kamen. Sie gehörten der einflußreichen Senatorenaristokratie an, die aus etwa hundert Familien bestand und ihre Machtstellung über Generationen vererbte und sich Privatarmeen hielt.

Manches Dorf in der Nachbarschaft dieser großen Adelssitze trägt noch heute den Namen einer dieser Familien wie etwa Juilly (Julius), Vitry (Victor), Savigny (Sabinius) oder Lezigny (Licinius). Diese gallisch-römischen Grundherren waren so mächtig, daß

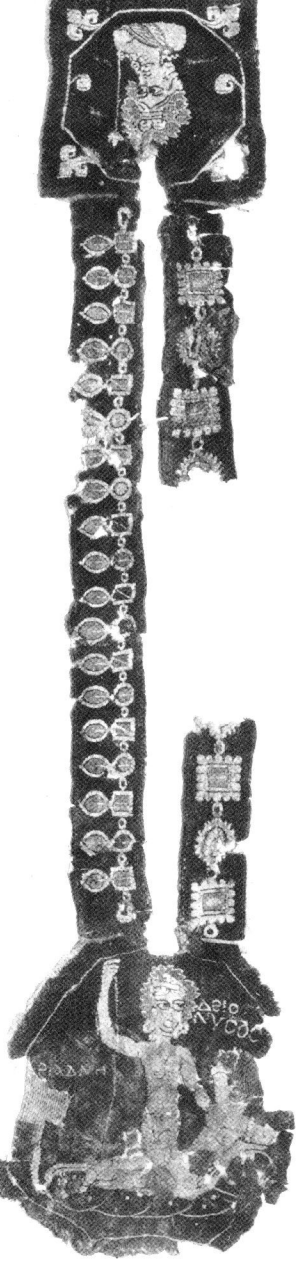

Halsschmuck aus Gobelin,
wahrscheinlich Ende des 5. Jahrhunderts

Kaiser Honorius in kritischen Zeiten die Herrschaft praktisch in ihre Hände legte. 455 riefen sie bei einer Versammlung in Arles sogar einen der Ihren, Avitus, zum Kaiser aus.

Das war ein Triumph für die gallischen Adeligen und für die römische Aristokratie, der allerdings nicht lange andauerte, denn Avitus wurde gestürzt und starb bald darauf. Aber sein Sohn Ecdicius war immer noch reich genug, um während einer Hungersnot 4000 Arme regelmäßig zu speisen, ein gutes Werk, das man von den meisten anderen Großgrundbesitzern kaum hätte erwarten dürfen.

Ein Blick auf die Bekleidung eines dieser Adeligen hätte gezeigt, wie sich die Zeiten verändert hatten. Die einfachen weißen Gewänder, wie sie altrömische Würdenträger getragen hatten, waren verschwunden. Ein Senator im 4. Jahrhundert trug eine Tunika aus Leinen (*camisia*), über die ein wollenes Gewand (*dalmatica*) geworfen wurde. Die *dalmatica* bedeckte ein Umhang mit einer steifen Kapuze oder ein durchsichtiger Schleier. Diese Kleidungsstücke waren farbig gemustert und wurden mit Schals und Tüchern geschmückt. Die Frauen bevorzugten seidene, goldbestickte Kleider.

Hieronymus hat bei vielen Gelegenheiten die mit Juwelen überladenen Matronen verhöhnt, und auch Ammianus geißelte streng den übermäßigen Luxus der Reichen. Das tat natürlich auch der radikale Salvianus.

Zweifellos haben wohlhabende Römer und römische Gallier im Überfluß gelebt, aber die Darstellung des Ammianus ist in gewisser Weise das literarische Echo eines alten satirischen Themas; jedenfalls stammte er aus dem Osten und war verbittert darüber, daß er in Rom nicht die volle gesellschaftliche Anerkennung fand. Wir haben keinen Grund anzunehmen, daß die römischen Senatoren jetzt in größerem Luxus lebten als früher. Allerdings schreibt der griechische Historiker Olympiodorus: »Jedes der großen Häuser in Rom beherbergte alles, was auch eine mittelgroße Stadt besitzen würde; einen Hippodrom, ein Forum, Tem-

pel, Brunnen und zahlreiche Bäder.« Doch ein anderer zeitgenössischer Schriftsteller, der es hätte wissen müssen, Macrobius,
beglückwünscht die Männer seiner Generation dazu, daß sie in
ihrem persönlichen Lebensstil bescheidener waren als ihre Vorfahren. Montesquieu hat im 18. Jahrhundert den Untergang
Roms zum Teil dem übertriebenen Luxus der Reichen zuge-
schrieben. Ungezählte Maler und Filmproduzenten sind dieser
Vorstellung gefolgt und haben orgiastische Szenen dargestellt,
weil sie in ihrer puritanischen Einstellung glaubten, Genußsucht
sei die Ursache für den Untergang Roms gewesen. Es hatte jedoch
schon seit Jahrhunderten einen ähnlichen oder noch größeren Luxus gegeben, ohne tödliche Folgen zu zeitigen.

Viel ernster muß man einen anderen Vorwurf nehmen, der dem
spätrömischen Senatsadel gemacht werden kann.

Ein Besucher aus dem Osten berichtete: »Es gibt in der Stadt einen
Senat aus reichen Männern . . . Jeder von ihnen ist geeignet, ein
hohes Amt zu bekleiden. *Sie ziehen es jedoch vor, dies nicht zu
tun.* Sie stehen abseits und begnügen sich damit, in aller Ruhe ihren Reichtum zu genießen.«

Wie viele Menschen heute so waren auch sie der Auffassung, die
Politik sei ein schmutziges Geschäft, aus dem man sich am besten
heraushält. Damit haben die Reichen gegen Ende des 4. und zu
Beginn des 5. Jahrhunderts ihre Pflicht gegenüber dem Imperium
versäumt und zu seinem Untergang beigetragen. In Rom und in
den Provinzen haben sie ihren Einfluß in der Politik nicht geltend
gemacht. Von der Mitarbeit in den Stadträten ausgenommen
neigten sie dazu, nur an ihre eigenen Besitzungen zu denken oder
ihre Freunde zu fördern. Kurz vor dem Untergang des Weströmischen Reichs änderte sich das, weil die Großgrundbesitzer jetzt
mächtiger waren als der Kaiser selbst und sich mit Erfolg in die
Regierungsgeschäfte einmischten. Aber viele von ihnen hielten
sich auch jetzt noch fern und wollten nicht begreifen, welche Verpflichtungen sie gegenüber dem Staat hatten.

Diese Haltung war kaum etwas Neues, denn schon seit langer Zeit
hatte ein gewisser Abstand von den öffentlichen Angelegenheiten

als wesentlicher Bestandteil der Haltung eines echten römischen Aristokraten gegolten. Dennoch war es erstaunlich, mit welcher Gleichgültigkeit der römische Adel die Leier schlug, während Rom brannte.

Salvianus hat das tief empfunden und erklärt, je höher die Stellung eines Menschen sei, desto größer sei auch seine Verantwortung und desto schwerer seine Schuld, wenn er seine Pflicht versäumte. Auch Sidonius machte seinen römischen Landsleuten in Gallien Vorwürfe wegen ihres Versagens und bedrängte einen gewissen Syagrius brieflich, sich mehr für das Allgemeinwohl zu interessieren.

». . . Warum führst du nur den Pflug und gibst alle ehrgeizigen Pläne auf, das Gewand des Konsuls anzulegen? Mache dem Adel keine Schande dadurch, daß du ständig auf dem Lande bleibst . . . Selbstverständlich will ich damit nicht sagen, daß ein kluger Mann sich nicht um seine privaten Angelegenheiten kümmern soll, aber er sollte auch den vernünftigen Grundsatz beachten, daß er nicht nur bedenken muß, was er haben, sondern auch was er sein sollte.«

Kurze Zeit praktizierte Sidonius auch tapfer, was er predigte. Das geschah hauptsächlich in den Jahren 471 bis 475, als er Bischof von Clermont-Ferrand war und Ecdicius bei der Abwehr der Westgoten unterstützte – bis beide von der kaiserlichen Regierung im Stich gelassen wurden, die dieses Gebiet den Westgoten überließ. Auch später noch kümmerte sich Sidonius in einigen Fällen um öffentliche Angelegenheiten.

Dennoch zeigt er in den zahlreichen Briefen an seine vielen Freunde und Verwandten, die in neun Büchern gesammelt sind, daß auch er sich ebenso einsam auf den Elfenbeinturm zurückgezogen hat, wie er es Syagrius vorwirft. Obwohl Sidonius glaubte, ein glühender Patriot zu sein, zeigen seine Briefe deutlich, daß er ein Aristokrat war, der sich, obwohl er im Schatten der Germanen lebte, damit zufriedengab, sich von den letzten schwachen Strahlen der kaiserlichen Sonne wärmen zu lassen, ohne wahrzunehmen, daß die nächtliche Dunkelheit immer näherrückte.

Auch aus den zehn Büchern mit den von Symmachus in Rom verfaßten Briefen, die zwei Generationen früher geschrieben wurden, geht hervor, daß der elegante städtische Adel seiner Zeit
kaum einen Gedanken für die öffentlichen Angelegenheiten übrig
hatte und sich keine Sorgen um den herannahenden Sturm
machte.

Wenn der Verfasser der Schrift über die Kriegskunst anregte, die
Grundbesitzer in den Provinzen, nahe den Gebieten, die von einer
germanischen Invasion bedroht waren, sollten sich an der Verteidigung des Imperiums beteiligen, dann zeigte er damit vielleicht
nur seinen Zynismus; er hat sicher gewußt, daß dies nie geschehen würde. Diese Leute gaben sich damit zufrieden, die Befestigungsanlagen in Ordnung zu halten, mit denen sie ihre eigenen
Paläste zu schützen suchten.

Trotz der Lippenbekenntnisse zur romantischen Vorstellung vom
›ewigen Rom‹ waren viele Adelige nicht bereit, einen Finger zu
seiner Rettung zu rühren. Orosius und Salvianus beschuldigten
sogar zahlreiche Aristokraten, sie seien zu den Barbaren überge-
laufen, die sie, wie Orosius hinzufügte, dafür bezahlten, daß sie
ihnen die Wachen stellten und das Gepäck trugen.

Es trifft allerdings zu, daß diese Grundbesitzer mit ihren gelehrten
Schreibern, Bibliotheken und literarischen Neigungen, obwohl sie
sich dessen nicht bewußt waren, eine historische Rolle übernommen haben, indem sie die Kultur der Vergangenheit über den Untergang des Weströmischen Reichs hinaus an kommende Generationen weitergaben. Daß sie jedoch die praktischen Aufgaben im
Dienst ihres Vaterlandes und zu dessen Verteidigung nicht übernahmen, war eine der Ursachen für den Verfall des Kaiserreichs.

Der Dichter Ausonius, einer dieser Grundherren, der seinen
Standesgenossen Paulinus scharf kritisierte, weil jener sich von
seinen Landgütern zurückziehen wollte, um in den Dienst der
Kirche zu treten, konnte darauf hinweisen, welches Chaos entstehen würde, wenn die Landgüter des Paulinus vernachlässigt würden und verwahrlosten. Man könnte jedoch auch sagen, daß die

Goldenes Armband aus dem
4. Jahrhundert

Grundbesitzer als zentrifugale Kräfte destruktiv gewirkt haben, und zwar nicht nur, weil sie es in ihrer Passivität unterließen, ihre Pflicht gegenüber dem Imperium zu erfüllen, sondern weil sie den Staat auch ganz aktiv unterminierten.

Sie waren es, die durch ihre Haltung das größte Hindernis für eine wirkungsvolle und ehrliche Verwaltung darstellten. Sie wiesen den Steuereinnehmern die Tür, beherbergten Fahnenflüchtige und Banditen und nahmen selbst das Gesetz in die Hand.

Symmachus erklärte, daß es durchaus in Ordnung sei, wenn ein Provinzgouverneur bei der Rechtsprechung den hohen und niederen Adel gegenüber dem Pöbel bevorzugte. Diese Adeligen unterhielten sogar eigene Gefängnisse. Als Theodosius I. durch Beschwerden seiner Untertanen von ihrem arroganten Treiben erfuhr, verbot er ihnen – vergeblich – solche Übergriffe. Ammianus berichtet von örtlichen Potentaten, deren »Privatbesitz sich durch die verzweifelte Lage des Staates noch vermehrte«. Als die Germanen 410 in das Gebiet des Imperiums einfielen, erschwerte die Selbstsucht einiger Grundherren, besonders die einer großen Dame namens Proba, der Regierung ihre ohnehin schon nicht leichte Aufgabe beträchtlich.

Die Kaiser und ihre Ratgeber waren sich der Tatsache bewußt, daß die Oligarchie der Senatoren in allen Provinzen eine Barriere zwischen den Bürgern und der Regierung errichtete und daß die Schutzherrschaft, die die Grundherren über ihre Pächter und die Landbevölkerung in Anspruch nahmen, die Rechte und Vollmachten der kaiserlichen Behörden einschränkte.

Deshalb erließen die Kaiser immer wieder Gesetze, mit denen sie die Sonderprivilegien einzuschränken suchten, und schafften schließlich die Bezeichnung ›Patron‹ ab. Aber das führte zu nichts. Es blieb alles beim alten, und die Kaiser sahen sich immer wieder zum Nachgeben gezwungen. So gelang es den Senatoren, wenn sie es wollten, schließlich auch in die Regierung hineinzukommen und die höchsten Stellen in der kaiserlichen Beamtenhierarchie zu besetzen, und trotz der vergeblichen Versuche Valentinians III., eine neue und strenge Beförderungsordnung einzuführen, übernahmen diese Leute weiterhin automatisch die höchsten Ämter. Obwohl die Patrone ohnehin schon reich waren, unterdrückten viele die Armen in brutalster Weise. Der Vater des Symmachus erklärte zu einer Zeit, als der Wein knapp geworden war, er werde »seinen Wein lieber mit Kalk vermischen als ihn an den Pöbel verkaufen«. Vielleicht nur eine Nebensächlichkeit, aber dieser Ausspruch ist bezeichnend für die grausame Haltung, die der Adel gegenüber der ärmeren Bevölkerung einnahm.

Es war schon schlimm genug, daß die Grundherren bei der Ernennung der ›Verteidiger des Volkes‹, deren besondere Aufgabe es war, die Armen vor Übergriffen zu schützen, ein Mitspracherecht hatten. Doch diese reiche besitzende Klasse war daneben nicht nur davon befreit, bestimmte Pflichten in der Verwaltung zu übernehmen, sondern genoß auch den Vorzug, zahlreiche Steuern nicht zahlen zu müssen. Soweit sie dennoch steuerpflichtig waren, hatten sie ein System entwickelt, das es ihnen ermöglichte, Steuern zu hinterziehen oder Zahlungsaufschub zu bekommen. Das bedeutete ein weiteres Anwachsen der Steuerlasten der Armen. Eine Reihe kaiserlicher Erlasse zeigt, auch wenn sie wirkungslos blieben, daß sich die Regierung dieser Mißstände bewußt war. Salvianus übertreibt kaum, wenn er sagt, die Reichen seien schuld am Tod der Armen.

». . . Wer findet Worte, die Ungeheuerlichkeit der gegenwärtigen Lage zu beschreiben? Jetzt, da das römische Gemeinwesen, das bereits vernichtet ist oder in jenem äußersten Winkel, wo es noch am Leben ist, in den letzten Zügen liegt und von der Steuerschraube wie von Räuberhänden erwürgt sterben muß, finden sich immer noch viele wohlhabende Männer, deren Steuerlasten von den Armen getragen werden. Mit anderen Worten, es gibt sehr viele Reiche, deren Steuern die Armen ermorden. Ich sage, sehr viele. Richtiger wäre es wohl, wenn ich sagte, alle. . .
Die Reichen sind daher noch reicher geworden, weil sie die Lasten abgelegt haben, die sie leicht hätten tragen können, während die Armen unter der Steuererhöhung sterben, obwohl die Steuern schon bisher so hoch waren, daß sie sie nicht aufbringen konnten.*

Stadtgöttin Roms legt die
Hand auf die Schulter des Con-
suls Basilius, Elfenbeindiptychon
(480 n. Chr.)

So hat das vielgerühmte Heilmittel in höchst ungerechter Weise
die eine Gruppe begünstigt und ebenso ungerecht die andere getötet. Für die eine Klasse war es eine verabscheuungswürdige Belohnung und für die andere ein gräßliches Gift.«

Die führenden Männer hatten in jeder Hinsicht die Peitsche in der
Hand. Sie selbst zogen die Steuern ein, die ihre Pächter zu zahlen
hatten. Das gehörte zu der geschäftlichen Vereinbarung, die sie
mit der Regierung getroffen hatten. Es war eine Abmachung, die
ihnen schließlich die meisten offiziellen Ämter einbrachte, und
doch hielt es Valentinian III. 450 für diplomatisch ratsam, den
reichen Steuerzahlern wegen der ihnen angeblich auferlegten
schweren Steuerlasten sein Mitgefühl auszusprechen.

Dennoch zeigten sie sich nicht bereit, dem Kaiser den Gehorsam
zu erweisen, den sie ihm als Patrioten schuldeten. Im Gegenteil;
oft war ihre Einstellung feindlich, und sie hatten keine guten Beziehungen zu seinen Ratgebern. Ein großer Teil des Adels bekannte sich noch zum Heidentum, während der Herrscher ein
Christ war.

Besonders gespannt waren die Beziehungen der oberen Klassen zu
den bewaffneten Streitkräften, denen sie nicht angehören durften.
Allen Versuchen, ihre Arbeitskräfte zu rekrutieren, setzten sie
erfolgreich entschlossenen Widerstand entgegen.

Hier sollten wir ein kurzes Zwischenspiel erwähnen, das sich im
Zusammenhang mit dem politischen und finanziellen Aufstieg
der reichen Grundherren und Senatoren ereignete; denn Valentinian I., ein Soldat aus dem Grenzgebiet an der Donau, der eigentlich nicht in den magischen Kreis gehörte und den zu mächtigen
Adel entschieden ablehnte, hat dieser Entwicklung kurze Zeit
Einhalt geboten. Seine Maßnahmen machten den Adeligen erheblich zu schaffen, und zwischen Regierung und Aristokratie entstand eine tiefe Kluft.

Doch durch die Ernennung des zur Hocharistokratie gehörenden
und die unteren Schichten rücksichtslos unterdrückenden Petronius Probus zum prätorianischen Präfekten wurde versucht, mit
den einflußreichsten Adelsfamilien zu einer Aussöhnung zu kom-

Himmelfahrt eines Kaisers, Teil eines Elfenbeindiptychons aus dem 5. Jahrhundert

men, die jetzt ohne Auflehnung den Sturm über sich hinwegbrausen ließen. – Es gab eine Reihe von Schriftstellern, die sich der Tradition des Adels verpflichtet fühlten und Valentinian scharf kritisierten, wenn auch nicht zu seinen Lebzeiten.

Einer dieser Leute war Ammianus, der zwar vom Adel kaum beachtet wurde, sich jedoch von den kulturellen Werten beeindrucken ließ, die dieser geschaffen hatte. Ammianus gibt zu, daß man Valentinian I. nicht wie seinen Bruder als »halben Bauern« bezeichnen könnte, aber es war ihm unmöglich, sich für eine Familie zu erwärmen oder sich mit ihr zu identifizieren, die den in den Donauprovinzen gebrauten Gerstensaft trank.

Dieser Snobismus war eine für die antike Welt typische Erscheinung und erwies sich als gefährlich zu einer Zeit, in der die Wohlfahrt und sogar der Fortbestand des Imperiums von der Tüchtigkeit solcher Männer abhingen, wie es Valentinian I. und seine Landsleute waren. Sie hatten den Bestand Roms mehr als hundert Jahre gesichert, und stellten seine besten Kaiser und Soldaten.

Aber Vorurteile lassen sich nur schwer ausräumen. Der Historiker Dio Cassius aus dem frühen 3. Jahrhundert hatte bereits die Bewohner des Grenzgebiets an der Donau als rauhe, primitive Grobiane dargestellt, und der aus Sofia stammende Kaiser Galerius (305–311) wurde beschuldigt, »primitive, bäurische Gesetze« erlassen zu haben, »die seiner Herkunft als Kuhhirte entsprachen«. Sein Nachfolger Julianus mußte Rednern zuhören, die sich über die ungehobelten ländlichen Gefolgsleute der Kaiser aus den Donauprovinzen lustig machten. Viele Schriftsteller äußerten sich verächtlich über die barbarischen Karrieremacher im allgemeinen, und auch der verwöhnte Symmachus spottete, wie nicht anders zu erwarten, über das »fremdländische Betragen« der Freunde und Landsleute Valentinians I. Das war alles sehr negativ, und als man dem gesamten germanischen Element in der Verwaltung und im Heer mit der gleichen Überheblichkeit begegnete, wurde die Sache lebensgefährlich. Mit dieser Einstellung beschleunigten die Senatoren den Untergang des Imperiums.

Doch als das Ende des Weströmischen Reichs schließlich gekom-

men war, stellte der Adel sofort ausgezeichnete Beziehungen zu
dem Germanen Odoaker her und arbeitete überall in Italien mit
ihm zusammen, ein Umstand, der nicht der Ironie entbehrt, denn
Odoaker war es gewesen, der den letzten Anstoß zu diesem Ende
gegeben hatte. Auch in Gallien überlebte der Adel den Macht-
wechsel ohne wesentliche materielle oder kulturelle Einbußen.
Die germanischen Könige übernahmen das vorhandene Feudalsystem, dessen flexible Klassenstruktur es ihnen ermöglichte, aufgenommen und absorbiert zu werden.

Wenn Gibbon sich besonders eingehend mit dem moralischen
Verfall der herrschenden Klasse im Römischen Reich beschäftigte
und darauf hinwies, daß sie ihre alten Tugenden, Weisheit und
Macht verloren hatte, dann schrieb er bewußt für die Leser seiner
Zeit, um die herrschende Klasse in Großbritannien zur Besonnen-
heit zu mahnen. Steuerhinterziehungen großen Stils, Hochmut
und Gleichgültigkeit gegenüber den Verpflichtungen im öffentlichen Leben und die selbstsüchtige Beschäftigung mit privaten finanziellen Interessen, eine Haltung, die der britische Premierminister Edward Heath erst in jüngster Zeit als »das nicht zu
akzeptierende Gesicht des Kapitalismus« bezeichnet hat, das waren die Symptome für den Verfall im antiken Rom, und sie sind
es auch noch heute.

Doch so viel Schuld der römische Senatsadel auch auf sich geladen
haben mag, man darf ihn für diese Katastrophe nicht allein verantwortlich machen; denn er hat die Dinge auch deshalb selbst in
die Hand genommen, weil die Behörden sich im Lauf der Zeit als
immer unfähiger erwiesen, die Angehörigen dieser Klasse und ihren Besitz zu schützen. Man muß allerdings hinzufügen, daß auch
die Rechte aller anderen Klassen nicht mehr geschützt werden
konnten. Eine Regierung muß Herr im eigenen Hause bleiben.
Die Regierung im spätrömischen Imperium war das nicht mehr.
Obwohl der Staat mit allen Kräften darum bemüht war, ein straf-
fes Regiment zu führen und sich die notwendigen Geldmittel zu
verschaffen, gelang ihm das zuletzt doch nicht. Und weil er hier
versagte, mußte er untergehen.

136

5. Der Mittelstand gegen den Staat

Die herrschende Klasse im späten Weströmischen Reich hatte es fertiggebracht, die Reichen vollständig zu isolieren und die Armen zu ruinieren. So isolierten und ruinierten sie schließlich auch den soliden Kern der Bevölkerung, der zwischen diesen beiden Extremen lebte, den Mittelstand.

Im Deutschland des 20. Jahrhunderts hat der Mittelstand, der nach dem Ersten Weltkrieg vollständig verarmte, das Regierungssystem aufgegeben, dem es nicht gelungen war, ihn vor dem wirtschaftlichen Ruin zu bewahren, und Adolf Hitler an die Macht gebracht. Auch heute treffen Veränderungen im Wirtschaftssystem der westlichen Welt, die ein zunehmendes Absinken des Lebensstandards bewirken, den Mittelstand besonders hart. Deshalb wird es sich lohnen, festzustellen, welche Folgen die Vernichtung dieser Klasse in Rom gehabt hat, um dann die damalige Entwicklung mit der heutigen zu vergleichen.

Der Mittelstand war zu allen Zeiten das Rückgrat des Römischen Reichs gewesen und hatte auch in den griechischen Stadtstaaten eine ebenso bedeutende Rolle gespielt. Seine zentrale Bedeutung in der römischen Welt war darin begründet, daß das Imperium aus Städten bestand. Das waren mehr oder weniger autonome Stadtstaaten, die oft schon bestanden hatten, bevor sie unter die Herrschaft Roms gerieten.

Auch nachdem die römischen Provinzgouverneure die Regierungsgewalt übernommen hatten, behielt jede dieser Städte ein manchmal sogar recht umfangreiches Gebiet im eigenen Besitz. Die Provinzen waren kaum mehr als Anhängsel dieser Städte und Stadtgebiete, besonders dort, wo die Zivilisation schon weiter fortgeschritten war. Die Kultur war, wie schon seit Jahrhunderten, eine städtische, und der Mittelstand, der diese Städte verwaltete, stellte den vitalen Kern dieser Kultur dar. Die Interessen der Landbevölkerung wurden kaum berücksichtigt.

Doch im 3. Jahrhundert n. Chr. mußten die Städte schwere Rückschläge hinnehmen. Sie und ihre Führungsschicht wurden durch äußere Feinde und innere Rebellionen schwer geschädigt. Vermögenswerte und Grundbesitz schrumpften als Folge inflationärer

Details von einem Grabstein in Trier, römisches Haus, in dem die Dienstboten in der Küche das Essen zubereiten (Anfang des 3. Jahrhunderts)

Entwicklungen auf dem Geldmarkt. Die damals herrschenden Soldatenkaiser bedauerten diese Entwicklung nicht. Viele von ihnen hatten für die städtische griechisch-römische Kultur nichts übrig und fühlten sich eher der bäuerlichen Bevölkerung verbunden, die bis dahin von den Vertretern jener Kultur vernachlässigt worden war.

Als die Soldatenkaiser kurz vor Beginn des 4. Jahrhunderts mit strengen und autoritären Reorganisationsmaßnahmen ihre Herrschaft konsolidierten, hatten die Städte kaum Möglichkeiten, sich zu erholen. Konstantin der Große und seine Söhne konfiszierten die städtischen Steuereinnahmen und annektierten einen großen Teil der städtischen Ländereien. Nachdem diese Maßnahmen unter Julian eine Zeitlang eingestellt worden waren, ging Valentinian I. wieder im gleichen Sinne vor. Später gestand man den Städten nur soviel Geld zu, daß sie ihre öffentlichen Gebäude instandhalten konnten. Es war ihnen kaum möglich, Neubauten zu finanzieren.

Die Städte verwahrlosten, die ganze alte Mittelstandskultur zerfiel und ging an einer zerrütteten Wirtschaft zugrunde. Der Historiker Zosimus machte in erster Linie Theodosius I. für diesen Niedergang verantwortlich. Als Heide war er ein Gegner des streng christlichen Kaisers. Trotzdem hatte er recht, wenn er behauptete, während der Regierungszeit von Theodosius hätten sich die Zustände in den Städten entschieden verschlechtert.

Diese bedauerliche Entwicklung setzte sich fort, und was wir vom Leben in den Städten aus dieser Zeit wissen, vermittelt uns ein trauriges Bild. Als der kaiserliche Gesandte Priscus aus Panium Attila besuchte, beklagte sich ein Kaufmann aus dem Imperium, den er am hunnischen Hof kennenlernte, darüber, daß die römischen Bürger in der Heimat jede Hoffnung verloren hätten. Die Städte litten nicht nur unter den kaiserlichen Behörden, sondern auch an den Folgen der Zerstörungen, die germanische Eindringlinge angerichtet hätten. Einige Zeitgenossen überschätzten zwar die Auswirkungen der Germaneneinfälle, aber das städtische Leben war doch erheblich dadurch beeinträchtigt worden.

Die Stadtbewohner verloren in dieser Lage jede Initiative. Sie versuchten nur noch, ihre Häuser und ihren Besitz vor der Plünderung durch die Eindringlinge zu bewahren, und wenn ihnen die Unverletzlichkeit ihres Eigentums garantiert wurde, waren sie meist bereit, zu kapitulieren. Trotzdem hatten sie schwer unter den Germanen zu leiden. Über die Stadt Narbonne in Südgallien, die zur Hälfte zerstört wurde, sagt Sidonius in einem Gedicht: »Solche großartigen Ruinen machen aus dir einen prächtigen Anblick«.

Der Moralist Salvian beklagt andererseits die Leidenschaft der Einwohner von Trier für ihre Spiele, die immer noch abgehalten wurden, obwohl die Stadt nicht weniger als dreimal verwüstet und geplündert worden war. Er schrieb: »Die Römer sterben lachend«. Sie starben tatsächlich, jedenfalls starben ihre Städte und ihre ehrwürdigen sozialen Einrichtungen. Sie waren nur noch ein Schatten ihrer selbst.

Der Kern des Mittelstandes bestand aus den *curiales,* den Mitgliedern der Stadträte oder *curiae.* Dieser Titel vererbte sich auf ihre Söhne und Nachkommen.

Die Ämter blieben stets in den Händen der gleichen Familien, weil nur wohlhabende Bürger, die ihren Besitz vom Vater auf den Sohn vererbten, die damit verbundenen finanziellen Lasten tragen konnten. Doch schon seit längerer Zeit hatten sich die Reichen immer weniger bereit gefunden, die entsprechenden Pflichten zu übernehmen, und deshalb sah sich die Regierung gezwungen, sie zum Dienst für das Gemeinwesen zu zwingen.

Sie fanden jedoch immer wieder Mittel und Wege, sich diesem Zwang zu entziehen. Außerdem wurden immer wieder Ausnahmen gemacht, zu denen nicht nur bestimmte Fachberufe, der Klerus und die Pächter staatlicher Landgüter gehörten, sondern auch alle Senatoren und die ›Ritter‹, die den Senatoren im Hinblick auf ihren finanziellen Status gleichgestellt waren.

Da die Reichen sich nicht bereit fanden, in den Stadträten mitzuarbeiten, mußte der gehobene Mittelstand diese Ämter übernehmen. Mit anderen Worten, alle Grundbesitzer, die nicht Senatoren oder Ritter waren, durften – oder wurden gezwungen – dem Gemeinwesen dienen, wenn sie innerhalb des zu der jeweiligen Stadt gehörenden Territoriums eine Fläche von 25 römischen Äkkern besaßen (etwa 3 600 Quadratmeter).

Ihre Nachkommenschaft wurde ebenso dienstverpflichtet. (In dieser Hinsicht wurden sie behandelt wie Angehörige der Handelsgesellschaften, die im spätrömischen Reich eine wichtige Rolle spielten und auch als Angehörige des Mittelstands betrachtet wurden; denn diese Gesellschaften, zu denen die Lebensmittelhändler und Schiffseigner gehörten, leisteten dem Staat so wichtige Dienste, daß auch sie und ihre Nachkommen an ihren Beruf gefesselt waren, wie dies durch ein strenges Gesetz Valentinians I. bestimmt wurde.)

Die Aufgaben der Stadträte hatten sich gewandelt. Nachdem die Städte ihre Autonomie verloren hatten, war die Verwaltungsarbeit auf ein Mindestmaß zurückgegangen. Der Stadtrat war nur noch das ausführende Organ der Zentralregierung. Seine wichtigste Aufgabe bestand jetzt in der Arbeit für die Regierung und vor allem darin, die Steuern einzuziehen. Die Stadträte und später ihre Söhne mußten ihre Mitbürger veranlassen, sowohl die in barem Geld zu entrichtenden Steuern als auch die Abgaben zu zahlen, die in Form von Lebensmitteln, Textilien und ähnlichen Gütern erhoben wurden. Darüber hinaus hatten sich die Stadträte für die Verwaltung der kaiserlichen Bergwerke und Landgüter zur Verfügung zu stellen und mußten dafür sorgen, daß der Armee die verlangte Zahl von Rekruten zugeführt wurde.

Wegen dieser Pflichten wurden sie von den unteren Schichten der Bevölkerung als Bedrücker angesehen. Kaiser Julian teilte diese Auffassung und tat alles, um zu verhindern, daß sie das Volk ausbeuteten. Ammianus, der den Kaiser im übrigen bewunderte, stimmte in diesem Punkt nicht mit ihm überein, denn er gehörte selbst zu der Klasse, die die Ratsherren stellen mußte.

Salvian war der Auffassung, daß sich die Ratsherren gegenüber den Armen äußerst brutal verhielten. Er betrachtete sie als Vergewaltiger und Verfolger der Witwen, Waisen und Mönche. Ent-

Relief eines römischen Handels-
schiffs, das ausgeladen wird
(ca. 300 n. Chr.)

setzt rief er aus: »Was sind das für Städte! Nicht nur Städte, sondern auch Marktflecken und Dörfer, in denen diese Leute die
Bevölkerung tyrannisieren?« Für Menschen, die Salvians Ansicht
teilten, war es kein Trost, als Theodosius I. es den Ratsherren
überließ, die Verteidiger des Volkes zu ernennen, die die Armen
vor Übergriffen schützen sollten. Man kann der verarmten, viel
zu hoch besteuerten Bevölkerung keinen Vorwurf daraus machen,
daß sie diese Haltung einnahm. Dennoch war sie zu einseitig,
denn auch die Lage der Stadträte war ungeheuer schwierig.

Seit Beginn des 4. Jahrhunderts verdoppelte die Regierung ihre
fast neurotischen Anstrengungen, sicherzustellen, daß sie ihre
Ämter und ererbten Pflichten nicht aufgaben. Während sich Julian einerseits darum bemühte, daß sie der Bevölkerung nicht zu
schwere Lasten auferlegten, versuchte er paradoxerweise energisch, sie alle zu erfassen und zur Wahrnehmung ihrer Pflichten
zu zwingen. Der später von Theodosius II. verfaßte Kodex enthält
192 Edikte, in denen diese Leute mit den schwersten Strafen bedroht und zur Erfüllung ihrer Pflichten angehalten werden.
Sie durften zum Beispiel ihren Besitz nicht ohne Genehmigung

141

Kleines römisches Getreide-
schiff (Wandgemälde, 2. oder
3. Jahrhundert)

verkaufen und nicht ins Ausland reisen, denn damit würden sie,
wie es hieß, »ihrer Stadt Schaden zufügen«. Wenn sie sich über
diese Bestimmungen hinwegsetzten und ihre Abwesenheit länger
als fünf Jahre dauerte, wurden ihre Besitzungen konfisziert. Die
Kirche durfte ihnen kein Asyl gewähren. In dieser Hinsicht waren
sie zahlungsunfähigen Schuldnern gleichgestellt.

Auch in der Armee bot sich keine Zuflucht, und jeder Gutsver-
walter, der ihnen zur Flucht verhalf, konnte zum Tod auf dem
Scheiterhaufen verurteilt werden. Ein Erlaß aus dem Jahr 365, mit
dem es verboten wurde, einen Bürger damit zu bestrafen, daß man
ihn zum Stadtrat ernannte, klingt wie schwarzer Humor.

Wollte man diese Zustände als innere Zerrissenheit bezeichnen,
dann wäre das zu milde ausgedrückt. Stadträte und Regierung be-
kriegten sich ständig. Der anonyme Verfasser der Schrift über die
Kriegführung empört sich darüber, was die Behörden den Ratsherren zumuteten, obwohl er wahrscheinlich selbst im Rang eines
Ratsherrn stand, scheint er relativ objektiv gewesen zu sein.

Wie der Rhetoriker Libanius schreibt, sind Stadträte die ihre
Pflichten nicht erfüllen wollten, mit brutaler physischer Gewalt
dazu gezwungen worden.

»... Das war einer der Hauptgründe dafür, daß sich die Sit-
zungssäle der Stadträte leerten. Es gibt vielleicht noch andere Ursachen, aber die wichtigsten sind die Prügelstrafe und andere körperliche Strafen, wie sie nicht einmal gegen die schlimmsten
kriminellen Sklaven angewendet werden.
Eure Majestät, in vielen Städten erklären die wenigen Ratsherren, die die körperlichen Züchtigungen überlebt haben: ›Leb'
wohl, Haus, leb' wohl Land. Mag beides verkauft werden. Mit
dem Erlös laßt uns die Freiheit kaufen!‹«

142

Was diese Männer ruinierte und so versklavte, war, wie der Rhetoriker weiter berichtete, die Tatsache, daß man sie für das Steueraufkommen in ihrem ganzen Gebiet haftbar machte, obwohl sie es oft nicht verhindern konnten, daß die verlangten Summen nicht aufgebracht wurden, und auch nicht in der Lage waren, selbst dafür aufzukommen.

In dem Konflikt zwischen Regierung und Steuerzahler befanden sie sich zwischen zwei Mühlsteinen. Dennoch war es ungewöhnlich, daß der Inhaber eines so angesehenen Amts, wie es das eines Ratsherrn war, von Beauftragten der Regierung mit der Prügelstrafe gemaßregelt werden durfte. Man kann auch das Zeugnis des Libanius nicht ohne weiteres als eine rhetorische Erfindung abtun, denn wenn Theodosius I. Ratsherren die Schläge erlassen hat, die mit einer bleibeschwerten Knute verabreicht wurden, dann geht daraus hervor, daß dies die damals übliche Behandlung solcher Leute war.

Ein weiteres Edikt erklärt, daß »die Ratsmitglieder die ewigen Mysterien ebenso bewahren müssen wie die Männer, die feierlich mit religiösen Stirnbinden bekleidet worden sind«. Obwohl die Kaiser immer bereit gewesen sind, diese Funktionäre mit allen möglichen Druck- und Machtmitteln auf ihren Posten zu halten, sahen sie sich gelegentlich doch veranlaßt, auf ihr Ansehen und ihre Würde Rücksicht zu nehmen, und forderten sie auf, »die Erhabenheit ihrer Geburt nicht zu vergessen«. Valentinian III. räumte freimütig ein, daß sie schwere Lasten zu tragen hätten, und Majorian erklärte, sie seien »die Sehnen des Gemeinwesens und die Herzen der Städte«. Für solche anerkennenden Worte war es jedoch schon viel zu spät.

In seinem Buch *The Later Roman Empire* (1964) bezweifelt A. H. M. Jones, daß das Leben des römischen Mittelstandes im 4. und 5. Jahrhundert so mühsam gewesen sei, wie man es behauptet hat. Doch wenn an seiner Arbeit etwas auszusetzen ist, dann seine Neigung, die menschliche Not zu bagatellisieren. Allerdings weist er mit Recht darauf hin, daß es, wie etwa bei der Unterdrückung der Landarbeiter, wegen der Untüchtigkeit des Beamtenapparats nicht zum Schlimmsten gekommen ist. Die Tatsache, daß der Kaiser seine Edikte ständig wiederholen mußte und sie in einem so scharfen Ton abfaßte, beweist, daß sie nicht gewissenhaft befolgt worden sind. So gelang es auch manchem Ratsherrn, sich zum Senator ehrenhalber ernennen zu lassen, in kaiserliche Dienste zu treten, zur Armee zu gehen, Priester zu werden oder sich seinen Verpflichtungen in der Stadtverwaltung zu entziehen.

Das Leben der Stadträte war trotzdem fast unerträglich. Außer den Kaufleuten waren sie jetzt nahezu die einzigen Vertreter eines ehemals blühenden Mittelstands, über die wir noch etwas erfahren. Ihre Lebensumstände verschlechterten sich zusehends, sie waren schließlich nichts anderes mehr als die gehetzten, überbeanspruchten ausführenden' Organe der Zentralregierung. Der englische Essayist und Dichter Leigh Hunt spricht einmal von Angehörigen des Mittelstandes, die das Unglück haben, in einer für sie ungünstigen Zeit zu leben. Er meinte damit die Angehörigen dieser Klasse, die als seine Zeitgenossen im 19. Jahrhundert lebten. Aber was er gesagt hat, trifft ebenso auf das spätrömische Reich zu, wo ähnliche Verhältnisse herrschten. Der Mittelstand war hier zwischen zwei gewaltige Mühlsteine geraten, zwischen den Adel und das besitzlose Volk, und dabei zugrundegerichtet worden.

In einer Gesellschaft, in der gerade diese Klasse eine so wichtige Rolle gespielt hatte, mußte ihre Vernichtung natürlich entscheidend zum Untergang des Imperiums beitragen. Es entstand ein Vakuum, das sich mit nichts anderem ausfüllen ließ; denn nun bestand die Bevölkerung aus Menschen, die entweder sehr reich oder sehr arm waren. Die städtische Kultur hatte wohl seit jeher ein gewisses Ungleichgewicht erzeugt, denn die Städte lebten als Parasiten von den Erträgen einer Agrarwirtschaft. Doch diese Kultur hatte die antike Welt zusammengehalten. Deshalb bedeutete die Vernichtung ihres mittelständischen Kerns, daß diese Welt nicht mehr fortbestehen konnte, wie auch unsere Welt ihre Gestalt verändern wird, wenn der Mittelstand weiter die schwersten Lasten zu tragen hat.

3. Teil

Der Mangel
an Glaubwürdigkeit

6. Das Volk gegen die Bürokraten

Während der letzten zwei Jahrhunderte des Römischen Reichs bemerken wir einen erschreckenden und ständig zunehmenden Verlust an persönlicher Freiheit für alle mit Ausnahme der sehr Reichen und Mächtigen.

Seit der Erzbürokrat Diokletian erklärt hatte, daß »jedes unkontrollierte Handeln eine Erfindung der Gottlosen« sei, verschärften seine Nachfolger einer nach dem anderen die freiheitsbeschränkenden Gesetze. Das Römische Reich war zum Gefängnis geworden oder zu einem Militärlager, das sich in einem dauernden Belagerungszustand befand und wo jeder auf seinem Platz auszuharren hatte – und diese Verpflichtung war erblich.

Die gesamte Bevölkerung stand deshalb im Konflikt mit der Regierung. Auf allen Lebensgebieten herrschte eine Uneinigkeit unvorstellbaren Ausmaßes. Die Behörden übten die absolute Kontrolle aus und nahmen es in Kauf, daß damit jeder einzelne versklavt wurde. Denn nur so ließ sich das Geld auftreiben, das gebraucht wurde, um den Bestand des Imperiums zu erhalten.

Aber man erreichte nur das Gegenteil von dem, was man wollte. Paradoxerweise ließ sich durch diese Reglementierung die Auflösung der römischen Welt nicht aufhalten, der Zerfall wurde vielmehr beschleunigt. Gibbon schreibt: »Unter dem milden und wohltätigen Einfluß der Freiheit wäre das Römische Reich vielleicht unbesiegbar und unsterblich geblieben.« Der Geist der freien Initiative des Einzelnen, der allein das Gemeinwesen hätte am Leben erhalten können, wurde durch die Beschneidung der persönlichen Freiheit erstickt und zertreten, und das war eine der entscheidenden Ursachen für den Untergang Roms.

Der Verfall wurde außerdem dadurch beschleunigt, daß die Qualität des Beamtenapparats, dessen Aufgabe es war, die so dringend benötigten Steuergelder einzutreiben, immer schlechter wurde.

Der Beamtennachwuchs kam, wie das im spätrömischen Reich auch bei vielen anderen Institutionen der Fall war, aus den eigenen Reihen, und die Beamtenposten waren erblich. Zunächst hatten die Staatsdiener die Erlaubnis gehabt, ihre Ämter an ihre Söhne weiterzugeben. Zur Regierungszeit von Valentinian I. und Theodosius I. waren sie bereits gezwungen, das zu tun. 394 erklärte Theodosius sogar eine von klugen Eltern geübte Praxis für unsinnig. Diese Leute meldeten ihre Söhne schon im frühen Kindesalter als Anwärter für Beamtenposten in dem Ministerium an, dem sie selbst angehörten.

Seit Anfang des 4. Jahrhunderts hatte es eine neue kaiserliche Beamtenaristokratie gegeben, und deshalb hatten es die Kaiser jener Zeit nicht nötig gehabt, sich die Unterstützung eines ihnen freundlich gesonnenen Erbadels zu sichern, sondern sie konnten mit der Mitarbeit eines willfährigeren Standes rechnen.

Doch im Lauf der Zeit gewann diese neue Klasse von Staatsdienern mehr Selbstvertrauen und fühlte sich stark genug, die kaiserliche Autorität zu mißachten. Die Kaiser ihrerseits schritten zwar immer wieder gegen solche Unbotmäßigkeiten auf allen Ebenen der Verwaltung ein. Es gelang ihnen jedoch nicht, die Bürokraten daran zu hindern, die kaiserliche Macht stückweise zu unterminieren, bis sie schließlich ganz verlorenging.

Bei einer Gelegenheit stellte Valentinian I. fest, daß er, ohne es zu wissen und auch ohne daß seine vertrauten Ratgeber es wußten, Mörder begnadigt hatte. Das beunruhigte ihn, denn es lag ihm viel daran, überall selbst die Kontrolle in der Hand zu behalten. Um das sicherzustellen und die Regierungsgeschäfte so genau wie möglich überwachen zu können, vergrößerte er den gesamten Regierungsapparat erheblich und stellte Verwaltungsfachleute ein, die oft aus seiner Heimat an der Donau stammten. Die Senatoren haßten und fürchteten diese Männer, und im 5. Jahrhundert rächten sie sich, indem sie selbst hohe Verwaltungsämter übernahmen, bis die Regierung vollständig vom italienischen und gallo-romanischen Adel beherrscht wurde.

Aber Justinian I. hatte von seinen Beamten eine strenge Disziplin verlangt und sie in dieser Hinsicht mit den Soldaten gleichgestellt. Ihre Beziehungen zu den Offizieren des Heeres waren jedoch oft gespannt, da beide aufeinander eifersüchtig waren. Dennoch war es die oberste Pflicht der Zivilbeamten, der Armee zu dienen und sie mit Rekruten und Geld zu versorgen. Je mehr sich die Bedürf-

zu den Farbtafeln Seiten
149–151:

Seite 149:
oben: Bronzebeschläge und
Gürtelschnallen aus der
Charente (6. Jahrhundert)
unten: Porträt eines Mannes und
seiner Frau mit Herkules auf ver-
goldetem Glas (4. Jahrhundert)
Seite 150:
Porträt eines Mädchens aus El
Fayum, Ägypten (4. Jahrhundert)
Seite 151:
Vielleicht Licinius oder Maxi-
minus, Gegner der Christiani-
sierung des Imperiums durch
Konstantin

nisse des Heeres steigerten, desto stärker schwoll auch der Beamtenapparat an. Der Gouverneur von Afrika (im heutigen Tunesien) hatte 400 Untergebene. Der Leiter des Amts für
kaiserliche Schenkungen wurde von 834 Beamten unterstützt.
Dazu gab es ein Heer von Spitzeln, deren Aufgabe es war, politisch
Verdächtige aufzuspüren. Sie wurden besonders im Rahmen der
kaiserlichen Post eingesetzt, wo sie als Kuriere arbeiteten und jeden ihnen verdächtig erscheinenden Vorgang meldeten.

Einige Kaiser, besonders Julian, versuchten, diesen Geheimdienst
auf ein vernünftiges Maß zu bringen, aber die Behörden hatten
sich so sehr an die Verwendung von Spitzeln gewöhnt, daß es unmöglich war, und alle Versuche, den Umfang der geheimen Überwachung in angemessenen Grenzen zu halten, scheiterten.

Das spätrömische Kaiserreich war daher im wesentlichen ein Be-
amtenstaat. Es wäre jedoch eine Simplifizierung der wirklichen
Lage, wenn man behaupten wollte, alle Beamten seien schlecht
gewesen – wie man es heute gern tut, besonders wenn es zu einer
finanziellen Krise kommt und die Öffentlichkeit verlangt, die
Staatsausgaben müßten gekürzt werden, ohne Rücksicht darauf,
zu welchem Zweck sie verwendet werden sollen.

Die römische Regierung verfügte über keine Polizei, und so war
es Aufgabe der Beamten, für Ruhe und Ordnung zu sorgen. Deshalb war es, wenigstens eine Zeitlang, das Verdienst dieser Beamten – welche Fehler sie auch sonst begangen haben mochten –,
wenn die Verhältnisse einigermaßen stabil blieben. Wären sie
nicht gewesen, wäre das Imperium schon viel früher auseinander-
gefallen. Doch am Schluß stieg ihre Zahl ins Ungemessene und
damit auch ihre Möglichkeiten, den Staat zu beherrschen.

Die von Theodosius I. erlassenen Gesetze beweisen, daß dies auch
dem Kaiser in beunruhigender Weise bewußt geworden war.
Doch eine sorgfältige Prüfung dieser kaiserlichen Erlasse zeigt uns
auch etwas viel Schlimmeres und bestätigt die Auffassungen
mancher zeitgenössischer Schriftsteller. Hier erkennen wir, daß
die spätrömische Bürokratie nicht nur starr, ultrakonservativ und
subaltern, sondern auch maßlos korrupt war. Der Verfasser der

Die nicht-jüdische Kirche (Mosaik, 5. Jahrhundert)

Schrift über die Kriegführung gibt nicht, wie einige seiner Kollegen, allein den Großgrundbesitzern die Schuld. Er beschäftigt sich vielmehr recht eingehend mit den Fehlleistungen der kaiserlichen Beamten, die er für eine noch gefährlichere Interessengruppe hält. Dabei scheint er nicht zu übertreiben, denn auch die Werke seiner Zeitgenossen bestätigen, daß die wenigen tüchtigen Beamten, die es noch gab, wegen ihrer hervorragenden Eigenschaften mit Staunen gepriesen wurden. Die besten Leute haben offenbar solche Ämter nicht übernommen. Das lag zum Teil daran, daß auch Beförderungen erblich waren, zum Teil geschah es, weil viele der intelligentesten Persönlichkeiten als Geistliche in den Dienst der christlichen Kirche traten, um den Staatsdienst den weniger begabten, den weniger zuverlässigen und vor allem den von weniger Skrupeln geplagten Karrieremachern zu überlassen.

Daneben war das Weströmische Reich zu arm, um seinen Ministerialbeamten anständige Gehälter zu zahlen, ein Grund mehr für sie, alle Vorteile wahrzunehmen, die sich boten. Sogar pensionierte Beamte schlugen noch Kapital aus ihrer Stellung. Salvian sagt: »Hatten sie einmal ein Amt innegehabt, hatten sie das Privileg, auch weiterhin ihre Mitmenschen zu berauben.«

Für Staatsdiener und ehemalige Staatsdiener war es die leichteste Sache von der Welt, die Anordnungen der Gouverneure nicht zu beachten und Steuern zu hinterziehen. Wenn man diese Funktionäre zu einer Entscheidung veranlassen wollte, dann kam es darauf an, sie in der richtigen Weise zu beeinflussen und zu bestechen. Das nannte man damals ›das Verkaufen von Rauch‹. Gibbon behauptet, die Korruption der Moral sei eine der Ursachen für den Untergang Roms gewesen, und wenn wir uns den Beamtenapparat ansehen, scheint diese Behauptung sich zu bestätigen. Leider waren auch die wenigen tüchtigen Kaiser nicht imstande, die Integrität ihrer Untergebenen richtig zu beurteilen. Valentinian I. und sein Bruder zeichneten sich zum Beispiel dadurch aus, daß sie Persönlichkeiten auswählten, die Ammianus als verächtlich bezeichnet.

Die verbreitete Unehrlichkeit der Bürokratie hatte erschreckende

Seite 155:
Porträtkopf aus Ostia
(5. Jahrhundert)

Folgen. Die Verwaltungsarbeit wurde durch sie gelähmt, und alles, was man unternahm, um die Zustände zu bessern, erwies sich als lächerlich unwirksam.

Zehn Jahre nach dem Tode Valentinians I. wurde die öffentliche Kritik an diesen Mißständen so laut, daß die Behörden sich mit der absurden Behauptung zu rechtfertigen suchten, es sei ein Sakrileg, an der Eignung eines Mannes zu zweifeln, den der Kaiser zu seinem Diener ernannt habe; denn die Regierung war sich der Korruption im Beamtenapparat ebenso bewußt wie der Machtstellung, die diese Beamten innehatten. Sie versuchte, solchen Praktiken mit immer wieder erlassenen strengen Verfügungen und Warnungen entgegenzutreten. Immer wieder bedrohten die Herrscher ihre Beamten mit Geldstrafen, Verbannung, der Folter und sogar der Todesstrafe. 450 richtete Valentinian III. eine besonders scharfe Warnung an die Steuereinnehmer und andere Beamte der Finanzverwaltung. Das gleiche tat Majorian. Doch alle diese Edikte blieben völlig wirkungslos.

Auch das Heilmittel, zu dem die Kaiser am häufigsten griffen, nützte nichts mehr. Es war die immer intensiver werdende Zentralisierung, die nicht nur die persönliche Freiheit noch mehr einschränkte, sondern der Regierung auch zusätzliche Verantwortlichkeiten auferlegte, die sie nicht tragen konnte.

Die Verwaltungsstruktur war jetzt komplexer als je zuvor. Seit Beginn des 4. Jahrhunderts n. Chr. bestanden das Weströmische und das Oströmische Reich zusammen aus hundert Provinzen. Das waren doppelt so viele wie früher. Mit dieser neuen Einteilung hatte man erreichen wollen, daß die Provinzgouverneure nicht das geringste Verwaltungsproblem übersahen. Außerdem sollte kein Gouverneur sich stark genug fühlen, selbst einen Anspruch auf den Thron zu erheben.

Doch keines dieser Ziele wurde durch die Neugliederung des Imperiums erreicht. Da die Kaiser das befürchteten und erkannten, daß es ihnen unmöglich war, jeden Gouverneur persönlich zu überwachen, beschäftigten sie zwei Gruppen von Beamten, die in ihrem Auftrag diese Aufgabe übernehmen sollten.

Verwaltungsstruktur des Spätrömischen Reichs

Weströmisches Reich Mailand und später Ravenna	Oströmisches Reich Konstantinopel

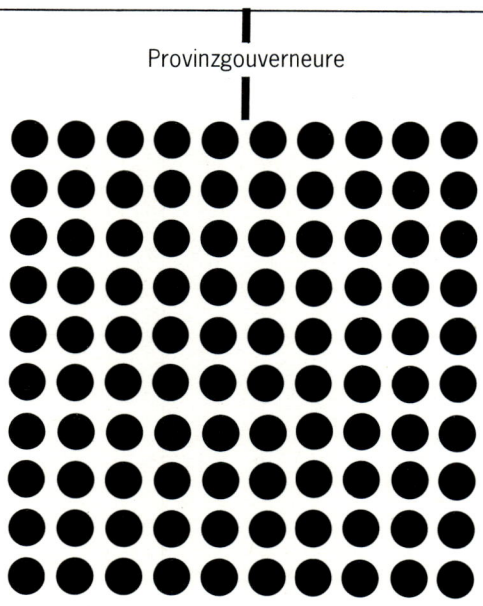

Kaiser   **Kaiser**

Konsul   Konsul

Prätorianische Präfekten

(drei, später vier)

Diözesanvikare

Provinzgouverneure

Erstens gab es die Direktoren (Vikare) der dreizehn Diözesen, auf welche die hundert Provinzen aufgeteilt waren. Zweitens unterstanden die dreizehn Diözesen zuerst drei und später vier Prätorianischen Präfekturen, deren jede von einem Präfekten geleitet wurde.

Bei Beginn des Imperiums war der Prätorianische Präfekt der Befehlshaber der kaiserlichen Leibwache gewesen und zeitweilig auch Chef des Stabes. Das hatte sich jetzt vollständig geändert. Obwohl die Präfekturen noch eine große Bedeutung hatten, war aus ihnen eine Zivilbehörde geworden. Die Präfekten im Spätreich waren mächtige Persönlichkeiten, die unter der unmittelbaren Anleitung des Kaisers und in ständiger Verbindung mit seinem Kabinett oder Konsistorium die Verwaltung des Imperiums überwachten. Gibbon schreibt: »Ihrer Weisheit war die Oberaufsicht über die Rechtsprechung und die Finanzen anvertraut. Das waren die beiden Gebiete, die im Frieden fast alle Pflichten des Souveräns und des Volkes umfaßten.«

Zwei dieser Präfekten waren für den Westen zuständig, der eine für Italien, Nordafrika und Illyricum (Mitteleuropa bis zur Donau und eine Zeitlang der Balkan bis zum Hinterland des Schwarzen Meeres), der andere als Präfekt der Gallier für Gallien, die Rheinprovinzen, Britannien und Spanien. Das in Nordwestafrika gelegene Mauretanien war zwischen den beiden westlichen Präfekturen aufgeteilt.

Wie in jedem großen Staat waren Leistungsfähigkeit und Integrität der Beamten auf den verschiedenen Ebenen weder einheitlich gut noch schlecht. Die Gesetze, die die Kaiser im Lauf der Zeit erließen, zeigen zum Beispiel, daß wenigstens ein Teil der Prätorianischen Präfekten alles daran gesetzt hat, das immer rasanter werdende Abgleiten ins Chaos aufzuhalten.

Es war jedoch ein Unglück, daß Valentinian I. den Petronius Probus zum Präfekten von Italien, Afrika und Illyricum gemacht hatte, der dieses Amt nicht weniger als viermal übernahm und darin drei aufeinanderfolgenden Herrschern diente. Wir dürfen den Bericht des Ammianus nicht übersehen, der Petronius als einen Mann schildert, der zwar sorgfältig darauf geachtet hat, niemals gegen die Gesetze zu verstoßen, der aber doch ein mißtrauischer, grausamer und übellauniger Heuchler war und sich von Furcht und Eifersucht beherrschen ließ.

Auch die Provinzgouverneure hielten längst nicht mehr das hohe Niveau wie zu Beginn der Kaiserzeit. In den schwierigen Zeiten, als das Imperium von allen Seiten bedrängt wurde, durfte man nicht erwarten, daß jeder einzelne der hundert Gouverneure eine untadelige Persönlichkeit war; und die Schwäche der Stadträte ermutigte diese Beamten immer wieder dazu, das Recht in ihrem Sinne auszulegen. Der Verfasser der Schrift über die Kriegführung zeichnet ein trauriges Bild. Er erklärt: »Die verabscheuungswürdige Habsucht der Provinzgouverneure widerspricht den Interessen der Steuerzahler... Der Kauf von Rekruten, Pferden und Getreide und die Geldmittel, die für die Ausbesserung der Stadtmauern bereitgestellt wurden, das sind die Quellen, aus denen sie sich bereichern, und die Beute, nach der sie verlangen.« Es war der brutale Zynismus der Gouverneure und ihrer Gefolgsleute, der die Westgoten in eine so schlimme Lage brachte, daß sie sich gezwungen sahen, 378 in ihrer Verzweiflung die Römer anzugreifen. Rhetoriker erklärten in Gegenwart der Kaiser, daß das Verhalten solcher Verwaltungsbeamter in den Bewohnern der Provinzen die Sehnsucht nach einer Besetzung ihrer Gebiete durch die Barbaren weckte.

Salvian stellte fest, daß die Gouverneure käuflich und grausam waren. Die ärmeren Gemeinwesen wurden von ihnen praktisch zerstört. Daß ein so strenger Kritiker wie er sie verurteilte, war selbstverständlich; aber auch der konservative Sidonius fand, daß die Mißwirtschaft der römischen Funktionäre in Gallien unerträglich sei. Der Beamte Seronatus behandelte die Bevölkerung im 5. Jahrhundert so brutal, daß viele in die Wälder flohen.

Wenn es nicht so traurig wäre, würde es komisch klingen, daß ein kaiserliches Edikt bei all diesen Mißständen erklärt, es wäre besser, wenn die Gouverneure nicht in verrufenen Häusern ihr Vergnügen suchen würden (*non deverticula deliciosa sectetur*).

> XVI. DEPROXIMISCOMITIB·DISPOSITION
> EHERISQ·QVIINSACRISSCRINIISMILITÃ
> IMP·IULIANUSÃ·ADSECUNDUMPPO·INREG·PRIMAN
> TIAESTSECUNDUSINLITTERARUMPRAESIDIISPACISOR
> NATUSIDEOQ·SCRINIORUMNOSTRORUMMERITAPER
> PENDENTESSECUNDUMEISINPRIUILEGIISLOCUMTRI
> BUIMUSUTOMNESQUIQU·INDECIMANNISINSCRINIIS
> LABORAUERUNTMEMORIAEACDISPOSITIONIB·EPISTU
> LARUMACLIBELLORUMLICETPATREUELAUOCETERISQ·
> MAIORIB·CURIALIB·ORTIACPRODITISINTTAMENABO

Eine besonders harte Verurteilung verdienen die Gerichtsperso-
nen im spätrömischen Reich. Eines der wichtigsten Dokumente
aus dieser Zeit ist der 438 auf Befehl des oströmischen Kaisers
Theodosius II. verfaßte Theodosianische Kodex, der auch in
Westrom galt. Er besteht aus sechzehn Büchern und enthält eine
Sammlung kaiserlicher Edikte aus einem Zeitraum von mehr als
hundert Jahren. Er wurde zusammengestellt, um der Willkür, der
Unlogik und den zahlreichen Widersprüchen zu begegnen, die
sich in den bestehenden Gesetzen fanden. Obwohl dieses Werk die
später erlassenen germanischen Gesetze beeinflußt hat, wurde es
im 6. Jahrhundert durch den Kodex Justinians I. abgelöst.

Als historisches Quellenwerk ist es noch heute von großer Bedeutung. Die darin enthaltenen Verfügungen sagen uns sehr viel über
die Verhältnisse sowohl im Osten als auch im Westen. Ebenso in-
formativ sind weitere Edikte weströmischer Kaiser aus der gleichen Periode und andere, die später – besonders von Valentinian III. und Majorian – erlassen worden sind.

Ihre Verfasser würden sich jedoch nicht gefreut haben, wenn sie
gewußt hätten, weshalb uns diese Verfügungen heute so sehr interessieren. Viele dieser Dokumente, besonders diejenigen, die
gegen Ende des Weströmischen Reichs entstanden sind, lassen
eine fast hysterische Brutalität erkennen und zeigen eine Ge-
fühlsverwirrung, in der es unmöglich war, zwischen Verbrechen
und Sünde zu unterscheiden, eine Unklarheit, die im klassischen
römischen Recht früherer Zeiten undenkbar gewesen wäre. Sir
Samuel Dill, der voller Verständnis über das Elend schreibt, von
dem das späte Rom heimgesucht wurde, hat mit Recht angenommen, diese repressive Gesetzgebung sei nicht nur ein Symptom
für den bevorstehenden Untergang Roms gewesen, sondern habe
entscheidend dazu beigetragen.

Was uns vor allem auffällt, ist die Tatsache, daß die kaiserlichen Edikte sich ständig monoton wiederholten. Das läßt vermuten, daß die darin enthaltenen Bestimmungen immer wieder mißachtet worden sind. Die ständige und ermüdende Wiederholung der gleichen Vorschriften zeigt, daß die Regierung sich zwar durchaus bewußt war, was sie unternehmen sollte, mit der Lage aber nicht fertigwurde und nicht die Macht besaß, die Zustände zu bessern. Niemals hat es eine solche Flut wirkungsloser Gesetze gegeben, und diese Wirkungslosigkeit wird unterstrichen durch einen schwülstigen Stil der Texte, in denen die schlimmen Folgen des Bösen und die Notwendigkeit, unwissende und verführte Bürger auf den Pfad der Tugend zurückzuführen, in einer blumenreichen Sprache dargestellt werden.

Es gab allerdings Gesetze, die man als human und fortschrittlich bezeichnen kann; so etwa Bestimmungen, die das Los der Sklaven erleichtern sollten, verarmten Schuldnern Hilfe brachten und den Kindsmord unter Strafe stellten. Es gab jedoch auch ein erschreckendes Ausmaß an blutrünstiger juristischer Unmenschlichkeit. Dazu fehlte die Gleichheit vor dem Gesetz vollständig. Der Adel hatte nicht nur das Recht, Sondergerichte anrufen zu dürfen, sondern Symmachus bestimmte ausdrücklich, daß Reiche und Arme hinsichtlich ihrer Privilegien und der für sie vorgesehenen Strafen unterschiedlich behandelt werden sollten. Der Theologe Theodoret erklärte: »Wenn ein Mann arm ist, verdoppelt sich seine Angst vor dem Richter und vor dem Gericht.«

Ganz selten wendete sich das Blatt, so zum Beispiel unter Valentinian I., der sehr streng gegen die oberen Klassen vorging.

Doch Valentinian gab im übrigen ein schlechtes Beispiel für die ausgewogene Rechtsfindung. Denn selbst, wenn wir nicht glauben, was Ammianus behauptet, daß er nämlich seine Opfer zahmen Bären zum Fraß vorwerfen ließ, so hatte er doch oft furchtbare Wutanfälle, deren letzter seinen Tod verursachte. Sie zeigten sich besonders in der wilden Raserei, mit der er Massenexekutionen befahl. »Stellt den Richtblock dorthin!« schrie er dann. Obwohl Theodosius I. strenge religiöse Grundsätze verfocht, war er

Römische Rechtsgelehrte,
Relief aus Ostia

in seinem Verhalten oft in höchstem Maße zynisch und brutal.
Das waren die Charakterschwächen der unter schweren seelischen
Anspannungen lebenden Kaiser. Aber noch schlimmer war die
Brutalität, mit der die Gerichte im ganzen Imperium die Gesetze
auslegten und ihre Urteile vollstrecken ließen. Das war zwar nur
eine Auswirkung der in den Kodizes immer wieder angedrohten
Prügelstrafen und Verbrennungen auf dem Scheiterhaufen, doch
vielleicht waren die Kodizes auch eine Folge der Gerichtspraxis.
Auch als die Grundherren die Rechtsprechung selbst in die Hand
nahmen, gingen sie, wie ein Mosaik aus Karthago zeigt, nicht weniger grausam vor. Als Theodosius I. ihnen verbot, eigene Gefängnisse einzurichten, befolgten sie diese Anordnung nicht. Sogar der kultivierte Sidonius erzählt uns, wie er, als die Sargträger
aus Versehen ihre Werkzeuge am Grab seines Großvaters zu-
rückgelassen hatten, selbst darauf reagierte und sie am Ort ihres
Vergehens prügeln oder foltern ließ.

Das ernsteste Problem war jedoch in der Rechtsprechung das gleiche, über das wir schon im Zusammenhang mit der Bürokratie gesprochen haben, denn die Rechtspflege wurde ebenso wie die gesamte Verwaltung von unglaublicher Korruption durchlöchert. Bei den Gerichten herrschten die schlimmsten Mißstände, und der Verfasser der Schrift über die Kriegführung macht dieses Thema zum Schwerpunkt seines Berichts.

»... *Allerheiligster Kaiser, wenn durch göttliche Vorsehung für die Verteidigung des Staates in der Heimat und im Ausland ordnungsgemäß vorgesorgt sein soll, dann erwartet Eure Erhabene Majestät ein Heilmittel, mit dem unsere zivilen Leiden geheilt werden können. Bringt durch eine Erklärung Eurer Erhabenen Würde Licht in die verworrenen und widersprüchlichen gesetzlichen Bestimmungen und gebietet Einhalt der Unehrlichkeit in der Rechtsprechung!*«

Der von Theodosius II. herausgegebene Kodex sollte die Widersprüche in den bisher geltenden Gesetzen ausräumen, aber gegen unehrlich geführte Prozesse fand er kein Heilmittel. In Gegenwart des Kaisers fand eine eigenartige Zeremonie statt, bei der offen zur Sprache gebracht wurde, daß man sich der Korruption bei der Rechtsprechung durchaus bewußt war. Die Senatoren sangen einige rituelle Gesänge und wiederholten den einen nicht weniger als 25mal. In diesen Versen hieß es, die Gesetzestexte sollten mit der Hand geschrieben werden, um Fälschungen zu verhindern. Mit anderen Worten, solche Fälschungen wurden nicht nur befürchtet, sondern man rechnete sogar damit.

Der Gesandte Priscus aus Panium, der Attilas Hof besuchte, wollte den mit den Zuständen im römischen Imperium unzufriedenen griechischen Kaufmann, dem er dort begegnete, davon überzeugen, daß das Gerichtswesen im Römischen Reich immer noch eine großartige Sache sei. Der Grieche antwortete, das System sei vielleicht in Ordnung, aber die Männer, die für die Durchführung verantwortlich wären, seien verabscheuungswürdig.

Am schärfsten verurteilt jedoch Ammianus die Juristen. Er erklärt, die Richter gäben sich nicht damit zufrieden, völlig nutzlose

Büste eines Mannes, wahrscheinlich hoher Beamter (4. Jahrhundert)

Gesetze zu entwerfen und zu empfehlen, sondern sie setzten ihre freche und verschlagene Beredtsamkeit dafür ein, kriminelle Betrügereien zu decken, indem sie Entscheidungen über verworrene juristische Fragen hinauszögerten, bewußt einen tödlichen Haß zwischen den Angehörigen verschiedener Familien schürten und »die Türen der Witwen und Kinderlosen belagerten«. Er fügte hinzu, ihre grobe und freche Redeweise würde nur durch ihre beklagenswerte Unkenntnis der Gesetze übertroffen.

Vielleicht hat sich Ammianus hier eine rhetorische Übertreibung im Geiste der klassischen Satiriker geleistet, aber er ist ein verantwortungsbewußter Historiker, und vieles von dem, was er sagt, muß zutreffen. Die Juristen haben wie die Beamten dazu beigetragen, daß der Regierungsapparat des Römischen Reichs langsam paralysiert wurde und zerfiel. Sie haben den Barbaren ein Imperium hinterlassen, das, wie der deutsche Philosoph Johann Gottfried Herder sagt, »schon tot war, ein erschöpfter Leib, ein Leichnam ausgestreckt in seinem eigenen Blut«.

Heute verwendet man den Ausdruck ›Byzantinismus‹ oft im negativen Sinn. Das erinnert uns daran, daß der Ursprung dieses Verfalls der spätrömischen Welt, wo der Kodex des Theodosian galt, der das byzantinische Reich entstehen ließ, nicht vergessen ist. Noch immer betrachtet man die Bürokratie als eine Gefahr. Wenn der Westen seine gegenwärtigen wirtschaftlichen Krisen überstehen soll, dann könnten sich die Regierungen gezwungen sehen, neuartige, ungewohnte und recht unangenehme Kontrollmethoden anzuwenden. Auch die Behörden im spätrömischen Reich haben das für notwendig gehalten. Das hatte eine gewaltige Vermehrung der Beamten zur Folge, deren Integrität im gleichen Maß abnahm, in dem ihre Zahl sich vergrößerte. Wenn unsere Krisen ebenso eine merkliche Zunahme der Reglementierung veranlassen sollten, dann wird sich die Geschichte Roms unter veränderten äußeren Umständen wiederholen. Die Vermehrung der Funktionäre, die erfolgte, um die immer größer werdenden Schwierigkeiten zu beseitigen, wird, so paradox es klingt, die Lösung dieser Probleme verhindern.

7. Das Volk gegen den Kaiser

Die Herrscher, die diese Flut unwirksamer Edikte erließen, führten oft ein sehr zurückgezogenes Leben. Im Kreis ihrer Ratgeber und Höflinge isoliert, verloren sie den Kontakt zu ihren Untertanen, und das stellte eine weitere tödliche und entscheidende Spaltung dar, an der das Imperium zerbrach.

Der Kaiser nahm eine über alles erhabene und isolierte Stellung ein. Der Philosoph und Rhetoriker aus dem 4. Jahrhundert Themistius drückt das ganz prägnant aus: »Du bist das lebende Gesetz und stehst über dem geschriebenen Gesetz.« Es trifft zu, daß die Herrscher sich das Recht vorbehielten, von einzelnen Maßnahmen abzusehen, wenn sie ihnen in einem besonderen Fall ungerecht erschienen. Doch bedeutende Kirchenlehrer wie Ambrosius hätten die Erklärung des Themistius noch genauer erläutert und eingeschränkt, denn sie beanspruchten für die Kirche ein Sonderrecht. Auch andere waren mit dieser Auslegung nicht zufrieden. So hielt es Valentinian III. für ratsam, öffentlich zu erklären, er fühle sich an die Gesetze gebunden.

Formal waren jedoch die Vollmachten eines Kaisers unbeschränkt. Das wurde ausdrücklich durch die große Würde symbolisiert, die seiner Rolle als Stellvertreter Gottes auf Erden entsprach. Da dies sein unaussprechlich erhabener Status war, wurde alles, was mit seiner Person zusammenhing, als heilig angesehen. In einer Reihe von Edikten wurde sogar bestimmt, daß nur eine kleine Zahl von Personen das Recht hatte, seine Purpurrobe zu berühren oder vor ihm zu erscheinen und ihm zu huldigen. Wer nicht zu diesen Bevorzugten gehörte, durfte sich lediglich vor seinen Standbildern und Porträts in den Staub werfen. Seine mit goldenen Buchstaben auf purpurfarbenes Pergament geschriebenen Edikte wurden von den Ministern mit behandschuhten Händen in Empfang genommen und in einem besonderen Ritual ›angebetet‹. Da sie vom Himmel kamen und geweiht waren, bedeutete ihre Mißachtung ein Sakrileg und konnte entsprechend bestraft werden.

Der zeremonielle Pomp erreichte unglaubliche Ausmaße. Mit besonderer Prachtentfaltung wurde die Ankunft des Kaisers und sein Einzug in die Städte gefeiert, die er besuchte. Ammianus beschreibt die priesterliche, ikonengleiche Haltung Konstantins II. bei seinem Einzug im offenen Wagen 357 in Rom:

». . . Er bückte sich sogar, wenn er durch hohe Torbögen fuhr (obwohl er klein von Wuchs war) und hielt den Blick starr geradeaus gerichtet, als befände sich sein Hals in einer Klammer. Das Gesicht wendete er weder nach rechts noch nach links. Aber (wie eine Tonfigur) er nickte nicht, wenn das Wagenrad holperte, noch hat man je gesehen, daß er ausspuckte, sich das Gesicht oder die Nase abwischte oder rieb oder die Hände bewegte.«

Diese steife Würde war etwas ganz anderes als die Herablassung, mit der die Herrscher in früheren Zeiten geglaubt hatten, ihre Untertanen erfreuen zu müssen.

Die römischen Kaiser der Spätzeit wurden außerdem von einem viel größeren Hofstaat umgeben und waren stärker von der Außenwelt isoliert als vorher. Julian versuchte, die Zahl seiner Höflinge auf ein vernünftiges Maß zu beschränken, doch bald waren es mehr als je zuvor, besonders unter Theodosius I. Daß sie sich in der Nähe des Kaisers aufhalten durften, verschaffte diesen Leuten offenbar einen gewaltigen Einfluß. Sie bewiesen ihre Macht am deutlichsten, als sie Valentinian III. veranlaßten, den eigentlichen Herrn der westlichen Welt, Aetius, zu stürzen. Doch oft lähmten sie ihre eigene und des Kaisers Macht durch Streitigkeiten in den eigenen Reihen.

Auf diesen kaiserlichen Hofstaat, dessen Mittelpunkt das Kabinett oder der Rat (*consistorium*) bildete, konzentrierte sich natürlich die heftige Kritik von außen. Olympiodorus griff die Hofschranzen wegen ihrer Bestechlichkeit und betrügerischen Machenschaften an. Die Gegner der Germanen kritisierten, daß es so viele germanische Höflinge gab. Und der Adel bekämpfte die einflußreichen Hofchargen des Imperators mit unversöhnlichem Haß.

Viele dieser Hofbeamten waren Eunuchen, eine Klasse von Menschen, die sich der besonderen Gunst vieler Monarchen im Altertum erfreute, weil diese Leute keine sexuellen Bindungen kannten und nicht den Ehrgeiz haben konnten, ihre eigenen Nachkommen in hohe Ämter zu bringen, was ihre Treue zum Kaiser hätte ins

Münze des Kaisers Honorius

Seite 167:
oben: Hafen und Stadt Ravenna
unten: Kaiserpalast in Ravenna;
Details aus einem Mosaik in
St. Apollinare Nuovo (6. Jahrhundert)

Seiten 168–169:
Der heilige Laurentius und sein
Feuerrost, Mausoleum der Galla
Placidia (5. Jahrhundert)

Wanken bringen können. Unter Theodosius I. waren es die Eunuchen, von denen man eine Beförderung kaufen mußte. Aber die
Eunuchen waren von jeher angegriffen worden. Unter Valentinian III. gab es die meisten. Ihre hohen Stellungen und ihr Einfluß
auf den Kaiser vertieften die Kluft zwischen dem Hof und der übrigen Welt. Man empfand es als besonders skandalös, als einer von
ihnen, Eutropius, erster Ratgeber und Heerführer des Arcadius im
Osten wurde. Der Dichter Claudian äußerte sich verbittert über
diese Zustände und erklärte, nicht einmal eine Nation von Barbaren hätte sich einen Eunuchen als Konsul und Oberbefehlshaber
gefallen lassen.

Der Hof befand sich immer am Aufenthaltsort des Kaisers. Bis
zum Tode Theodosius' I. zogen die Herrscher in größeren Kriegen
mit ins Feld und bereisten während ihres ganzen Lebens das Imperium von einem Ende zum anderen. Oft nahmen sie ihren
Wohnsitz in Trier nahe der germanischen Grenze oder in Sirmium, nicht weit vom Grenzgebiet an der Donau. In Italien residierten sie gewöhnlich nicht in Rom, das nicht so zentral gelegen
war, um von hier aus die entlegenen Grenzgebiete regieren zu
können. Sie hielten vielmehr Hof in Mailand.

Doch 402 erlebte Honorius, während er in dieser Stadt residierte,
einen schweren Schock. Als Alarich im gleichen Jahr in Italien
eingefallen war, wurde der junge Kaiser eine Zeitlang in ihren
Mauern belagert und wäre beinahe in Gefangenschaft der feindlichen Barbaren geraten. Er beschloß deshalb, den Regierungssitz
des Westreichs möglichst bald nach Ravenna an die Ostküste Italiens zu verlegen. Seine Wahl fiel auf Ravenna, weil es von der
Landseite praktisch uneinnehmbar war, denn es lag in einem ver-
sumpften Überschwemmungsgebiet. Andererseits lag es an der
Adria (das Wasser ist seither um einige Kilometer zurückgegangen), so daß die Verbindung zur Außenwelt über das Meer aufrecht erhalten werden konnte.

Die Vorzüge Ravennas waren strategischer Natur. Im übrigen war
die Stadt kein angenehmer Aufenthalt, und es gab nicht einmal
Trinkwasser. Obwohl Kaiser Julius Nepos die Stadt auf seinen

Baptisterium der Orthodoxen,
Ravenna, begonnen 458 n. Chr.

Münzen durch eine Göttin personifizieren ließ, erklärte Sidonius:
»Durch die Bewegung der Schiffe wird der Schmutz in den Kanä-
len aufgewühlt, das träge dahinfließende Wasser wird durch die
Stangen der Barkenführer verdorben, die in den Schlamm am Boden stoßen.« Doch die Halbschwester des Honorius, Placidia, ließ
hier eine prächtige Hauptstadt bauen, die durch die Mosaiken ihrer Kirchen und Mausoleen berühmt geworden ist.

Zahlreiche Gebäude, die wir heute in Ravenna sehen, stammen
aus der Zeit nach dem Untergang des Weströmischen Reichs, als
Germanen und Byzantiner abwechselnd hier regierten. Es gibt
aber auch noch prächtige Bauten aus der Epoche der letzten weströmischen Kaiser. Eines ist ein in Kreuzform angelegtes Mausoleum, dessen Inneres blaue Mosaiken schmücken und das als
letzte Ruhestätte für Placidia oder ihren Gatten Constantius gedacht war. Dazu gibt es noch ein achteckiges Gebäude, das Baptisterium der Orthodoxen, das gelegentlich auch als das Baptisterium des Neon bezeichnet wird, denn nach der Überlieferung ist
es von einem Erzbischof dieses Namens Mitte des 5. Jahrhunderts
künstlerisch ausgestaltet worden. Das kann aber auch schon einige
Jahrzehnte früher geschehen sein.

Wo die Kaiser sich auch befanden, meist waren sie durch ihre
Höflinge und das komplizierte Hofzeremoniell von der Außen-

Seite 170:
Mausoleum des Theoderich in
Ravenna

171

welt isoliert. Im Jahr 400 tadelte Synesius zum Beispiel den Kaiser in Konstantinopel wegen seiner pompösen Unnahbarkeit. Er erklärte: »Du verbirgst dich in deinen Gemächern, damit die Menschen nicht feststellen können, daß auch du ein Mensch bist.« Synesius empfahl dem Kaiser, mit der Clique der Höflinge zu brechen und das lächerliche Hofzeremoniell abzuschaffen. Seine Kritik traf noch mehr auf Ravenna zu, dessen geographische Lage der Weltabgewandtheit besonders förderlich war. Der heidnische Historiker Zosimus zeichnete ein lebendiges Bild von dem Kontrast zwischen dem übrigen Italien, das den Westgoten als schutzlose Beute ausgeliefert war, und dem Hof in Ravenna, der auch weiterhin seine Rituale und Intrigen pflegte, als spiele man dort ein irreales, gespenstisches Spiel.

Nachdem die Kaiser Ravenna zur Hauptstadt gemacht hatten, zogen sie bis auf wenige Ausnahmen nie wieder ins Feld, um das römische Heer im Krieg zu befehligen. Honorius blieb ebenso hinter den sicheren Mauern seiner Hauptstadt zurück wie Valentinian III. Der letztere stattete Rom gelegentlich einen Besuch ab, weil ihm der römische Luxus gefiel, und einige seiner Nachfolger, die zwar nur kurze Zeit regierten, residierten dort vorübergehend. Meist zogen es die Herrscher vor, im Schatten Ravennas zu bleiben, wo sie ein untätiges Leben führten.

Die Verbindung zur Außenwelt wurde hauptsächlich oder ausschließlich durch die Höflinge aufrecht erhalten. Zahlreiche Reden dieser Männer zum Lobe ihrer Herren sind uns als beschämende Beispiele der Servilität erhalten geblieben. Valentinian I., Valens und Gratian verglichen sie sogar mit der heiligen Dreifaltigkeit. Einer der schlimmsten Speichellecker war der Dichter Ausonius, dessen überschwengliche Worte zur Ehre der Konsulschaft Gratians die langweilige Persönlichkeit des jungen Kaisers in einer lächerlichen und verzerrten Form darstellen.

». . . Es gibt keinen Ort, sage ich, allergnädigster Kaiser, der in meinem Bewußtsein nicht das herrliche Bild Eurer verehrungswürdigen Majestät heraufbeschwört; nicht den Hof, der so herrlich war, als Ihr den Thron bestiegt, und den Ihr so prachtvoll ge-

staltet habt; nicht das Forum und die Basiliken, in denen einst Richtersprüche widerhallten, wo wir aber jetzt die Gebete um Euer Wohlergehen vernehmen – denn unter Eurer Herrschaft ist niemand zu finden, dessen Besitz nicht gesichert wäre; nicht der Senat, der sich heute glücklich schätzen darf, Beschlüsse zu Eurer Ehre zu fassen, nachdem er früher damit beschäftigt war, traurige und düstere Beschwerden zu behandeln; nicht die öffentlichen Straßen, wo der Anblick so vieler glücklicher Gesichter nieman-den mit seiner Freude allein läßt.

Ja, nicht einmal in der Zurückgezogenheit des eigenen Hauses verläßt uns der Gedanke an Euch – selbst das Bett, für unsere Ruhe bestimmt, wird erholsamer, wenn wir über Eure Vorzüge nachdenken, und im Schlaf, der alles auslöscht, haben wir noch Euer Bild vor Augen.«

Ein anderer ekliger Schmeichler ist Claudian, der voraussagte, die schwächlichen Söhne Theodosius I. würden, wenn sie herange-wachsen seien, den alten Helden Scipio, Metellus und Camillus gleichen. Seine Aufzählung der angeblich so zahlreichen Vorzüge des Knaben Honorius ist mehr als peinlich:

Güte und Strenge und erhabene Ruhe
Beherrschen deinen Geist.
Nicht Furcht verbreitest du mit schrecklichen Gebärden,
Und keine Launen kennt dein gütig Herz.
Dein Wissen und dein Können blenden uns;
Mit jedem deiner Worte weckst du unsere Freude.
Gesandte staunen über deiner Worte Sinn,
Und hinter deiner Würde liegt der Jugend Frische.
In jedem Zug erkennt man deinen Vater;
Erhabene Würde und Bescheidenheit.
Jetzt trägst du stolz den Helm
Und auch die Lanze, die du von den Vätern erbtest.
Du wirfst sie wie ein Meister weit ins Ziel.
Die Römer jubeln über deine Kraft.
Mit welcher Anmut trägst du deine Waffen,
Wie prächtig kleiden Schild und Rüstung deinen edlen Leib!

Solches Schmeichlertum blieb nicht ohne Wirkung auf die Staatsgeschäfte. Als Theodosius II. seinen Kodex 438 den Senatoren überreichen ließ, riefen sie im Chor: »Durch Euch empfangen wir unsere Ehren, unseren Besitz und alles!« Sie riefen das nicht einmal, sondern wiederholten den Ruf 28mal. Doch das war noch gar nichts. Als neun Jahre früher das Edikt zur Inkraftsetzung des Kodex von Valentinian III. im Senat zu Rom verlesen wurde, ertönte der Ruf der Senatoren zu Ehren des Kaisers und seiner Ratgeber nicht weniger als 352mal, und in Ravenna, wohin sich die Kaiser in ihren reich mit Juwelen geschmückten Prachtgewändern zurückgezogen hatten, wurden sie mit noch größerer Unterwürfigkeit behandelt.

Doch selbst im weltabgeschiedenen Ravenna spürte man ständig die unbequeme, manchmal dringende und akute Notwendigkeit, daß der Herrscher seinen persönlichen Einfluß in der ihn umgebenden römischen Welt spürbar machte. Die Regierung versuchte, diese Beziehung zur Außenwelt mit der bequemsten und bewährten Methode herzustellen, und zwar durch die auf die Münzen geprägten Worte und Bilder.

Von Anfang an waren die geprägten Münzen im Römischen Reich ein beliebtes Propagandamittel. Sie dienten damals dem gleichen Zweck wie heute Zeitungen, Rundfunk und Fernsehen.

Es gab eine Reihe von Münzstätten, doch als das Imperium allmählich zerfiel, wurden die Münzen fast nur noch in Italien und dort besonders in Rom, Mailand und Ravenna geprägt. Die Inschriften auf den in verschiedenen Münzanstalten hergestellten Geldstücken waren in dieser Epoche jedoch fast immer die gleichen und entsprachen den Anweisungen des kaiserlichen Kabinetts. Oft wurde der Text mit der Regierung in Ostrom abgestimmt – solange die Beziehungen zwischen beiden Höfen so gut waren, daß sich dies durchführen ließ.

Die Prägungen und Inschriften wurden jetzt weniger häufig variiert als früher. Deshalb sehen sie alle ziemlich gleich aus. Doch die wenigen Werbesprüche und Abbildungen, auf die sich die Regierung beschränkte und die auf Millionen von zirkulierenden

Seite 174:
Inneres des Baptisteriums der
Orthodoxen in Ravenna

175

Goldmedaillon Constantius' II.
(337–361 n. Chr.) aus Nikomedia
im Nordwesten Kleinasiens

Münzen erschienen, sagen einiges aus. Hier handelt es sich offensichtlich um die Fragen, in denen die Regierung glaubte, von der Bevölkerung am ehesten unterstützt zu werden.

Jede Münze zeigte wie bisher auf der Vorderseite den Kopf eines der Kaiser, eines Prinzen oder einer Prinzessin aus dem kaiserlichen Haus. Doch im Gegensatz zu früheren Epochen fehlt diesen Darstellungen ebenso wie den zeitgenössischen Porträtbüsten aus Marmor jede Individualität. Es sind repräsentative ›Porträts‹, die nicht mehr die einzelne Persönlichkeit darstellen, sondern nur noch den mächtigen Monarchen symbolisieren. Die Porträts erscheinen oft auch nicht mehr im Profil. Das Gesicht ist in der Vorderansicht dargestellt wie die ausdrucksleeren und furchteinflößenden Gesichter auf den byzantinischen Mosaiken, deren lange Geschichte zu dieser Zeit begann.

Der Vorrang der militärischen Verteidigung wird deutlich durch die Vielzahl der in Kriegsrüstung dargestellten Personen. Hier erscheint der Herrscher mit dem Speer, dem Schild und einem mit Gemmen eingelegten Helm. Wo die kriegerischen Embleme fehlen, finden wir anstelle der auf den älteren Münzen dargestellten schmucklosen Köpfe Büsten mit den Insignien der Macht; dem Zepter und dem Reichsapfel, während das kaiserliche Gewand bestickt und mit Edelsteinen geschmückt ist. Anstelle des altrömischen Lorbeerkranzes trägt der Kaiser hier das Diadem des unumschränkten Monarchen mit Perlen und Blumen. Der Kaiser wird auf der Inschrift immer noch als ›Augustus‹ bezeichnet, aber der hergebrachte Ausdruck ›Imperator‹ wird jetzt ersetzt durch die Worte ›unser Herr‹. Dazu kommen Hinweise auf die Frömmigkeit und Heiligkeit des Monarchen. Wir finden auch die Bezeichnung ›ewig‹. Das mutet uns ironisch an, wenn wir bedenken, daß es damals fast jedes Jahr einen neuen Kaiser gab. Dieser Ausdruck erinnerte jedoch an die erhoffte ewige Dauer des hohen Amts.

Auch auf den Rückseiten der Münzen finden wir Hinweise auf die Person des Monarchen und die verschiedenen Aspekte seiner Herrscherwürde. Auf vielen Münzen sieht man den weströmischen und den oströmischen Kaiser nebeneinander auf dem Thron

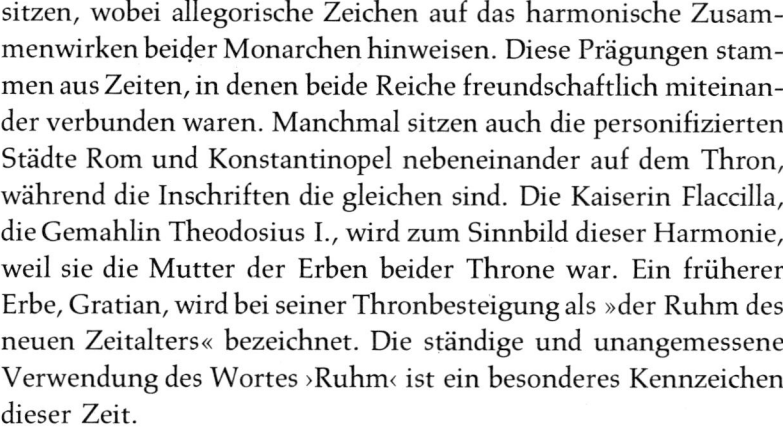

oben: Constantius III. setzt den Fuß auf einen Gefangenen (Ravenna)
unten: Valentinian III. setzt den Fuß auf eine Schlange (Rom)

sitzen, wobei allegorische Zeichen auf das harmonische Zusammenwirken beider Monarchen hinweisen. Diese Prägungen stammen aus Zeiten, in denen beide Reiche freundschaftlich miteinander verbunden waren. Manchmal sitzen auch die personifizierten Städte Rom und Konstantinopel nebeneinander auf dem Thron, während die Inschriften die gleichen sind. Die Kaiserin Flaccilla, die Gemahlin Theodosius I., wird zum Sinnbild dieser Harmonie, weil sie die Mutter der Erben beider Throne war. Ein früherer Erbe, Gratian, wird bei seiner Thronbesteigung als »der Ruhm des neuen Zeitalters« bezeichnet. Die ständige und unangemessene Verwendung des Wortes ›Ruhm‹ ist ein besonderes Kennzeichen dieser Zeit.

Es war schon von jeher üblich gewesen, daß die Regierung die Solidarität dadurch zu demonstrieren suchte, daß sie dem Kaiser den Treueid schwören ließ, meist nach Beendigung einer fünfjährigen Regierungszeit. Auf den Münzen wird dieses Ereignis jedesmal gewissenhaft angezeigt. Vor allem jedoch werden darauf die angeblichen militärischen Triumphe des Herrschers gefeiert. Obwohl man jetzt nicht mehr zur Erinnerung an besonders glorreiche Siege Münzen schlug, gibt es ungezählte Prägungen, die siegreiche Kaiser als Kriegshelden preisen. Oft sind diese Lobpreisungen – und zwar bis in das letzte Jahr des Bestehens des Weströmischen Reichs – begleitet von einer beflügelten weiblichen Figur, die an die heidnische Siegesgöttin erinnert, aber auch als christlicher Engel interpretiert werden könnte. Der Kaiser selbst erscheint immer wieder in militärischer Rüstung.

Diese Darstellungen zeigen eine Wildheit und Brutalität, wie man sie bis dahin in dieser Form nicht kannte. Ein Herrscher nach dem anderen wird ›als Triumphator über die barbarischen Völker‹ gezeigt, der den Fuß auf einen sich windenden Gefangenen setzt; an dessen Stelle tritt gelegentlich eine Schlange mit einem Menschenkopf, die das Böse verkörpern soll. Auf Münzen mit der Inschrift ›der Ruhm der Römer‹ sieht man Valentinian I., der einen Kriegsgefangenen an den Haaren über den Boden schleift.

Auch auf den römischen Staat, den zu erhalten die Regierung so

sehr bemüht war, ohne auf die Opfer der Einzelnen Rücksicht zu
nehmen, wird häufig Bezug genommen. So sprechen Inschriften
immer wieder vom Ruhm dieses Staates, seinen Wohltaten, der
Sicherheit, die er gewährt, dem Glück und dem Frieden, die man
unter seinem Schutz genießt. Valentinian I. ist der Neubegründer
dieses Staates, und diese Wiederherstellung wird durch eine Szene
symbolisiert, in der die Kaiser die vor ihnen knieende Symbolfi-
gur der Stadt Rom wieder aufrichten. Der Sohn des Usurpators
Magnus Maximus, Victor, erklärte, er und sein Vater seien »zum
Besten des Staates geboren«.

Die Inschriften sprechen in lyrischer Form vom unbesiegbaren,
ewigen Rom, und noch in den letzten Tagen des Imperiums wird
dieses, obwohl sein Staatsgebiet erheblich zusammengeschrumpft
ist, mit der ganzen Welt gleichgesetzt, von deren ›Ruhm‹ und
›Heil‹ die Inschriften auf den Münzen sprechen. Dieser letzte Be-
griff (SALUS MUNDI) wird unter dem Übergangskaiser Olybrius
(472) durch das christliche Kreuz symbolisiert. Das Kreuz oder ein
christliches Monogramm sieht man auch in der Hand der Siegesgöttin oder des Kaisers, und diese Zeichen erscheinen als Sinnbil-
der kriegerischer Erfolge.

Oft gibt es Hinweise auf die militärische Tüchtigkeit, denn die Bevölkerung sollte durch die Münzen ständig an die wichtige Rolle
des Heeres im Staat erinnert werden. Nicht nur die Kaiser werden
als große Heerführer und Eroberer gepriesen, sondern auch die
Tapferkeit der Armee wird ausdrücklich erwähnt. Die wichtigsten
Voraussetzungen für eine erfolgreiche Landesverteidigung werden durch Darstellungen befestigter Militärlager oder Stadttore
symbolisiert, die Magnus Maximus als ›Hoffnung der Römer‹ bezeichnet. Der englische Numismatiker Harold Mattingly sagt in
seinem Buch *Roman Coins* (Römische Münzen) zu dieser Selbst-
verherrlichung:

*». . . Dies waren die beherrschenden Tatsachen des Lebens, wie
sie sich den Untertanen des Imperiums darstellten, und wir, die
wir zu einer Zeit leben, in der es ähnliche Spannungen gibt, dürften es nicht schwer haben, für ihr Ringen Verständnis aufzubrin-*

Porträt des Honorius auf einem Elfenbeindiptychon, Geschenk für Honorius anläßlich der Übernahme des Consulamtes (406 n. Chr.)

gen und eine Welt, die in einem so harten Existenzkampf stand, mit Nachsicht zu beurteilen . . .

Wir werden diese Darstellungen besser verstehen, wenn wir in ihnen den scharfen Kontrast erkennen, der zwischen dem Lebensmut und dem düsteren Abgrund nationaler Gefahren und Erniedrigungen bestand.«

Er fährt fort, die Inschriften auf den Münzen sagten wenig über jene düstere Seite des Bildes aus. Das überrascht uns natürlich kaum, denn man erwartet, daß die Inschriften auf den Münzen sich wie jede andere Propaganda darauf konzentrieren, die Menschen zu ermutigen. Was jedoch an den spätrömischen Münzen bemerkenswert ist, das ist die Tatsache, daß die darauf angebrachten Bilder und Inschriften vollständig und betont von dem abweichen, was wirklich geschah – von der Wahrheit.

Damit erhebt sich die Frage, was wollten die Behörden mit solchen Schlagworten erreichen?

Es genügt nicht, wenn wir sie einfach nur als Lügen bezeichnen. Wenn hier zum Beispiel von dem Schutz gesprochen wird, den der Staat seinen Bürgern gewährt, und zwar zu einer Zeit, da es keine Sicherheit gab, dann wäre es zu simpel gewesen zu behaupten, die Regierung habe nur versucht, die Bevölkerung zu täuschen, indem sie erklärte, sie genieße den Schutz des Staates, während dies in Wirklichkeit nicht der Fall war.

Hier ging es mehr darum, was man anstrebte. Die Regierung

Spätrömischer Kaiser in militärischer Rüstung, vielleicht Valentinian III. (425–455 n. Chr.)

wollte ihren Untertanen klarmachen, daß ihr die nationale Sicherheit besonders am Herzen lag und daß sie alles täte, um diese Sicherheit wieder herzustellen und zu festigen. Eine ähnlich optimistische Haltung drückten auch schon die Inschriften auf älteren Münzen aus. Der Kaiser Otho hatte zum Beispiel während der Bürgerkriege, die im Jahr 69 n. Chr. das ganze Imperium erschütterten, die Worte ›der Friede der Welt‹ auf seine Münzen prägen lassen, und zwar sicher ohne zu erwarten, daß irgend jemand glaubte, es herrsche wirklich Frieden.

Aber die Münzen Othos geben uns einen Hinweis darauf, was wir von den viel späteren Schlagworten und Bildern zu halten haben, mit denen wir uns hier beschäftigen. Seine Inschrift ›der Friede der Welt‹ fällt uns so ins Auge, weil sie zur Zeit, als diese Münzen geschlagen wurden, auch wenn man sie als Ausdruck eines angestrebten Zustandes auffaßt, so wenig der Wirklichkeit entsprach, daß sie lächerlich wirken könnte, während das, was wir auf den Münzen der Frühzeit des Imperiums finden, sich nicht damit vergleichen läßt. Manchmal drückten diese Inschriften einfach Tatsachen aus oder verzerrten diese Tatsachen ein wenig. Wenn Erwartungen zum Ausdruck kamen, dann waren sie vernünftig und sollten die öffentliche Meinung beeinflussen und die Vorstellung wecken, daß sie erfüllbar seien.

Aber im Spätreich änderte sich das alles. Die Botschaft, die auf den Münzen erschien, war weit von der Wirklichkeit entfernt, und die Hoffnungen konnten sich nicht erfüllen. Eine neue und erschreckende Kluft hatte sich zwischen der Glaubwürdigkeit der Regierung und den Herzen und Gemütern des Volkes aufgetan.

Über einen Aspekt haben wir schon gesprochen, die Sicherheit. Es war sinnlos, über die Sicherheit, die der Staat seinen Bürgern bieten konnte, auch nur zu reden, während fremde Eindringlinge ins Land gekommen waren, vor den Toren standen und niemand auch nur die leiseste Hoffnung hatte, sie könnten je wieder hinausgeworfen werden. Es gibt noch viele andere Beispiele.

Vielleicht hatte es einen gewissen Sinn, von der Einigkeit zwischen West- und Ostrom zu sprechen, auch wenn jeder wußte, daß beide Reiche sich im kalten Krieg gegeneinander befanden; hier bestand eine gewisse Chance, daß die Lage sich zum Besseren wenden könnte. Aber die unaufhörliche Wiederholung des Ausdrucks ›Ruhm‹ war mit Sicherheit unangebracht. Noch unpassender und anachronistischer waren die imperialistischen Tendenzen, die sich darin ausdrückten, daß auf den Münzbildern Barbaren an den Haaren über den Boden geschleift wurden. Viele Kaiser, die auf den Münzen als militärische Eroberer dargestellt wurden, haben nie im Felde gestanden, und man weiß, daß sie sich kaum aus den Gemächern ihrer Paläste in Ravenna gerührt haben.

Die Siege, die ständig erwähnt wurden, hat es nie gegeben, und auch der größte Optimist konnte nicht erwarten, daß das Westreich die Siegeshoffnungen erfüllen werde. Ebenso wenig war es gerechtfertigt, das Imperium mit der ganzen Welt gleichzusetzen. Wenn man von Sicherheit oder der Rettung des Staats sprach oder – wie Valentinian III. in einem Edikt – behauptete, der Kaiser sorge für den Frieden und die Ruhe in den Provinzen, dann hatte das nur negative Folgen zu einer Zeit, in der sie vom Feind besetzt oder ihre Einwohner so durch die Steuern bedrückt wurden, daß ihnen jede Existenzgrundlage entzogen war.

Seite 183:
Zwei Nachfolgekaiser des
Diokletian umarmen sich in
Freundschaft, Symbol der
Gemeinsamkeit

Ebenso unangebracht war das Gerede von der nationalen Wiederherstellung und Wiederbelebung, weil nichts darauf hindeutete,
daß so etwas geschehen könnte. Das ›unbesiegbare, ewige Rom‹,
von dem Priscus Attalus, eine Marionette des Westgoten Alarich,
sprach, dessen Beitrag zur Festigung dieses ewigen Roms seine
Einnahme und Plünderung der Stadt gewesen war, darf man am
allerwenigsten ernst nehmen.

Sieht man die Sache so, dann fällt es einem schwer, Mattingly zuzustimmen, wenn er meint, Schlagworte dieser Art hätten die
Menschen ermutigen können. Allerdings bestand ein großer Teil
des jetzt im Umlauf befindlichen Geldes aus Goldmünzen, die fast
ausschließlich von Angehörigen der Oberschicht verwendet wurden und nicht von den Armen, die eine solche Propaganda als lächerlich hätten empfinden müssen.

Doch obgleich das, was die Reichen jetzt zu leiden hatten, verhältnismäßig unerheblich war, kannten sie die Lage so gut, daß sie
besser erkennen konnten, wie unsinnig solche Schlagworte waren. Wenn die übrige Bevölkerung überhaupt in den Besitz von
Goldmünzen gelangte und sich die Zeit nahm, sie anzusehen,
dann hatten diese Leute so viele Sorgen, daß sie durch die schein-
heiligen und unbegründeten Aufmunterungen nur noch mehr
beunruhigt werden mußten.

Wenn aber Mattingly sagt, daß dieser römische Propagandafeld-
zug eine Bedeutung für die Lage in unserer Zeit hat, dann hat er
recht. Er sollte von modernen Staatsoberhäuptern und Regierungen als Warnung aufgefaßt werden, sich nicht zu weit von den
Gedanken, Gefühlen und Bedürfnissen der breiten Masse der Regierten zu entfernen. Trotz der modernen Nachrichtenmedien
bleibt diese Gefahr immer bestehen. Und Präsidenten und Premierminister, die sich auf ihre Ratgeber und Gehilfen stützen,
sind kaum weniger verwundbar als die Kaiser in Ravenna.

In der antiken Welt zeigt dieser Mangel an Kommunikation, der
sich so auffällig auf den Münzen ausdrückt, wie wenig Hoffnung
auf eine das ganze Volk erfassende Bewegung bestand, die die
Lage hätte wieder herstellen können.

4. Teil
Bündnisse, die zerbrachen

8. Gegensätze zwischen den Bundesgenossen

zu den Farbtafeln Seiten
185–187:

Seite 185:
Goldene Bracteate aus einem
Schatz in Østfold, Norwegen
(ca. 500 n. Chr.)
Seite 186:
Porträt eines Mannes auf Glas
(3. Jahrhundert)
Seite 187:
Bruchstück eines vergoldeten
Glases mit Gladiator

Eine weitere entscheidende und die allgemeine Auflösung begünstigende Kluft, die den Untergang des Imperiums beschleunigt hat, war politischer und geographischer Natur, denn das Imperium war, wie sich zeigte, zu seinem Unglück in zwei Hälften aufgeteilt, jede wurde von einem Kaiser regiert. Einer residierte im Westen, der andere im Osten. Wenn wir heute das Westreich mit Westeuropa und das in größerem Wohlstand lebende Ostreich mit den Vereinigten Staaten von Amerika vergleichen, dann muß uns die Tatsache, daß sich die beiden Partner in der Antike nicht einigen konnten, eine unübersehbare Warnung sein.

Die Vorstellung, daß das römische Imperium zu groß war, um von einem einzigen Mann regiert und verteidigt zu werden, war nichts Neues. Schon im 2. Jahrhundert hatte Marcus Aurelius einen Mitkaiser ernannt, der die Macht mit ihm teilen sollte. Hundert Jahre später hatte Valerian die Provinzen durch eine geographische Trennungslinie zwischen sich und seinem Sohn Galienus geteilt, dem er den Westen unterstellte.

Als nächster Kaiser nahm Diokletian (284–305) eine komplizierte Umgliederung des Reichsgebiets vor, übergab einem Mitkaiser die Westregionen und errichtete seine östliche Residenz in Nikomedia in Kleinasien. Konstantin der Große vereinigte das Imperium wieder und regierte in seiner neuen Hauptstadt Konstantinopel. Das Reich wurde von seinen Söhnen wieder aufgeteilt und dann für kurze Zeit von 353 bis 364 noch einmal vereinigt.

364 wurde Valentinian I. vom Heer zum Kaiser ausgerufen. Die Soldaten verlangten von ihm, einen Mitkaiser zu ernennen, denn wenn es nur einen Kaiser gab, hielten sie das Risiko, es könnte nach seinem Tode ein Chaos entstehen, für zu groß. Der Tod des letzten Monarchen Jovian hatte ebenso wie ähnliche Übergangszeiten in den vergangenen Jahrhunderten zu einem gefährlichen Notstand geführt.

In einer nach seiner Thronbesteigung an die Truppen gehaltenen Ansprache erklärte sich Valentinian I. mit der Nominierung eines Mitkaisers einverstanden: ». . . daß, um für alle Fälle gerüstet zu sein, die Wahl eines Kollegen mit gleichen Machtbefugnissen er-

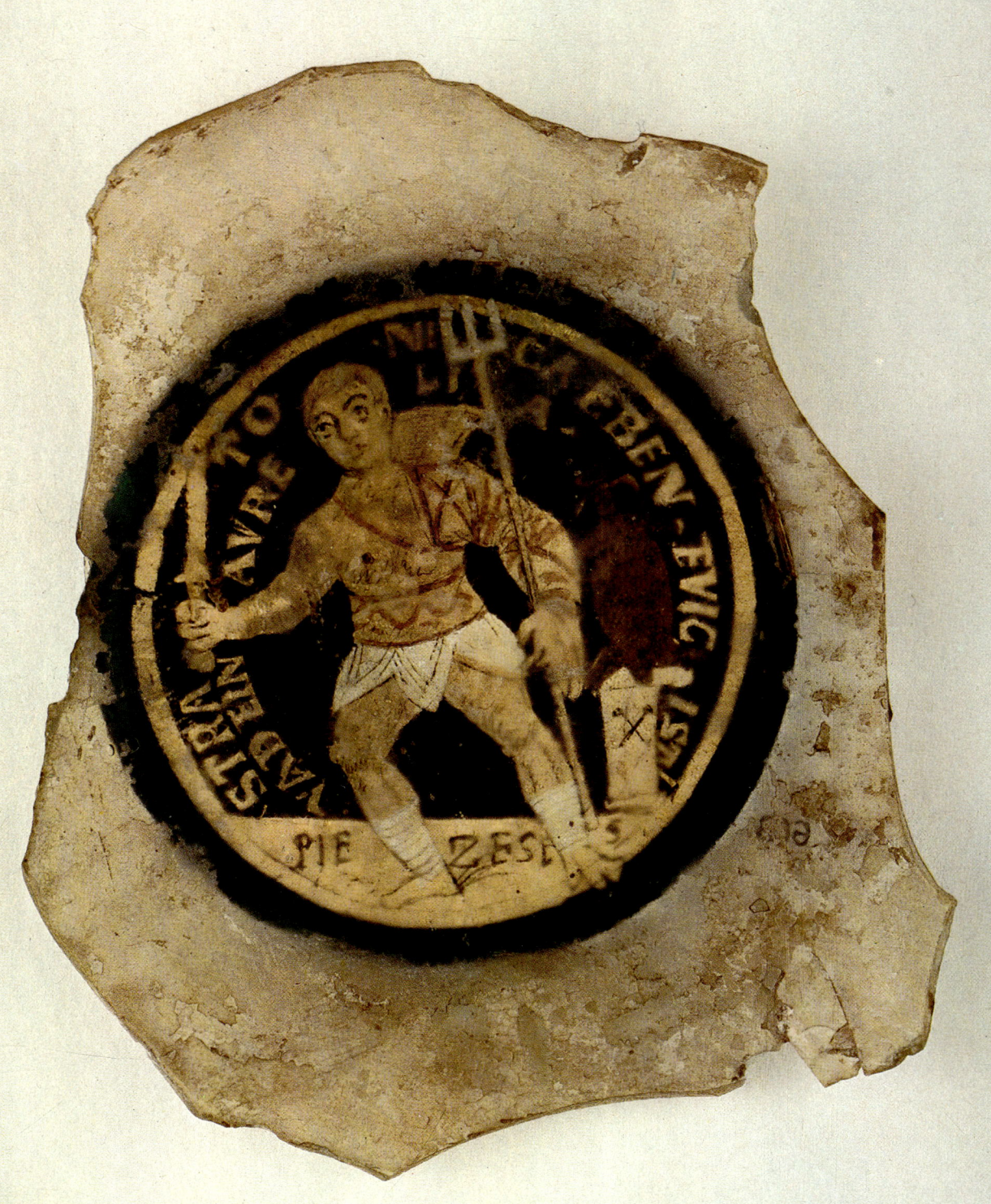

forderlich ist, sehe ich mich nach reiflicher Überlegung veranlaßt, weder anzuzweifeln noch abzulehnen, denn auch ich selbst kenne genau die große Zahl von Sorgen und möglichen Veränderungen der Umstände, die vor uns liegen.«

Hier dachte er besonders an die akute Bedrohung vieler Grenzregionen von außen. Es bestand aber auch die Gefahr innerer Revolten. Er ernannte deshalb sofort seinen Bruder Valens zum Mitkaiser. Valens war für diese Aufgabe nicht besonders geeignet, aber angesichts ihrer Blutsverwandtschaft war er der Mann, dem Valentinian am ehesten vertrauen konnte. Er übergab seinem Bruder die Ostprovinzen und übernahm selbst den Westen, der zwar die ärmere Hälfte des Imperiums war, doch hier waren die Grenzen stärker gefährdet. Er residierte nicht in Rom, sondern in dem der Gefahrenzone näher gelegenen Mailand.

Die Periode, in der das Mittelmeer viele Jahrhunderte lang von einer einzigen Macht beherrscht wurde, war nun zu Ende.

Von nun an bestand das Westreich aus dem ganzen römischen Europa mit Ausnahme der Schwarzmeerküste und des unmittelbar dahinter gelegenen Gebietsstreifens. Außerdem gehörte Nordafrika bis Tripolitanien (der Westteil des heutigen Libyen) dazu. Das östliche Libyen war oströmisches Gebiet. Das Ostreich hatte außerdem das europäische Randgebiet am Schwarzen Meer bis zur Hauptstadt Konstantinopel, Ägypten und die kleinasiatischen Gebiete, die heute zur Türkei, Syrien, Libanon und Israel gehören, in Besitz.

In beiden Hauptstädten befanden sich vollständige kaiserliche Hofhaltungen. Wir sprechen heute von dem westlichen und östlichen Imperium. Damals tat man das nicht. So wie man heute die ganze westliche Welt beiderseits des Atlantik trotz der politischen Aufteilung als eine unteilbare Einheit ansieht, war man auch im Altertum davon überzeugt, daß es nur ein einziges Römisches Imperium gäbe. Zwar wurde es von zwei Souveränen beherrscht, aber beide hatten unbeschränkte gesetzgeberische Vollmachten, und die von ihnen herausgegebenen Währungen waren gegeneinander austauschbar. Die beiden Staaten wurden daher offiziell von Kaisern beherrscht, die *im* Westen und Osten regierten, nicht aber Kaiser *von* West- oder Ostrom waren.

Diese Theorie der Einheit des Imperiums wurde jedoch im Lauf der Zeit immer mehr zur Fiktion. Die harmonische Verbindung zwischen Valentinian I. und Valens wurde auf den von ihnen geprägten Münzen gefeiert, die sie gemeinsam darstellten und als Herrscher bezeichneten. Doch nach dem Tode von Valentinian im Jahr 375 zeigten sich in dieser Beziehung schon Risse. So kam sein Sohn Gratian dem Kaiser Valens nicht zu Hilfe, als dieser die Entscheidungsschlacht gegen die Westgoten bei Adrianopel schlug. Wo die Schuld lag, läßt sich heute nicht mehr mit Sicherheit sagen. Man vermutet allerdings, daß der germanische Oberfeldherr Gratians das Bündnis sabotiert hat.

Wie das auch gewesen sein mag, nachdem Gratian Theodosius I. zum Nachfolger von Valens bestimmt hatte, machte er seinem neuen Mitkaiser in Ostrom ein bedeutendes Zugeständnis, das in den folgenden Jahren ernste Auswirkungen haben sollte; denn er hat Theodosius wahrscheinlich um diese Zeit den größten Teil der weströmischen Gebiete auf dem Balkan überlassen. Von nun an verlief die Grenze zwischen dem westlichen und dem östlichen Imperium, die zwar in Nordafrika unverändert blieb, in Europa von Belgrad nach Süden bis zur Adria an die Küste des heutigen Albanien.

Trotz gewisser Überschneidungen darf man sagen, daß im westlichen Imperium lateinisch gesprochen wurde und eine lateinische Kultur herrschte, während Kultur und Sprache im Osten griechisch waren. Die Trennungslinie war daher klarer gezogen als die zwischen den Verbündeten von heute, den Vereinigten Staaten und Westeuropa, denn hier gibt es keine einheitlichen Sprachräume. Der Unterschied zwischen dem lateinischen Westen und dem griechischen Osten im Altertum war ganz klar, bestand seit langer Zeit, war fundamental – und bedeutete eine scharfe Trennung.

Römer und Griechen waren niemals sehr gut miteinander ausgekommen. Das überrascht nicht, denn die einen waren die Erobe-

Symbolfiguren von Rom und Konstantinopel auf einem Elfenbeindiptychon (5. Jahrhundert)

rer, die anderen die Besiegten. Wenn Antonius und Kleopatra 31 v. Chr. die Schlacht bei Actium gewonnen und ihr Gegner Octavian (Augustus) sie verloren hätten, dann hätte sich alles ganz anders entwickeln können; denn Kleopatra war Griechin und Antonius war ein Freund der Griechen. Wären sie Sieger geblieben, dann hätte ein Reich unter römischer Vorherrschaft entstehen können, das sich auf die Partnerschaft beider Kulturen stützte.

Aber Augustus, der sie besiegte, glaubte, die Römer sollten die politische Vorherrschaft gegenüber den Griechen behalten, eine Vorherrschaft, für die sich sein Bewunderer Virgil einsetzte.

Seit jener Zeit blieb das so bis zur Übernahme der Regierung durch Konstantin den Großen. Daß Konstantin die Stadt Konstantinopel zu seinem Regierungssitz machte, leitete ein neues Zeitalter ein, in dem der Osten die Bedeutung seines griechischen Erbes neu bestätigte.

Nachdem Valentinian die beiden Staatsgebiete politisch geteilt hatte, beschleunigte sich diese Entwicklung. Zunächst blieb die Amtssprache in Konstantinopel das Lateinische, und lateinisch waren die die Inschriften auf den Münzen sowie die Gesetzestexte. Die Zeit, in der das östliche oder das byzantinische Imperium sich ganz dem Griechentum zuwenden sollte, lag noch in weiter Zukunft. Antonius und Kleopatra waren noch nicht gerächt,

Die Gattin Theodosius' I. und Mutter des Arcadius und Honorius, Aelia Flaccilla (ca. 400 n. Chr.)

aber zwischen den lateinisch und griechisch sprechenden Bevölkerungsteilen bestand kein gutes Einvernehmen. Wie Gibbon schreibt, hatte der Osten von jeher »weniger gern auf die Stimme seines siegreichen (römischen) Herrn gehört als der Westen«.

Immer wieder gab es praktische Gründe dafür, daß die Freundschaft zwischen den beiden Imperien nicht so unerschütterlich blieb, wie sie hätte sein sollen. Wir haben schon davon gesprochen, daß Gratian seinem bedrängten Mitkaiser im Osten, Valens, nicht zu Hilfe gekommen war. Als sich im Jahr 383 der Usurpator Magnus Maximus in Gallien gegen Gratian erhob, hatte der oströmische Kaiser Theodosius I. so große Schwierigkeiten an seiner eigenen Grenze, daß auch er seinem Mitkaiser nicht zu Hilfe kommen konnte, um dessen Leben zu retten. Ja, er sah sich sogar gezwungen, die Ansprüche des Usurpators auf den Thron eine Zeitlang anzuerkennen.

Später gelang es ihm allerdings, den Emporkömmling zu stürzen und für kurze Zeit das Imperium wieder zu vereinigen. Als es nach seinem Tod 395 erneut zwischen seine beiden Söhne Arcadius und Honorius aufgeteilt wurde, entstand eine Kluft zwischen Osten und Westen, die tiefer war als je zuvor.

Jetzt waren die Beziehungen zwischen beiden Reichen wirklich schlecht, und zwar so schlecht, daß man diese Gegensätze als wesentliche Ursache für die Auflösung des schwächeren Bündnispartners im Westen ansehen muß.

Daß die Spannungen zwischen beiden Reichen immer größer wurden, lag in erster Linie an einer führenden Persönlichkeit im Westen, einem der tüchtigsten Männer seiner Zeit. Das war der Germane Stilicho, der Oberbefehlshaber des weströmischen Heeres. Der Dichter Claudian hat einen Bericht über das Wirken Stilichos geschrieben, in dem dieser hoch gepriesen wird. Es gab aber auch Leute, die der gegenteiligen Auffassung waren, und ihre Haltung darf man nicht übersehen.

Theodosius I. hatte vor seinem Tod Stilicho, seinen angeheirateten Neffen, zum Vormund seines jüngeren Sohnes Honorius be-

Detail eines Obelisken des
Theodosius (ca. 390 n. Chr.);
Theodosius mit Valentinian II.,
Arcadius und Honorius in der
kaiserlichen Loge im Hippodrom,
Konstantinopel

stimmt. Er hatte jedoch auch angeordnet, daß Stilichos persönlicher Feind Rufinus, der Sohn eines Schusters aus Südwestgallien, Vormund seines ältesten Sohnes Arcadius werden sollte, der dann oströmischer Kaiser wurde.

Stilicho behauptete jedoch, Theodosius I. habe ihn mit der Vormundschaft für beide Söhne beauftragt. Sein Ehrgeiz bestand darin, das ganze Imperium wieder zu vereinigen – um selbst die Zügel der Herrschaft in die Hand zu nehmen. Dazu mußte er Rufinus ausschalten, gegen den der Günstling Stilichos, Claudian, ein Oströmer, der lateinisch schrieb und westlicher gesonnen war als jeder echte Römer, die heftigsten Angriffe führte.

»Nicht gab sich sein wilder Haß damit zufrieden,
den Ehemann, die Ehefrau und ihre Kinder zu erschlagen;
Freunde und Verwandte auseinanderzureißen –
Diese dem Tod zu überantworten, jene ins Exil zu schicken . . .
Auch ließ er seine Opfer nicht sofort den Tod erleiden,
Sondern suchte mit grausamen Foltern,
In Ketten und dunklen Verliesen sie das Fürchten zu lehren
Und den Schlag hinauszuzögern, der ihre Leiden beendete.«

Zu einer Zeit, da die zivilisierte Welt nur überleben konnte, wenn West und Ost zusammenhielten, war die Kluft zwischen beiden Reichen unüberbrückbar geworden.

Eine der schlimmsten Folgen der Feindschaft zwischen Rufinus und Stilicho war es, daß sie den Westgoten Alarich in die Lage versetzte, in Griechenland einzufallen. Claudian erklärte, Rufinus habe seine Truppen in verräterischer Absicht abgezogen, doch

wahrscheinlich ist es Stilichos wohlüberlegter Plan gewesen, Alarich gegen das Ostreich abzulenken, um ihn aus dem Gebiet des
Westreichs herauszuhalten. Bald darauf wurde Rufinus gestürzt
und hingerichtet. Das geschah höchstwahrscheinlich auf Veranlassung von Stilicho. Claudian hat ihn sogar ausdrücklich zu dieser Mordtat beglückwünscht.

Der Eunuche Eutropius übernahm nun das Amt des Rufinus als
Kanzler des Oströmischen Reichs. Zunächst hat man vielleicht
gehofft, das Bündnis zwischen beiden Imperien wieder herstellen
zu können. Aber bald stellte sich heraus, daß diese Hoffnungen
sich nicht erfüllen konnten.

Nachdem der Osten Stilicho aufgefordert hatte, in Griechenland
gegen Alarich zu intervenieren, ließ dieser ihn 397 unter unge-
klärten Umständen entkommen. Eutropius, der darin eine grobe
Pflichtverletzung sah, erklärte Stilicho im Namen der oströmischen Regierung zum Staatsfeind, hielt es aber für notwendig, die
Westgoten zu besänftigen, indem er ihn zum ›Meister der Soldaten‹ auf dem Balkan ernannte, eine Maßnahme, die verständli-
cherweise im Westen Verwunderung hervorrief.

Eine neue Ursache für Spannungen ergab sich in den lebenswichtigen nordafrikanischen Provinzen, der Kornkammer Roms, wo
im gleichen Jahr eine Rebellion ausbrach. Der Führer der Rebellen, Gildo, wurde durch die schlechten Beziehungen zwischen
beiden Imperien ermutigt vorzuschlagen, die afrikanischen Provinzen sollten von Ostrom annektiert werden. Für Westrom hätte
das eine Katastrophe bedeutet. Eutropius ließ sich mit den Rebellen soweit ein, daß er jeden bedrohte, der gegen sie einschreiten
würde. Das zog ihm eine scharfe Zurechtweisung von Claudian
zu, der Stilicho drängte, den Osten militärisch anzugreifen.

Wahrscheinlich hat Stilicho auch wirklich etwas gegen den Osten
unternommen, wenn auch nicht durch einen offenen militärischen Angriff; denn wir müssen annehmen, daß er beim Sturz des
Eutropius im Jahr 399 die Hand im Spiel gehabt hat.

Diese heftigen Auseinandersetzungen zwischen West- und Ostrom gaben Claudian die Gelegenheit, auch von den Grundfragen

zu sprechen und deutlich zu sagen, welche fundamentale Rivalität zwischen beiden Kulturen bestand. So beschimpfte er Konstantinopel als Sündenpfuhl und erklärte, jeder echte Römer verachte diese Stadt, und der römische Adel sei empört über das, was darin vorginge. Er kleidete seinen scharfen Tadel in die von Abscheu erfüllten Worte des Kriegsgottes Mars über die unkriegerische Verweichlichung Ostroms. Dabei behauptete er, Stilicho habe die Stadt Rom wieder zur rechtmäßigen Hauptstadt der gesamten römischen Welt gemacht.

Doch durch das Eingreifen dieses Staatsmannes, der zunächst Rufinus und dann Eutropius gestürzt hatte, war die Feindschaft zwischen beiden Reichen, die zusätzlich durch heftige theologische Streitigkeiten geschürt worden war, noch erbitterter geworden. Schon einmal hatten solche Spannungen den ehrgeizigen Plänen der Westgoten genützt. Nun überschritt ihr König Alarich 401 die Grenze vom oströmischen zum weströmischen Gebiet und marschierte in Italien ein. Hatte die Regierung in Konstantinopel ihn insgeheim veranlaßt, ihr Territorium zu verlassen, um stattdessen das Westreich anzugreifen? Das müssen wir annehmen; und wenn das geschehen war, dann hatte es wesentlich zum Untergang Westroms beigetragen.

Stilichos Reaktion auf die Invasion Alarichs war wiederum nicht ganz klar. Er besiegte ihn in zwei aufeinanderfolgenden Jahren, ließ ihn aber jedesmal entkommen, obwohl er ihn hätte endgültig vernichten können. Alarich war wie Stilicho Germane, und Stilicho war von seiner selbstmörderischen Feindschaft gegenüber Ostrom so besessen, daß er sich die Beziehungen zu seinem germanischen Landsmann nicht ganz verderben wollte, um ihn gegebenenfalls als Bundesgenossen gegen das Ostreich zu benutzen.

Als Claudian behauptete, Alarich sei durch Verrat Ostroms und nicht durch das Verhalten Stilichos gerettet worden, klang das recht unglaubwürdig, denn Stilicho hatte schon geraume Zeit mit dem Gedanken gespielt, den ganzen Balkan, soweit er zu Ostrom gehörte, für das Weströmische Reich zurückzugewinnen. Das war auch der Grund, weshalb er Alarich die Flucht ermöglicht hatte.

196

Unterer Rand eines Elfenbeindiptychons, Glorifizierung von
Konstantinopel (ca. 500 n. Chr.)

Jetzt konnten die Westgoten die Einflußnahme des Ostreiches auf
dem Balkan wirksam stören und schwächen.

Doch 405 wurden die Pläne Stilichos zeitweilig aufgehalten, denn
neue Massen germanischer Stämme drangen in Italien ein. Als
gegen Ende des folgenden Jahres weitere Germanenhorden über
den zugefrorenen Rhein vorstießen, schickte er ihnen zunächst
keine Truppen entgegen, die sie hätten zurückweisen können,
denn die Feindschaft gegenüber Ostrom beherrschte noch sein
Denken. Auch die oströmische Regierung hatte anderes zu tun
und unterstützte den Westen nicht gegen die Eindringlinge.
Wenn die Freundschaft zwischen beiden Imperien noch bestanden
hätte und der Osten seinem Verbündeten mit stärkeren Truppen-
verbänden zu Hilfe gekommen wäre, dann hätte sich der Untergang des Weströmischen Reichs vielleicht noch aufhalten lassen.
Doch nun war es dafür zu spät.

Stilicho, der sich durch die katastrophale Wendung der Lage nicht
beeindrucken ließ, ging weiterhin seinem Plan nach und bereitete
sich 407 auf den Einmarsch in die östlichen Provinzen vor. Er verwehrte Alarich die Benutzung der italienischen Häfen und wies
ihn an, im Namen des Kaisers von Westrom die griechische Küste
zu besetzen. Doch wieder mußte er sein Vorhaben aufschieben,
denn in Britannien war eine Rebellion ausgebrochen.

408, als Arcadius starb, flammte sein aggressiver Ehrgeiz noch
einmal auf. Doch bald darauf ließ Kaiser Honorius, den seine Senatoren davon überzeugt hatten, daß Stilicho seinen eigenen Sohn
auf den Kaiserthron bringen wollte, ihn ermorden.

Eine der unglücklichsten Perioden in den Beziehungen zwischen
beiden Reichen war vorüber, aber der in dieser Zeit angerichtete
Schaden ließ sich nicht mehr gutmachen, besonders im anfälige-
ren Westen, dessen Interessen Stilicho paradoxerweise so leidenschaftlich hatte dienen wollen. Gibbon schildert die Lage:

*». . . Zu einer Zeit, da die einzige Hoffnung, den Untergang Roms
aufzuhalten, in einem festen Bündnis und gegenseitiger Hilfelei-
stung aller Nationen lag, mit denen es im Lauf der Zeit Beziehungen aufgenommen hatte, wurden die Untertanen von Arcadius*

Der oströmische Kaiser Theodosius II. und sein westlicher Mitkaiser Valentinian III. (SALUS REIPUBLICAE), Aquileia, Norditalien

und Honorius von ihren jeweiligen Herren angewiesen, einander als Fremde, ja sogar als Feinde zu betrachten, sich jeweils an den Schwierigkeiten des anderen zu freuen und die Barbaren als treue Verbündete anzusehen, die sie dazu anregten, das Gebiet ihrer Landsleute zu besetzen.«

Als Folge dieser Spannungen und der gegenseitigen Ablehnung waren die Grenzen gefährlich geschwächt worden, und die Feinde Roms befestigten überall ihre Positionen.

Auch die Zwistigkeiten zwischen beiden Reichen waren keineswegs beigelegt. Zwar verwehrte der neue, noch im Knabenalter stehende Kaiser in Ostrom, Theodosius II., Alarich, der sich jetzt der Unterstützung durch Stilicho beraubt sah, als er dreimal hintereinander in Italien einfiel, die Benutzung all seiner Häfen und Navigationshilfen. Er wollte vermeiden, daß westgotische Agenten eingeschleust wurden, und schickte Hilfstruppen in den Westen; ja später ließ er sogar Goldmünzen prägen, um sich selbst und seinen Kollegen Honorius als kaiserliche Partner zu feiern. Aber da er Schwierigkeiten an der Grenze hatte, konnte er nur wenige tausend Mann gegen Alarich ins Feld stellen.

In den folgenden Jahren mehrten sich die Anzeichen dafür, daß sich die Beziehungen der beiden römischen Staaten verschlechterten. 414 kam es zu einer Provokation oströmischer Truppen, die Split in Dalmatien besetzten und damit gegenüber der neuen westlichen Hauptstadt Ravenna eine Basis errichteten. Im gleichen Jahr heiratete die Schwester des Honorius, Placidia, die Alarich nach seiner Plünderung Roms mitgenommen hatte, dessen Sohn Athaulf, der jetzt auf den westgotischen Thron gekommen war. Aber die Heirat ist wahrscheinlich auf Anraten eines führenden oströmischen Politikers zustandegekommen, und zwar in der ausdrücklichen Absicht, Honorius zu schaden.

Nach dem Tode Athaulfs wurde Placidia gezwungen, den großen römischen Feldherrn Constantius zu heiraten. Als Honorius ihn jedoch 421 als weströmischen Mitkaiser auf den Thron hob – er regierte als Constantius III. – entstanden neue Spannungen mit der oströmischen Regierung, denn sie weigerte sich, Constantius als Kaiser anzuerkennen. Wahrscheinlich hegte man in Ostrom ähnliche Gedanken wie Stilicho, nur in entgegengesetzter Richtung. Man erwartete Honorius' Tod und hoffte, das ganze Imperium unter der Oberhoheit Ostroms wieder zu vereinigen.

In den Augen der Weströmer hatte Konstantinopel augenscheinlich etwas Unverzeihliches getan, aber Constantius III. bereitete sich in Gedanken schon wieder auf einen Angriff gegen oströmisches Gebiet vor. Nur durch den Tod wurde er daran gehindert. Noch einmal hatte es ernste Auseinandersetzungen zwischen beiden Staaten gegeben, und zwar zu einer Zeit, in der nur ein Höchstmaß an Einigkeit die fortschreitende Auflösung des Westreichs hätte verhindern können.

Als Honorius zwei Jahre später starb, stellte der oströmische Kaiser Theodosius II., als Placidia ihn bat, ihr dabei zu helfen, ihren vierjährigen Sohn Valentinian III. auf den weströmischen Thron zu bringen, harte Bedingungen. Er sagte seine Hilfe zu und erklärte sich bereit, einen Usurpator, der ebenfalls versucht hatte, die Macht an sich zu bringen, zu stürzen, wenn ein beträchtlicher Teil europäischen Gebiets, das an den Mittellauf der Donau grenzte und westlich von Belgrad lag, seinem Reich zugeschlagen würde. Placidia ging auf den Handel ein und trat dieses Gebiet ab. Das geschah wahrscheinlich erst im Jahr 437, als Valentinian III. die Tochter Theodosius' II. heiratete. Dieses Ereignis wurde durch die Prägung der letzten in Konstantinopel herausgegebenen Münze gefeiert, auf der der oströmische Kaiser und sein westlicher Mitkaiser gemeinsam abgebildet waren.

Auch Theodosius II. und seine Nachfolger unterstützten den Westen wenigstens dreimal gegen die in Nordafrika eingedrungenen Germanen, Geiserich und seine Vandalen. Aber die Expeditionsstreitkräfte wurden jedesmal besiegt, denn sie waren nie stark genug. Es sieht aus, als habe sich Ostrom verpflichtet gefühlt zu helfen, um den Anschein zu wahren, aber diese Hilfe mit möglichst schwachen Kräften gewährt. Einige oströmische Staatsmänner glaubten wohl, es sei besser, wenige Truppen dafür zu verschwenden, und die Gegenargumente – denen vergleichbar, die empfehlen, heute amerikanische Truppen in Europa zu stationieren – haben sich zum Unglück für den Westen nicht durchsetzen können.

Zum letztenmal arbeiteten die beiden römischen Regierungen zusammen, als 438 der Kodex Theodosius II. publiziert wurde. Auf den ersten Blick hätte man die gemeinsame Herausgabe der Gesetzestexte durch die Kaiser im Osten und Westen als eindrucksvolles Symbol der Einigkeit begrüßen können, denn hier wurde einer in jüngster Zeit fühlbar gewordenen Tendenz entgegengewirkt, nach der die beiden Hauptstädte jeweils ihre eigenen Gesetze erließen. Die Bestimmung, daß künftig im Westen erlassene Gesetze in Ostrom nicht mehr gelten würden, wenn sie der oströmischen Regierung nicht offiziell bekanntgegeben worden seien, und umgekehrt, zeigt jedoch, daß gewisse Unterschiede zwischen beiden Reichen offiziell anerkannt wurden. Zudem nahm man diese Möglichkeit in Zukunft nicht mehr regelmäßig wahr. Im Osten erlassene Gesetze wurden nur noch sehr selten im Westen bekanntgegeben, und die Behörden im Westen schickten ihre Edikte gar nicht mehr in den Osten.

Die Voraussetzungen für eine solche Zusammenarbeit war nicht mehr gegeben, denn die Auflösung des Westreichs hatte begonnen, und Ostrom konnte diesen Prozeß nicht aufhalten. Zu einem früheren Zeitpunkt wäre das noch möglich gewesen, aber jetzt war es zu spät, weil beide Seiten Fehler gemacht hatten.

Beide Imperien waren sich zur Abwehr der Hunnen nicht zu Hilfe gekommen. Das hatte bittere Vorwürfe zur Folge. Es kam aber auch wegen anderer Probleme zu Meinungsverschiedenheiten. Als Marcian (450–457) zum Kaiser Ostroms ausgerufen wurde, zögerte der Westen zunächst, ihn anzuerkennen. Absichtlich oder unabsichtlich lenkte er nun die Aufmerksamkeit des Hunnenkönigs Attila auf den Westen, indem er sich weigerte, ihm die vereinbarten jährlichen Subsidien zu zahlen. Westrom war dazu noch weniger in der Lage, aber Attila wandte sich gegen den Westen, weil er glaubte, hier würde er leichter das bekommen, was er brauchte. Marcian wollte sich auch nicht mit Geiserich und den

oben: Anthemius (467–472 n. Chr.)
Mitte: Rückseite der gleichen Münze, Anthemius mit dem oströmischen Kaiser Leo I., der ihn auf den weströmischen Thron gebracht hatte
unten: Spätrömischer Kaiser, vielleicht Theodosius II., der im Osten herrschte (408–450 n. Chr.)

Vandalen einlassen, die die Feinde Westroms in Afrika waren. Er hatte nicht vergessen, daß der Westen ihn zunächst nicht anerkennen wollte, und nun weigerte er sich, die beiden Übergangskaiser anzuerkennen, die Valentinian III. gefolgt waren. Der zweite, Avitus, rächte sich, indem er 455 und 456 die kürzlich dem Osten überlassenen Gebiete an der Donau zurückforderte.

Der germanische Truppenbefehlshaber Ricimer, der in den folgenden sechzehn Jahren das Westreich beherrschte, konnte sich während dieser gefährlichen Periode vor allem dadurch an der Macht halten, daß er den Kaiser Leo I. in Ostrom diplomatisch zu behandeln verstand. Aber auch das führte nicht zum gewünschten Erfolg, denn die alte westliche Dynastie war mit Valentinian III. zu Ende gegangen, und der Osten war weniger denn je bereit, den Westen zu unterstützen.

Es kam hinzu, daß Leo I. sich weigerte, den letzten tüchtigen Kaiser anzuerkennen, den der Westen hervorbrachte. Es war Majorian (457–461), der, nachdem er acht Monate auf die Anerkennung durch Konstantinopel gewartet hatte, den Thron in Ravenna ohne Zustimmung Ostroms bestieg und in der Hoffnung, daß diese folgen werde, eine Münze prägen ließ, auf der er und Leo gemeinsam abgebildet waren. Doch schon bald führte Leo die Politik seiner Vorgänger fort und weigerte sich, den Westen gegen die Vandalen zu unterstützen. Er schloß trotz der gegenteiligen Bemühungen Ricimers 462 Frieden mit ihnen.

Leo versuchte schließlich doch noch, das Westreich vor dem Untergang zu bewahren. Als der Thron im Westen 457 wieder frei wurde, ernannte er einen seiner Männer, Anthemius, zum weströmischen Kaiser, und Ricimer, den er mit dem Versprechen, er werde ihm die Tochter des neuen Herrschers zur Frau geben, besänftigte, stimmte zu.

Anthemius feierte seine guten Beziehungen zum Osten auf einer weströmischen Münze, die ihn und Leo darstellte, und der Dichter Sidonius erklärte in einer Lobeshymne auf Anthemius, da die westlichen Fürsten versagt hätten, wäre es für Rom das Beste, wenn es sein Schicksal in die Hände eines aus dem Osten stammenden Kaisers legte. »Lebe wohl, Teilung des Imperiums!« rief er hoffnungsvoll aus. Gemeinsame Bemühungen, glaubte er, würden auch jetzt noch alles ordnen können, und die Feinde des Imperiums, besonders die Vandalen in Afrika, wären schließlich doch noch zu besiegen. Aber sie wurden nicht besiegt, obwohl Ostrom jetzt den stärksten Angriff gegen sie führte. Ricimer, den sein Kaiser Anthemius als Wilden bezeichnete, kam zu dem Schluß, daß er eine folgsamere Marionette brauchte als diesen ›kleinen Griechen‹, und tötete ihn. Er starb bald darauf im Jahr 472.

Im Westen kamen zwei Übergangskaiser auf den Thron, die aber nur kurze Zeit regierten. Einen von ihnen beachtete der oströmische Kaiser Leo überhaupt nicht. Er schickte seinen Neffen Julius Nepos nach Ravenna, um ihn dort zum Kaiser zu machen. Doch nun starb auch Leo. Zeno (474–491) hatte zuviel mit internen Schwierigkeiten zu kämpfen, um den Westen zu unterstützen, und machte Frieden mit den Vandalen.

Nepos, der sich in seiner Stellung nicht halten konnte, ging nach Dalmatien, und 476, als der letzte Titularkaiser Romulus Augustulus von dem Armeeoberbefehlshaber Odoaker zur Abdankung gezwungen wurde, hörte das weströmische Imperium auf zu bestehen. Zeno, der sich zwar offiziell für die Ansprüche Nepos' einsetzte, mußte sich mit der neuen Lage abfinden. Odoaker herrschte jetzt wie die germanischen Könige Geiserich, der Vandale, und Eurich, der Westgote, über ein Gebiet, das bisher zum römischen Imperium gehört hatte.

Westrom hatte aufgehört zu bestehen. Ostrom überlebte, aber nach dem Untergang des Westreichs war dieses Überleben nur noch beschränkt möglich. Die antike römische Welt war auf die Hälfte zusammengeschrumpft. Einer der Gründe dafür, daß die historische klassische Kultur zerfiel, war, wie Gibbon richtig sagt, die Tatsache, daß die beiden ehemaligen Hälften des Reichs in ihrem Zusammenwirken kläglich versagt hatten. In unserer Zeit würde ein ähnlich verhängnisvoller Bruch zwischen Amerika und Westeuropa den Untergang des letzteren zur Folge haben, denn auch Westeuropa ist der schwächere Bündnispartner.

202

9. Rassenkonflikte

Die Geschichte der Beziehungen zwischen Rom und Konstantinopel im Altertum legt uns die Frage nahe, ob Amerika und Westeuropa heute wirksamer zusammenarbeiten können. Es gibt noch eine zweite lebenswichtige Frage zur gegenwärtigen Weltlage, über die nachzudenken uns die Erfahrungen aus dem Altertum anregen. Können Amerika und Westeuropa oder kann eine dieser Mächte ihre internen Rassenprobleme lösen? Können sie die ethnischen Minderheiten in ihrer Mitte assimilieren?

Für Rom bestand die Möglichkeit, als die Germanen in das Imperium einbezogen wurden. Aber die Gelegenheit wurde vertan, und das hatte die schlimmsten Folgen. Anstelle von Einigkeit und Partnerschaft zwischen beiden Völkern gab es akute Spannungen, die in tragischer Weise dazu beitrugen, daß die römische Welt auseinanderfiel.

Lange vor dem letzten Jahrhundert des Römischen Reichs hatten germanische Stämme innerhalb der Grenzen des Imperiums gelebt. Seit Beginn des römischen Kaiserreichs hatten die Herrscher eine große Zahl von Germanen ins Land gebracht, damit jenseits der Grenzen weniger Germanen den Römern Schwierigkeiten machen konnten, auch weil man innerhalb der Grenzen mehr Soldaten und landwirtschaftliche Arbeitskräfte brauchte.

Seit der Regierungszeit Konstantins des Großen bestanden ganze Regimenter der kaiserlichen Feldarmee aus solchen Germanen. Viele wurden Offiziere. Gratian umgab sich ausschließlich mit germanischen Offizieren. Aber auch andere Kaiser jener Zeit folgten seinem Beispiel.

Charakteristisch für die gesamte Periode ist es, daß die Oberbefehlshaber der kaiserlichen Heere immer wieder Germanen waren, denn die Kaiser neigten dazu, einem Ausländer eher zu vertrauen als einem geborenen Römer.

Gelegentlich hielten diese Männer praktisch die Regierungsgewalt in den Händen. Ein solcher Potentat war zum Beispiel Arbogast unter Gratian und Valentinian II. Es stellte sich allerdings heraus, daß er nicht vertrauenswürdig war, denn es ist anzunehmen, daß der mysteriöse Tod Valentinians II. im Jahr 395 sein

Werk gewesen ist. Der bedeutendste germanische Oberbefehlshaber und Herrscher hinter dem Thron war Stilicho, der das Weströmische Reich im Namen des jungen Honorius regierte.

Das Amt des Kaisers stand in so hohem Ansehen, daß selbst die
mächtigsten germanischen Heerführer es nicht für sich in Anspruch genommen haben. Von den Männern, die im 4. und
5. Jahrhundert als militärische Usurpatoren auf den Thron kamen
oder die Herrschaft anstrebten, sind wahrscheinlich nur zwei
Germanen gewesen. Bis kurz vor dem endgültigen Zerfall Westroms zog es der Germane Ricimer vor, hinter dem Thron fügsa-
mer Kaiser zu regieren, anstatt – gegen die Tradition – selbst als
Kaiser die Zügel in die Hand zu nehmen.

Doch das Gleichgewicht der Kräfte zwischen Römern und Germanen im Inneren des Imperiums hatte sich schon ein dreiviertel
Jahrhundert vor Ricimer unwiderruflich zugunsten der Germanen verlagert. Wie sehr sich die Lage verändert hatte, wurde deutlich, als Valens eine große Zahl von Westgoten in die Provinzen
kommen ließ. Gibbon erklärt: »Der erfahrenste Staatsmann im
(modernen) Europa ist nie vor die Frage gestellt worden, welche
Gefahr es bedeutet, eine unübersehbare Menge von Barbaren ein-
zulassen oder abzuweisen, die, von Verzweiflung und Hunger getrieben, entschlossen sind, sich um jeden Preis auf dem Gebiet einer zivilisierten Nation anzusiedeln.« Das aber war die
Schwierigkeit, mit der Valens fertigwerden mußte. Und er ließ die
Barbaren ins Land. Bei Adrianopel wurde er von den Einwanderern, die er hereingelassen hatte, vernichtend geschlagen.

Sie blieben, und 382 entschloß sich Theodosius I. zu dem revolutionären Schritt, es ganzen germanischen Stämmen zu erlauben,
sich als autonome, alliierte oder konföderierte Gemeinwesen auf
dem Territorium des Kaiserreichs niederzulassen, er verpflichtete
sie zum militärischen Dienst in seinem Heer, und zwar unter ihren eigenen Stammeshäuptlingen. Seine Nachfolger setzten diese
Praxis fort und vermehrten die germanischen Kontingente, bis die
Konföderierten zum integrierenden Bestandteil des Lebens im römischen Imperium wurden.

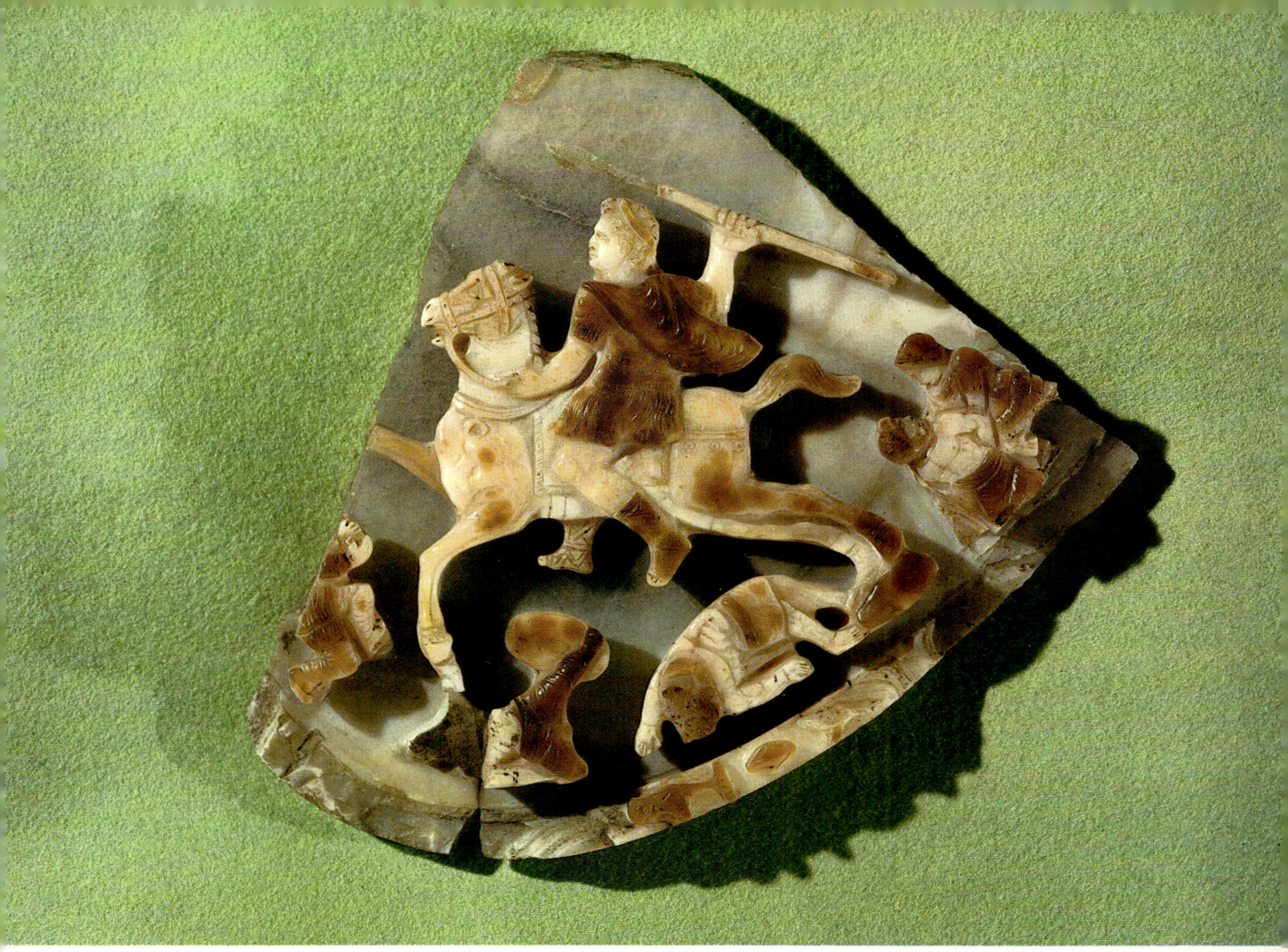
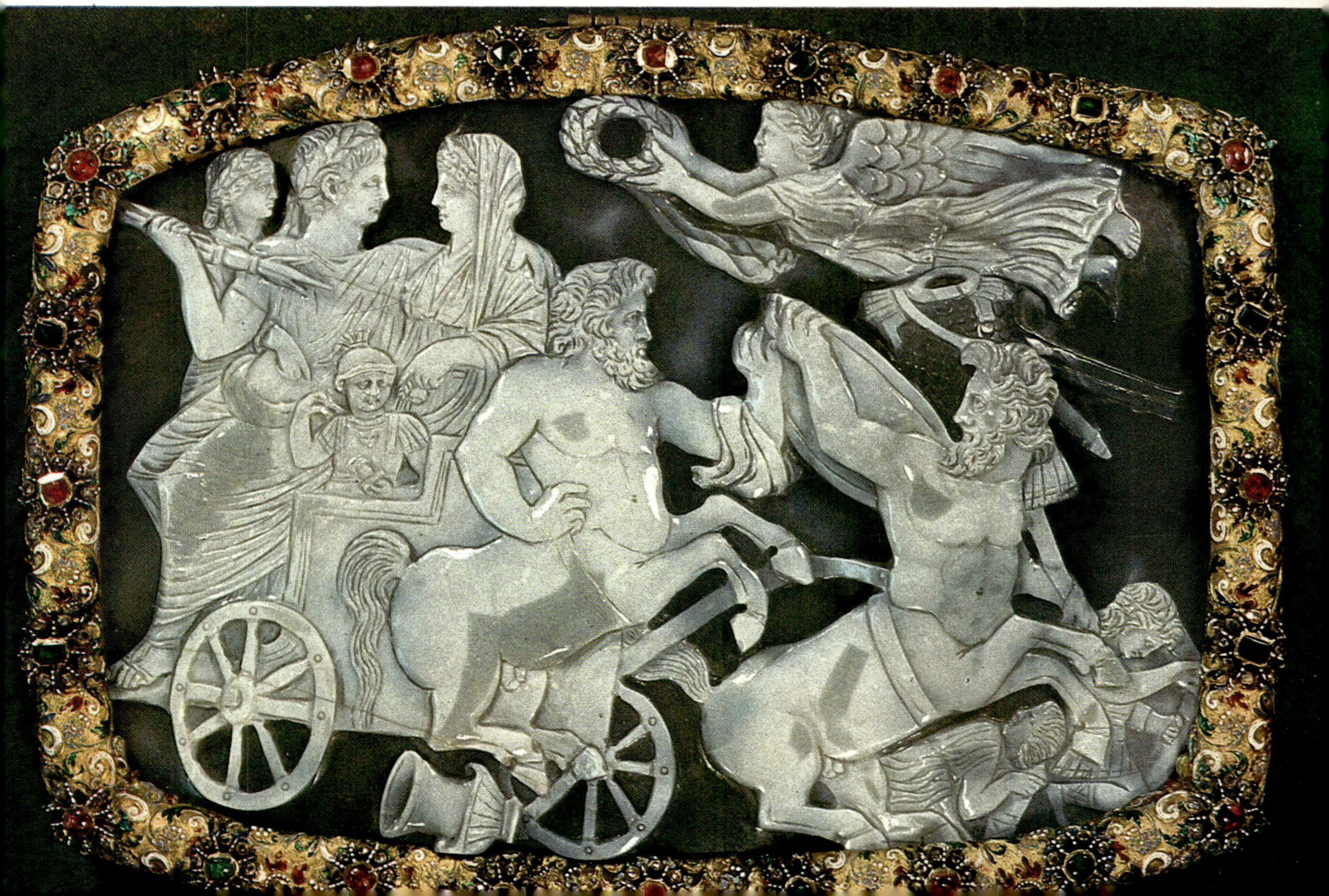

POETA   CORYDON

POE·FORMONSVMCORYDONPASTORARDEBATALEXIN
DELICIAEDOMINIINECQVIDSPERARETHABEBAT
TANTVMINTERDENSASVMBROSACACVMINAFAGOS
ADSIDVAEVENIEBATIBIHAECINCONDITASOLVS

Im frühen 5. Jahrhundert, als sich die Westgoten und Burgunder in Gallien ansiedelten, kam es zu offiziellen Landteilungen, bei denen die örtlichen römischen Grundbesitzer ein Drittel ihres nutzbaren Bodens germanischen Einwanderern überließen.

Später waren es zwei Drittel des Landes, und dazu gehörten noch andere Immobilien. Die Wälder wurden wahrscheinlich halbiert. Der Grundsatz dieser Teilungen stammte aus der alten römischen Gepflogenheit, Soldaten bei Grundbesitzern einzuquartieren, jetzt aber war die Einquartierung eine Dauereinrichtung, zu der die Übereignung von Grund und Boden gehörte. Früher trug dieses System die Bezeichnung *hospitalitas*. Diesen Ausdruck verwendete man auch noch später. So bezeichnete man den Grundeigentümer und seinen germanischen Mitbesitzer etwas zu euphemistisch als ›Gastgeber‹ und ›Gast‹.

Diese Einrichtungen waren ein wichtiger Teil der Entwicklung, mit der die antike Welt allmählich neue nationale, für das Mittelalter charakteristische Wesenszüge annahm. Welche Rolle die westgotischen und burgundischen Siedler bei diesem historischen Wandel gespielt haben, läßt sich erst im Rückblick erkennen. Als sie sich zum erstenmal auf dem Boden des Römischen Imperiums niederließen, hatten sie nicht den Wunsch, das Römische Reich aufzulösen oder seine Institutionen zu mißachten.

Wie wir aus archäologischen Funden sehen, hatten sich germanische Stämme, die bisher außerhalb des Imperiums lebten, aber Beziehungen zu Rom unterhielten, mit Ausnahme wilder Stämme wie der Angeln, Sachsen und der jütländischen Eindringlinge in Britannien, bis zu einem gewissen Grade schon romanisieren lassen. Jetzt verlangten sie nach landwirtschaftlich nutzbarem Boden. Wie ihre Landsleute, die schon seit Jahrhunderten in das Reichsgebiet vorgedrungen waren, hatten auch sie den Ehrgeiz, sich in einer der römischen Provinzen festzusetzen und an der friedlichen Prosperität teilzuhaben.

Wenn sie in die Provinzen kamen, erhob sich deshalb zunächst nicht die Frage nach vollständiger Unabhängigkeit gegenüber dem Imperium. Im Gegenteil: Die germanischen Neuankömmlinge hofften, in einer Art von Koexistenz mit den Römern leben zu können. Das war ein bedeutender Abschnitt in ihrer Geschichte; der Schimmer einer neuen politischen Ordnung, in der Römer und Germanen als Partner zusammenleben würden.

Die Römer hatten die Germanen nicht am Überschreiten ihrer Grenzen hindern können; jetzt konnten sie sie nicht wieder hinauswerfen. Natürlich durfte man nicht erwarten, daß es den bisherigen Bewohnern der Provinzen gefiel, an die Neuankömmlinge Land abzutreten. Aber Rom war auf die Dienste dieser Leute im Heer und in der Landwirtschaft angewiesen. Anders als die meisten Historiker und obwohl er sich der Tatsache bewußt war, daß die Entwicklung nicht immer den Erwartungen entsprach, hielt Gibbon das für eine erregende Idee. Im Hinblick auf einen früheren Kaiser, Marcus Aurelius Probus, der die Einwanderung der Germanen begünstigt hatte, erklärte der Historiker, wie konstruktiv eine solche Politik hätte sein können.

». . . Probus faßte in seiner Weisheit einen großen und wohltätigen Plan, mit dem er in den erschöpften Grenzgebieten neue Kolonien mit gefangenen oder flüchtigen Barbaren einrichten wollte. Sie sollten Land, Vieh, landwirtschaftliche Geräte und jede Hilfe erhalten, die sie anregen konnten, hier ein neues Geschlecht von Soldaten entstehen zu lassen, die der Republik dienen sollten.«

Die Germanen wollten an den Wohltaten der römischen Zivilisation teilhaben und waren – soweit sie überhaupt an diese Möglichkeit gedacht haben – durchaus bereit, gut mit den Römern auszukommen, in deren Mitte sie sich ansiedelten. Sie hatten eigentlich auch keine andere Wahl, denn das germanische Element blieb innerhalb der gemischten Bevölkerung verhältnismäßig schwach. In ihrem ganzen Königreich, das sich schließlich von der Loire bis nach Gibraltar erstreckte, lebten wahrscheinlich nicht mehr als 100000 Westgoten. Das waren etwa 2 Prozent der Bewohner dieses Gebiets.

Schließlich wendeten sich die Westgoten doch gegen Rom und plünderten es. Aber ihr Führer Alarich sollte nicht nur als Erobe-

Der Soldatenkaiser Marcus
Aurelius Probus (276–282
n. Chr.)

rer Roms in die Geschichte eingehen. Er war eine bemerkenswerte
Persönlichkeit mit konkreten Plänen, denn, wie der gotische Historiker Jordanis im 6. Jahrhundert schrieb, er wollte ein römisch-germanisches Volk entstehen lassen. Sein Sohn und Nachfolger Athaulf (410–415), der die Halbschwester des Honorius, Placidia, heiratete, hat das in einer Form ausgedrückt, die uns im Hinblick auf unsere heutigen Rassenprobleme bemerkenswert erscheinen muß. Der Verfasser der *Geschichte gegen die Heiden*, Ambrosius, erfuhr durch einen Bürger von Narbonne, daß Athaulf sich im folgenden Sinne geäußert hatte:

»*. . . Zunächst war es mein heißer Wunsch, den Namen der Römer auszulöschen und das römische Reich in ein gotisches Reich zu verwandeln. Aus Romania, wie man es gemeinhin nennt, sollte Gotia werden. Athaulf sollte an die Stelle des Caesar Augustus treten. Aber lange Erfahrungen lehrten mich, daß die wilde Barbarei der Goten sich mit den Gesetzen nicht in Einklang bringen ließ.*

Ohne Gesetze gibt es keinen Staat. Ich entschloß mich daher zu dem ruhmreichen Vorhaben, das Ansehen Roms in seiner ganzen Integrität wiederherzustellen und es durch die Macht der Goten zu stärken. Ich hoffe, als Erneuerer Roms in die Geschichte einzugehen, denn es ist nicht möglich, an seiner Stelle etwas Neues aufzubauen.«

Das also war die erregende Idee, die einige germanische Führer bewußt verfolgten. Joseph Vogt hat in seinem 1967 erschienenen Buch *Der Niedergang Roms* die praktischen Möglichkeiten analysiert:

»Die Westgoten und Burgunder waren ›einquartierte Gäste‹ in den römischen Provinzen und als solche abhängig von dem, was die im Lande verwurzelten Institutionen ihnen zu bieten hatten. Die zahlenmäßige Unterlegenheit der Fremden war an sich schon ein Grund für sie, eine möglichst weitgehende Übereinstimmung mit der angestammten Bevölkerung zu suchen. Für die germanischen Minderheiten war es sehr schwierig, sich dem Druck des römischen Einflusses zu widersetzen.

Darüber hinaus wurde die Solidarität der germanischen Bevölkerung durch ihre eigene soziale Ordnung behindert. Die Westgoten bestanden aus einer oberen und einer unteren Schicht, mit jeweils eigenen Gesetzen, während die Burgunder drei Klassen kannten: den Adel, den freien Mittelstand und die freie Unterschicht. Auf diesem unsicheren Fundament begannen beide Völker einen Staat aus Germanen und Römern zu errichten, zwei Elementen, die nebeneinander leben, aber ihre Identität bewahren mußten.

Der wichtigste verbindende Faktor war der (germanische) Monarch. Seine römischen Untertanen erkannten ihn an, weil der Kaiser ihm bestimmte Ämter und Ehrentitel verliehen hatte oder weil er angeblich mit dem kaiserlichen Hause verwandt war. Die Versammlung germanischer Krieger wurde nur selten vor wichtigen Entscheidungen gehört, und der germanische Adel mußte sich damit abfinden, dem König zu dienen. Von Anfang an hatten Römer Zugang zu hohen Posten in der Zentralregierung und zum königlichen Haushalt, der eng mit dieser Regierung verflochten war. Das Kanzleramt behielt seinen römischen Charakter. Die Struktur der Provinzialregierung blieb unverändert, und die Regierung griff nicht in das Wirtschaftsgefüge ein. Das Lateinische war die Amtssprache, das Steuersystem blieb das gleiche und die Münzen glichen denen des Kaiserreichs.«

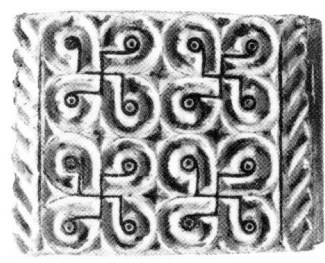

Seiten 212–213:
Muster auf germanischen
Schwertscheiden, Nydam, Nord-
schleswig (ca. 500 n. Chr.)

Doch die entscheidende Frage war, wie die Römer auf dieses beispiellose Experiment mit der Koexistenz reagieren würden, bei dem sie ihre Provinzen und ihr Land in einer ganz neuartigen Partnerschaft mit einer fremden Rasse teilen sollten.

Auf höchster Ebene mangelte es nicht an allgemeinen Bestätigungen dieses Grundprinzips. Augustinus wies darauf hin, daß wir alle von Adam und Eva abstammen, und stützte sich dabei auf den Brief des Paulus an die Galater: »Hier ist kein Jude noch Grieche, hier ist kein Knecht noch Freier, hier ist kein Mann noch Weib; denn ihr seid allzumal Einer in Christo Jesu.« Wie in früheren Jahrhunderten war man sich auch jetzt durchaus der alles umfassenden Einheit des römischen Reichs bewußt, das aus vielen Rassen bestand. Claudian erklärte: »Wir mögen das Wasser des Rheins oder des Orontes trinken, wir sind doch alle ein Volk«, und die ewige Aufgabe Roms bestünde darin, die Freundschaft unter den Völkern zu festigen:

Rom ist die einzige Stadt,
Die die Besiegten in die Arme nimmt,
Die ganze Menschheit unter einem Namen
Als ihre Kinder, nicht als Sklaven vereint.
Römische Bürger werden sie genannt;
Sie kommen von weit her und bewohnen
Gemeinsam ihrer Väter Haus.

Der christliche Lyriker Prudentius setzte sich entschieden für das gleiche Ideal ein:

Ein gleiches Recht gab ihnen gleichen Stand,
Verband sie durch den gleichen Namen . . .
Wir leben weit verstreut in vielen Ländern
Wie Bürger gleichen Blutes aus der gleichen Stadt,
In deren Mauern wir vereinigt sind, wo unsere Väter lebten.

Der Dichter Rutilius Namatianus erklärte in diesem Sinn, Rom herrsche, weil es verdiene zu herrschen, weil es alle Menschen unter einem einzigen Gesetz vereinigt habe, das sie befähige, ohne Fesseln zu leben.

Auch fehlte es nicht an Anzeichen dafür, daß diese hohen Ideale in der Koexistenz mit den Germanen verwirklicht werden könnten.

Besonders der christliche Historiker Orosius erblickte in dem Frieden, den Athaulfs Nachfolger Wallia mit Honorius schließen wollte, eine großartige Gelegenheit. Orosius stellte sogar Überlegungen darüber an, daß die germanischen Häuptlinge eines Tages mächtige Könige werden könnten. Zwar gab er zu, daß es jetzt noch Spannungen und Feindschaften gäbe, stellte aber fest, daß die Germanen schon angefangen hätten, Frieden mit ihren Nachbarn zu halten, und daß die Burgunder zum Beispiel freundlich und bescheiden genug wären, ihre gallo-romanischen Untertanen wie Brüder zu behandeln.

Wie eine Reihe anderer Kirchenmänner war auch Orosius bereit, sich mit den neuen Kräften zu arrangieren. Er dachte an die Möglichkeit einer künftigen christlichen Gesellschaftsordnung, in der eine gewisse Einheit zwischen Römern und Germanen entstehen sollte, um so das dringendste Problem dieses Zeitalters zu lösen. Auch sein Glaubensbruder Paulinus von Nola nahm an, daß die Barbaren, wenn sie zum Christentum bekehrt würden, Recht und Ordnung anerkennen müßten.

Ebenso unterstützte Salvian das Streben nach dieser neuen Koexistenz. Er tat es vor allem aus ethischen und rhetorischen Gründen, denn er stellte immer wieder die Korruptheit der römischen Gesellschaft der angeblich überlegenen Moral, Menschlichkeit, sozialen Solidarität und Gerechtigkeit der Barbaren gegenüber, wenn diese auch noch ungeschliffen und schlecht organisiert waren. Mit dieser Einstellung konnte Salvian gegenüber den germanischen Völkern eine ungewöhnlich konstruktive Auffassung vertreten. Vorausschauend und weit über die zu hoch gespannten Erwartungen seiner Zeitgenossen hinausgehend gelang es ihm, an diesem germanischen Phänomen das zu entdecken, was neuartig und wichtig war. Hätte auf Grund guter Beziehungen zwischen den Rassen ein neuer Anfang gemacht werden können, wenn die römische Oberschicht auf ihn gehört hätte, der als einer von wenigen seine mahnende Stimme erhob?

Ein Angehöriger jener Klasse, der zwei Jahrzehnte später schrieb – nur zehn Jahre vor dem Zusammenbruch der römischen Herrschaft – war ein gewisser Paulinus. Nicht der bekanntere Dichter aus Nola, sondern Paulinus aus Pella, der Stadt in Nordgriechenland, in der er geboren war, obwohl seine Familie aus Gallien stammte. In seinem Gedicht *Das Dankgebet* schildert er uns, wie das Leben sich für den gallo-romanischen Adel unter germanischer Herrschaft gestaltete. Er selbst hatte große Verluste erlitten, aber als junger Mann gute persönliche Beziehungen zu Athaulf unterhalten. Daraus resultierte seine freundschaftliche Einstellung gegenüber den Westgoten.

Der Friede war es, den ich suchte
Bei den gotischen Herren, die selbst den Frieden wollten
Und bald ihn anderen gewährten.
Als Preis dafür verlangten sie ein ungestörtes Leben.
Wir hatten nichts dagegen, denn wir sahen,
Daß sie die Macht in Händen hielten;
Gewährten sie uns ihre Gunst, dann blühte unser Wohlstand.
Das war nicht leicht, und viele hatten schwer zu leiden.
Ich litt mit ihnen und verlor meinen Besitz,
Ja, überlebte dann sogar mein Vaterland.

Der gallo-romanische Aristokrat Sidonius hatte ähnliche Vorstellungen. Als Bischof von Clermont-Ferrand hatte er sich allerdings in den Jahren 471 bis 475 an den Kriegen gegen den westgotischen König Eurich beteiligt, doch vor und nach diesem kriegerischen Zwischenspiel schrieb und sprach er für die Koexistenz mit den Germanen, von denen er viele gut kannte. Diese Haltung kommt zum Beispiel in seiner Lobrede auf den König Eurich, »unseren Herrn und Meister, dem eine eroberte Welt huldigt«, zum Ausdruck. Auch dem fränkischen Grafen von Trier versicherte Sidonius, sein lateinischer Sprachstil flösse so prächtig wie der Tiberstrom.

Aber diese Stimmen, die sich mit der neuen Stellung der Germanen abfanden, waren selten.

Sogar ein so hervorragender Historiker wie Ammianus bildete

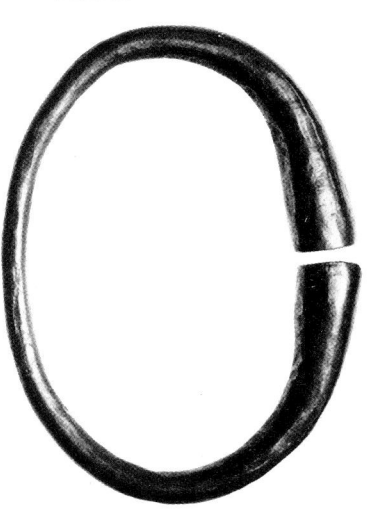

Fränkischer Schmuck aus einem Grab in Herpes, Charente, Frankreich

hier keine Ausnahme. Er mußte wohl zugeben, daß die zynische, schlechte Behandlung der germanischen Einwanderer durch römische Beamte die Katastrophe von Adrianopel ausgelöst hatte. Für ihre in die Sklaverei verkauften Söhne hatte man den hungernden Westgoten Hundefleisch zu essen gegeben. Dennoch schien es unrealistisch zu glauben, alle im Imperium niedergelassenen Germanen könnten irgendwie vertrieben werden, wenn man sich nur die Mühe machen wollte, oder falls dies nicht gelang, man könnte sie zwingen, als Sklaven der Römer in deren Mitte weiterzuleben. Auch die Hunnen, die einen wesentlichen Bestandteil der Armeen von Theodosius I. ausgemacht hatten, waren in den Augen des Ammianus kaum menschliche Wesen: »Sie sind so unbeschreiblich häßlich und mißgestaltet, daß man sie für zweibeinige Tiere halten könnte oder für die aus rohen Holzblökken geschnitzten Idole, wie man sie als seitliche Stützen beim Brückenbau verwendet . . . Wie unvernünftige Tiere kennen sie nicht den Unterschied zwischen Recht und Unrecht.«

Der Bischof Optatus von Mila in Algerien behauptete, es sei ausgeschlossen, unter den Barbaren christliche Tugend zu finden. Synesius von Cyrene begegnete den germanischen Siedlern mit der gleichen Ablehnung und wollte ihnen kein Land geben. Er verlangte, man sollte sie zurückschicken, und erkannte nicht, daß dies ganz unmöglich war. Wenn man sie jedoch behielte, dann sollte man sie zu Sklaven machen.

». . . Der Titel Senator, der in alten Zeiten für die Römer als höchste aller Ehren angesehen wurde, ist wegen der Barbaren verächtlich geworden . . . wegen der gleichen blonden Barbaren, die im Privatleben die Rolle von Haussklaven spielen und uns im öffentlichen Leben Befehle geben.

In seiner übermäßigen Gnade hat Theodosius I. sie freundlich und nachsichtig behandelt, hat ihnen die Bezeichnung Verbündete verliehen, ihnen politische Rechte und Ehren gewährt und sie großmütig mit Land beschenkt. Aber sie haben die darin zum Ausdruck gekommene edle Haltung nicht verstanden und nicht anerkannt. Sie haben sie als Schwäche gedeutet, und das hat in

Das Nydam-Schiff, seetüchtiges
nordgermanisches Schiff
(4. Jahrhundert)

*ihnen eine unverschämte Arroganz und unerhörte Prahlsucht
geweckt.«*

Es ist enttäuschend festzustellen, daß auch Prudentius, der so vernünftig erklärt hatte, alle Völker des Imperiums seien »gleichberechtigt und durch einen einzigen Namen miteinander verbunden«, alle Barbaren verabscheut und sie zusammen mit den heidnischen Römern als verächtliche Objekte bezeichnet hat.

Wie Tiere sich von Menschen unterscheiden,
Weil sie sprachlos sind,
Wie von dem Mann, der göttlichen Geboten folgt,
Törichte Heiden, so steht das stolze Rom
Allein hoch über allen Ländern der Barbaren.

An die Stelle des Universalismus des Apostels Paulus war bei den Christen nun die überlieferte Verachtung der Römer für diese Außenseiter getreten. Auch Ambrosius verlieh den gleichen Gefühlen Ausdruck, wenn er die Goten als zerstörerische Kräfte des Magog bezeichnete, über die sich der Prophet Hesekiel beklagt, und als ein Bischof barbarische Sitten anzunehmen schien, beschuldigte er ihn der Gotteslästerung.

Ambrosius beschrieb die heftigen kriegerischen Auseinanderset-

217

zungen zwischen den Barbarenvölkern, und Claudian ließ sich wie manche andere dadurch anregen zu behaupten, der Umstand, daß Stilicho Germanen in sein Heer eingegliedert habe, wirke sich insofern günstig aus, als diese sich jetzt gegenseitig bekämpften und töteten. Obwohl Claudians Schutzherr Stilicho selbst Germane war, gelang dem Dichter das literarische Akrobatenstück, seinen oströmischen Gegner Rufinus wegen dessen geheimer pro-germanischer Haltung zu tadeln.

Im Schutz der festen Mauern seiner Stadt
Verübte er die schändlichsten Verbrechen . . .
Zerstörung war ihm eine Augenweide
Und Wilde sah er mit Vergnügen an . . .
Nicht schämt' er sich wenn fellbekleidete Barbaren
Das römische Gesetz verachtend Recht sprachen
Auf dem Richterstuhl.

Bei Claudian zeigten sich wieder alle herkömmlichen Vorurteile. Er behauptete, die Barbaren seien nichts als Wilde, die sich nur für den Krieg und räuberische Überfälle interessierten. Die Hunnen ermordeten ihre eigenen Eltern und stießen wilde Flüche über ihren Leichen aus. Mischehen mit Afrikanern seien ekelhaft, und »ein farbiger Bastard beschmutzt die Wiege«. Auch Hieronymus beklagte, daß Rom »sein Leben mit Gold und Kostbarkeiten von den Barbaren gekauft hat«, und suchte mit Zitaten aus der heiligen Schrift zu beweisen, daß sie nur wilde Tiere seien.

Symmachus erzählt in einem seiner in geschliffenem Stil geschriebenen Briefe eine Geschichte, die zeigt, welch traurige Haltung er im Hinblick auf die Rassenfrage einnahm. In Rom gab es zu jener Zeit immer noch Gladiatorenkämpfe, und Symmachus brachte in seiner Eigenschaft als Präfekt 29 Sachsen zu diesen Vorführungen in die Stadt. Aber bevor die Kämpfe ausgetragen wurden, erhängten sich diese Leute in ihren Zellen. Symmachus hatte für die unglücklichen Gefangenen kein Wort des Mitgefühls. Er betrachtete sie lediglich als Tölpel und Ausländer, die sich geweigert hatten, ihm zu gehorchen und ihm mit einem schmutzigen Trick zuvorgekommen waren.

Diese Mißachtung und dieser Haß saßen tief. Sogar Orosius, der die Germanen in ungewöhnlich fortschrittlicher Weise als politische Kraft einschätzte, qualifiziert sein Urteil, indem er seine persönlichen Gefühle wie folgt beschreibt: »Ich habe die Barbaren gesehen, und ich mußte ihnen aus dem Wege gehen, weil sie mir schaden wollten; ich mußte ihnen schmeicheln, weil sie die Herren waren; ich mußte sie anbeten, obwohl sie Ungläubige waren und vor ihnen fliehen, weil sie Fallen stellten.«

Auch Salvian versäumte es nicht, obwohl er die künftige Rolle der Germanen in der westlichen Welt erkannte, etwas über den üblen Geruch ihrer Körper und Kleidung zu sagen. Zwar verglich er ihre einfachen, schlichten Tugenden mit der verderbten Korruptheit der Römer, hatte aber dennoch an allen Stämmen etwas auszusetzen. Die Goten bezeichnete er als untreu, die Alanen als gierige Lüstlinge, die Alemannen als Säufer, die Sachsen, Franken und Herulier als unbarmherzig und grausam.

Sidonius, der die Rolle der Germanen zu seiner Zeit ebenfalls anerkannt hatte, ließ keinen Zweifel daran, daß er dies nur sehr ungern tat, denn er fühlte sich abgestoßen durch die rauhen Sitten und die Unwissenheit selbst der Besten unter seinen germanischen Nachbarn. Die lauten, in Horden lebenden, mit Tierfellen bekleideten Goten und die tätowierten Herulier waren ihm zuwider. Auch mochte er nicht die Sitten der zwar genialen, aber bäurischen Burgunder, die »an Körper und Geist stocksteif und schwer zu beeinflußen sind« und sich das Haar mit stinkender, ranziger Butter einschmieren. Er fand auch keinen Gefallen an der Art, wie die Germanen um ihre Toten trauerten und sich dabei blutige Schnitte auf den Wangen beibrachten. Solange er in der Mitte dieser übelriechenden, mehr als zwei Meter großen Riesen mit wergfarbigem Haar leben müßte, sei es ihm nicht möglich, sechsfüßige Verse zu schreiben.

Die tolerante Haltung des Sidonius gegenüber den Germanen war in der Tat nur oberflächlich oder von diplomatischen Erwägungen bestimmt. Persönlich wollte er nichts mit ihnen zu tun haben. »Du lehnst die Barbaren ab«, schrieb er an seinen Freund Philagrius, »weil sie einen schlechten Namen haben. Ich lehne sie sogar dann ab, wenn ihr Name gut ist.« Seinen anderen Freund Syagrius, der die burgundische Sprache beherrschte – für einen Römer eine besondere Leistung –, konnte Sidonius dafür nur sarkastisch verspotten. Mit anderen Worten, auch dieser kultivierte und intelligente Mann, der sich der politischen Bedeutung der Germanen durchaus bewußt war, legte keinen Wert auf den gesellschaftlichen Verkehr mit ihnen und war froh, wenn er sie sich auf Armeslänge vom Leibe halten konnte.

Auf der so überaus wichtigen psychologischen Ebene hatten sich die Erwartungen im Hinblick auf die Partnerschaft nicht erfüllt. Die Führer der römischen Oberschicht waren zu sehr in ihren kulturellen Vorurteilen befangen, um den Germanen mit einer positiven Zusammenarbeit oder gesellschaftlicher Anerkennung auf halbem Wege entgegenzukommen.

Die intellektuelle und emotionale Reaktion der Römer auf die Herausforderung, die die Koexistenz mit den Barbaren für sie bedeutete, war auf jeder Stufe deprimierend negativ. Bestenfalls betrachteten sie die Einwanderer mit hochmütiger und fast unverhüllter Ablehnung. Diese Ablehnung stützte sich zum Teil auf äußere, sie abstoßende Eigentümlichkeiten, zum Teil aber auch auf ein überliefertes, durch Unkenntnis geprägtes Vorurteil. Diese Mischung aus falschen Vorstellungen ergab ein steriles und schädliches Bild, nach dem die Germanen treulose, sittenverderbte Untermenschen waren, die keinerlei Beziehung zu irgendeiner Zivilisation hatten. Ganz bewußt zwangen die Römer ihren neuen unwillkommenen Nachbarn eine Art geistiger Apartheit auf, betrachteten sie als nicht assimilierbare, gezeichnete Menschen und isolierten sie durch eine Mauer beredter oder schweigender Ablehnung.

Heute noch erhaltene Aufzeichnungen dieser Einwanderer beweisen, daß sie sich der ihnen aufgezwungenen Inferiorität bewußt waren. Auf einem Grabstein aus Südgallien bekennen zwei Germanen, daß ihre Abstammung »ein Teil des Makels ist, den die Taufe abgewaschen hat«.

220

Grabstein des Leontius, Köln,
mit christlichen Symbolen

Im gleichen Sinne heißt es auf einer Grabschrift aus Antwerpen, daß der Tote, ein gewisser Murranus, der aus dem Donauland gekommen war, sie selbst verfaßt hatte, denn »die Not lehrt sogar die Barbaren das Schreiben«.

Doch andere Germanen reagierten auf die sie umgebende Feindschaft ganz anders. Sie wollten sich nicht romanisieren lassen. Da sie sich weniger gut schriftlich auszudrücken verstanden, als die Römer, sind Aufzeichnungen, in denen sie ihre Gefühle zum Ausdruck gebracht haben, nicht erhalten. Aber die Tatsachen illustrieren ihre Reaktion sehr deutlich. Die Eingliederung germanischer Truppenverbände in das Heer schlug fehl. So wie sie selbst abgelehnt und verachtet wurden, lehnten sie ihrerseits auch Rom ab, an dessen Ruhm teilzuhaben sie einst gehofft hatten.

Die Idee des Kaisers Theodosius I., diese Verbände in das römische Heer aufzunehmen, war nicht schlecht gewesen. Damit hätte sich die Gelegenheit einer ethnischen Partnerschaft ergeben, und das war die beste Lösung, die ihm zur Verfügung stand. Die Germanen waren gute Kämpfer und kosteten weniger als römische Soldaten. Wenn man ihren militärischen Einsatz auf das beschränken konnte, was man ursprünglich mit ihnen im Sinn gehabt hatte, um sie nach Abschluß der Kämpfe friedlich an ihre neuen Heimstätten zu entlassen, dann würde alles gut sein. Deshalb wurden im Lauf der Zeit mehr und mehr Einheiten aufgestellt, die aus

221

Porphyr-Sarkophag der hl. Helena, Mutter Konstantins des Großen (gest. 327 n. Chr.)

verbündeten Germanen bestanden. Die Einwanderer bildeten immer stärkere Formationen, die dann praktisch zur regulären Armee gehörten.

Obwohl die gegenteilige Ansicht bei den Römern weit verbreitet war, blieben die in *römischen* Verbänden dienenden einzelnen germanischen Soldaten im allgemeinen loyal. Es ist jedoch eine traurige Tatsache, daß die *konföderierten* Verbände zwar in bestimmten Notfällen wertvolle Dienste leisteten, man sich aber meist nicht darauf verlassen konnte, daß sie die Befehle ausführten, sondern daß sie sich als vollkommen unzuverlässig erwiesen. Es kam bei diesen Verbänden immer wieder zu Unruhen und Revolten. Zum Teil lag das an ihrer naturgegebenen Disziplinlosigkeit und an dem Verlangen, immer mehr Land in Besitz zu nehmen. Hauptursache war aber wahrscheinlich, daß sie selbst wußten, wie sehr die Römer sie haßten, und sie sich deshalb ihnen gegenüber nicht zur Treue verpflichtet fühlten. Zudem waren sie sich der Tatsache bewußt, daß einige der besten römischen Heerführer und sogar Offiziere vom Rang eines Constantius III. in ihren zahlreichen Kriegen lieber germanisches und konföderiertes als römisches Blut vergossen.

Es kam daher immer häufiger zu Gehorsamsverweigerungen und zum Abfall konföderierter Verbände. So hinderten germanische Truppen im Jahr 409 andere germanische Stämme nicht daran, die Grenze nach Spanien zu überschreiten. Dreizehn Jahre später ließen sie ihren römischen Befehlshaber in jenem Land im Stich und schlossen sich seinen vandalischen Gegnern an, die wie sie Germanen waren. In der Folgezeit gerieten die konföderierten Truppen ganz außer Kontrolle der Römer und wurden zu einer großen Gefahr.

Das große Experiment wurde zur Katastrophe. Anstatt zu einer neuen Einheit zu führen, war im Herzen des Imperiums eine lebensgefährliche Disharmonie entstanden. Durch die Massenrekrutierung germanischer Soldaten konnte der Untergang Roms nicht aufgehalten werden; sie half vielmehr, dieses Gebäude zu stürzen. An sich war es ein vernünftiger Plan gewesen. Der Fehler lag darin, daß die Römer selbst nicht bereit gewesen waren, ihn konsequent durchzuführen.

Man hat behauptet, das Römische Reich sei untergegangen, weil die römische Rasse verdorben wurde. Das Gegenteil trifft eher zu. Bevor sich im Lauf der Jahrhunderte manches durch die Rassenvermischung verändert hat, verwandelte sich der Volkscharakter der Römer nicht unbedingt im negativen Sinn. Es war vielmehr höchst bedauerlich, daß er sich als Folge des Zusammenlebens mit den Germanen nicht stärker veränderte. Anstatt die Rassenvermischung zu bedauern, sollte man richtiger sagen, der Untergang Roms sei dadurch beschleunigt worden, daß die Römer die Germanen, die sie in das Gebiet des Imperiums aufgenommen hatten, nicht dadurch assimiliert haben, daß beide Rassen Gelegenheit erhielten, sich zu vermischen.

Im täglichen Leben haben natürlich beide Seiten wirtschaftlich und technisch voneinander gelernt. Auf seiten der Germanen war das die Folge ihres Eifers, wenigstens zunächst alles Römische zu übernehmen, was ihnen vorteilhaft erschien. Andererseits hat auch Rom den Germanen technisch viel zu verdanken (zum Beispiel das im Kampf sehr wirksame germanische Langschwert). Der Verfasser der *Schrift über die Kriegführung* erklärt deshalb, »die barbarischen Völker sind keineswegs ohne Erfindungsgeist.«

Aber die offizielle politische Linie nahm von solchen Dingen keine Kenntnis, sondern unterstützte energisch die allgemeine römische Neigung, diese Einwanderer zu isolieren.

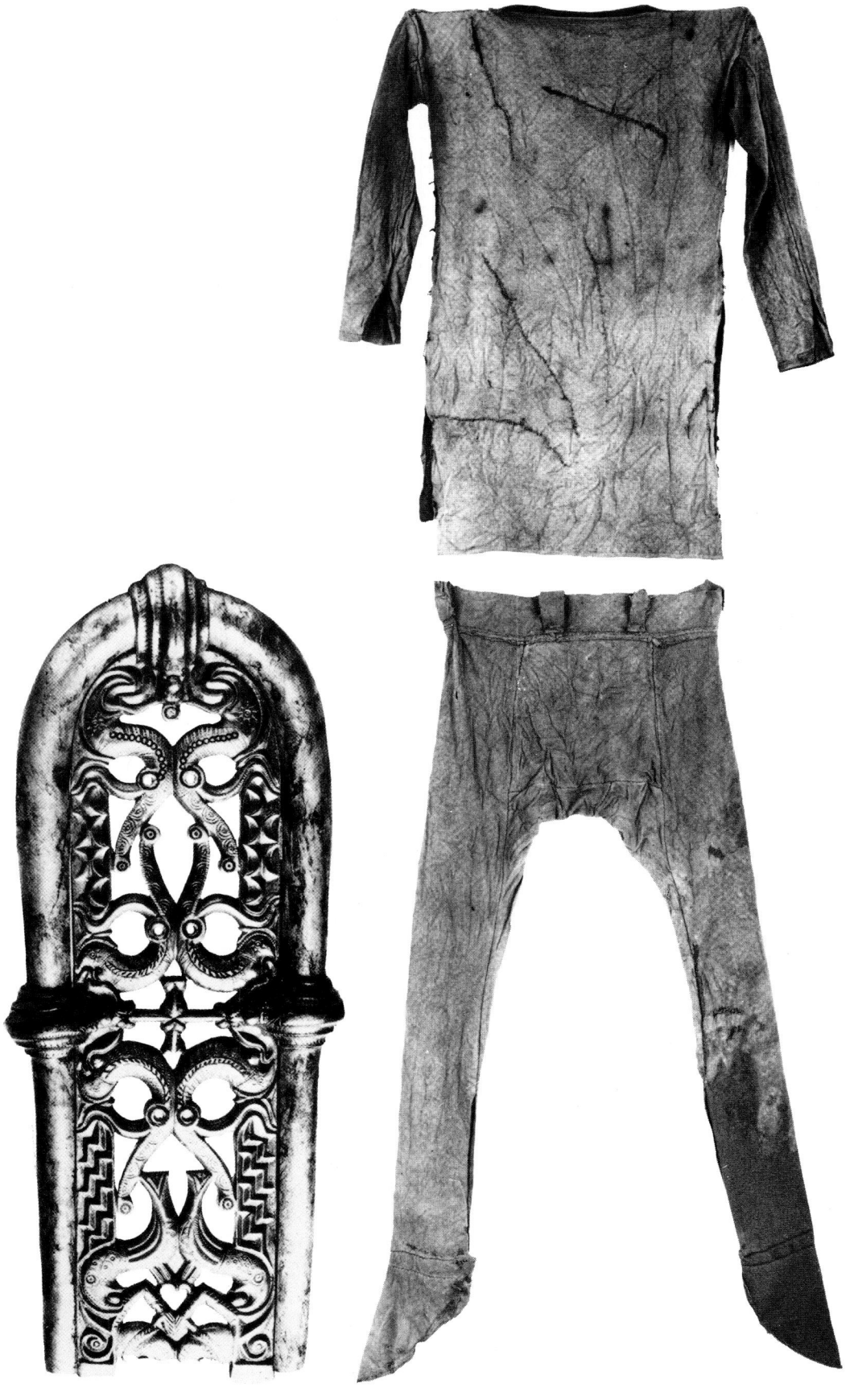

Es war schon schlimm genug, daß die örtlichen Gouverneure und Truppenbefehlshaber die Westgoten vor der Schlacht bei Adrianopel brutal ausgebeutet hatten. Sie handelten jedoch wenigstens nicht auf Befehl des Kaisers. Solche Verordnungen, deren Absicht es war, Römer und Germanen voneinander fernzuhalten, waren zu jener Zeit aber schon anderswo erlassen worden. Ein 370 verabschiedetes und unter Valentinian und Valens gültiges Gesetz verbot Ehen zwischen römischen Bürgern und germanischen Einwanderern und ordnete zur Durchsetzung dieses Verbots die strengsten Maßnahmen an.

Ähnliche Verbote erstreckten sich sogar auf ganz äußerliche Dinge wie zum Beispiel die Kleidung. Die Römer hatten von den Barbaren unter anderem bestimmte Formen der Bekleidung übernommen. So trug der römische Adel gern wollene Hemden nach einem aus den Donauländern übernommenen Muster und sächsische Hosen und Umhänge aus Nordgallien, die an der Schulter mit germanischen Filigranbroschen befestigt wurden.

Aber die kaiserlichen Behörden lehnten solche modischen Dinge entschieden ab. 397 wurde es zum Beispiel bei Androhung der Landesverweisung und Beschlagnahme allen Besitzes verboten, in der Stadt Rom Hosen zu tragen. Es folgten drei weitere Edikte, und 416 wurde das Tragen barbarischer Pelze und Lederbekleidung in der Hauptstadt und ihrer Umgebung für ungesetzlich erklärt; das galt sogar für Sklaven.

Wenn der bedeutendste politische Führer seiner Zeit, Aetius, nicht 454 ermordet worden wäre, dann hätte sich sogar zu diesem späten Zeitpunkt wenigstens vorübergehend aus den Trümmern der Beziehungen zwischen Römern und Germanen noch etwas retten lassen; denn er war ungewöhnlich geschickt und taktvoll in der Behandlung der Germanen, wie Gibbon zu Recht behauptet. »Die Barbaren, die sich in den Westprovinzen festgesetzt hatten, lernten, ohne daß sie sich dessen bewußt wurden, den Patrizier Aetius zu achten, ihm zu glauben und ihn zu schätzen. Er zügelte ihre Leidenschaften, nahm Rücksicht auf ihre Vorurteile, glich ihre Interessen aus und hielt ihren Ehrgeiz im Zaum.«

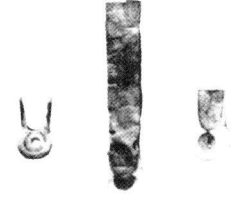

Schwerter

Aber Aetius wurde von seinem unfähigen Kaiser Valentinian III. ermordet. So beschleunigte sich der Verfallsprozeß und trat in die letzte, zum Untergang führende Phase.

Die Spannungen zwischen Römern und Germanen auf politischer und persönlicher Ebene wurden durch die Tatsache verstärkt, daß sich beide Völker zu verschiedenen Religionen bekannten, denn während die Stämme, die außerhalb des Imperiums lebten, Heiden waren, nahmen diejenigen, die sich innerhalb der Grenzen des Römischen Reichs ansiedelten, den christlichen Glauben an. Sie waren jedoch Arianer, und zwischen dieser Sekte und den Katholiken, die die römische Regierung beherrschten, waren die dogmatischen Unterschiede, auf die wir im Anhang I zurückkommen werden, bedeutend.

Die Germanen waren Arianer geworden, weil Ulfilas, der sie im 4. Jahrhundert missioniert hatte, Arianer gewesen war. Er erlebte nicht mehr die Bekehrung der Westgoten, aber seine Missionsarbeit war so erfolgreich gewesen, daß die Westgoten während der Besiedlung des Balkans geschlossen zum arianischen Glauben übertraten. In der Folgezeit übernahmen alle germanischen Völker und alle germanischen Heerführer innerhalb des Imperiums das Christentum in seiner arianischen Form.

Obwohl der arianische Glaube, wie sie ihn interpretierten, eine etwas trockene und starre Angelegenheit war, wurde er von den Germanen aller Schichten übernommen, weil er für sie verständlicher war als der katholische; denn das arianische Dogma ging davon aus, daß der Sohn jünger wäre als der Vater und diesem deshalb in gewissem Sinne untergeordnet sein müsse. Das entsprach ihrer patriarchalischen Gesellschaftsstruktur.

Die religiösen Unterschiede zwischen den arianischen Germanen auf der einen und der katholischen Kirche im Weströmischen Reich auf der anderen Seite erweiterten und vertieften die schon bestehende Kluft zwischen beiden Völkern.

Es gab allerdings auch Stimmen, die darauf hinwiesen, daß die Germanen zumindest Christen seien. Augustinus und Orosius erklärten, das sei auch der Grund gewesen, weshalb der Arianer

Schild

Silberner Schwertknauf

Alarich bei der Einnahme Roms das Eigentum der Kirche geschont habe. Salvian meinte, die Germanen hätten sich im allgemeinen trotz ihrer bedauerlichen Ketzerei anständiger verhalten als die katholischen Römer.

Aber solche Auffassungen fand man selten, und sie erschienen paradox. Die meisten Römer vertraten die Meinung, eine Freundschaft mit den Germanen, die kaum etwas für sich habe, werde dadurch völlig unmöglich gemacht, daß sie Arianer seien. Sie seien aus diesem Grund ohnedies zur ewigen Höllenstrafe verdammt.

Solche mächtigen rassischen und religiösen Vorurteile, die das Denken des ganzen Volkes beherrschten, führten natürlich immer wieder zu Gewalttätigkeiten. Theodosius I., der den Westgoten nicht nur erlaubte, sich geschlossen innerhalb des Imperiums anzusiedeln, sondern auch mit ihren Häuptlingen gut auskam, gab sich die größte Mühe alle Demonstrationen einer feindseligen Haltung zu verhindern. Das gelang nicht immer. Als zum Beispiel 390 eine Volksmenge in Saloniki in Nordgriechenland den örtlichen Militärbefehlshaber Butheric lynchte, weil er einen beliebten Wagenlenker wegen homosexueller Vergehen eingesperrt hatte, geschah dies vor allem, weil er Germane war.

Fünf Jahre später fiel es Stilicho nicht schwer, ein Attentat gegen seinen Rivalen Rufinus einzufädeln, weil dieser gute Beziehungen zu Germanen unterhielt. Im Jahr 399 richtete die Bevölkerung

227

von Konstantinopel ein Blutbad unter den Goten an. 408 war es auch für Honorius ein leichtes, Stilicho loszuwerden, weil Stilicho Germane war. Vor seiner Hinrichtung ermordeten römische Soldaten mit Zustimmung des Kaisers die germanischen Häuptlinge am kaiserlichen Hof. Danach wurden überall in Italien die Familien barbarischer konföderierter Soldaten massakriert.

Die gegen das Imperium gerichteten Angriffe germanischer Eindringlinge, vor allem der Feldzug Alarichs, heizten die Stimmung der Bevölkerung gegen die Germanen noch mehr an. So war es unvermeidlich, daß sich die ablehnende Haltung der Römer, ob nun gerechtfertigt oder nicht, auch gegen die Stämme und Staaten richtete, die innerhalb des Imperiums lebten. Diese Gefühle haben die Ereignisse im Lauf der folgenden Jahre wesentlich beeinflußt. Die germanischen Einwanderer, die zunächst keine Feindschaft gegen Rom empfunden hatten, wurden zunehmend aggressiver und strebten immer mehr nach Unabhängigkeit. Diese Bestrebungen erreichten ihren Höhepunkt unter dem Vandalen Geiserich in Nordafrika, dem es dort gelang, ganz selbständig zu werden, und der in dieser Lage zum erbitterten Feind Roms wurde.

Unter Geiserich entstand eine vandalische Monarchie, die mächtiger war als alle bisherigen germanischen Reiche; und damit ergaben sich für die Römer fast unüberwindliche Schwierigkeiten. Die Regierung Geiserichs richtete sich zwar nach dem römischen Modell, doch mit seiner starken Persönlichkeit begegnete er den lange gehegten Haßgefühlen und Vorurteilen der Römer durch eine noch rücksichtslosere Haltung der Germanen gegenüber Rom. Zwar behielten die römischen und romano-afrikanischen Bewohner Nordafrikas, die den Vandalen zahlenmäßig im Verhältnis hundert zu eins überlegen waren, ihre Privilegien, und die führenden Männer unter ihnen bekleideten auch weiterhin ihre Posten in der Verwaltung; ihren politischen Einfluß hatten sie jedoch vollständig verloren.

Geiserich war sofort energisch gegen die großen afro-romanischen Grundherren vorgegangen. Mit gleicher Tatkraft wendete er sich auch gegen den katholischen Klerus. Unter germanischer

Herrschaft in Gallien und Spanien hatte es dagegen im allgemeinen kaum irgendwelche Spannungen zwischen den arianischen Eroberern und der katholischen Kirche gegeben.

Doch jetzt kam es zu einem bedeutenden Wandel, denn Alarich begann, die katholischen Christen rücksichtslos zu verfolgen. Das war seine Reaktion auf die Verfolgung der Arianer durch die Katholiken in anderen Teilen der westlichen Welt.

Der katholische Bischof in Nordafrika, Victor von Vita, verfaßte zur Regierungszeit des Nachfolgers von Geiserich eine düstere Schilderung der Lage:

». . . Ihr wenigen, die ihr die Barbaren liebt und immer ihr Loblied singt, während ihr euch selbst verdammt, denkt doch an ihren Namen und an ihren Ruf. Könnte irgendein anderer Name als der des Barbaren, der ihre Wildheit, Grausamkeit und ihre Schrecken bezeichnet, besser zu ihnen passen? Man kann sie mit Freundlichkeit überschütten oder ihnen mit unermüdlichem Fleiß zu Diensten sein; ihr Denken wird trotzdem nur durch den Neid bestimmt bleiben, den sie gegenüber den Römern empfinden.

Ihre Absicht ist klar. Sie versuchen immer wieder, den Ruhm und die Ehre des römischen Namens zu beschmutzen. Sie wollen die Römer nicht überleben lassen. Wenn sie ihre Untertanen in diesem oder jenem Fall verschonen, dann tun sie es nur, um sie als Sklaven auszubeuten.«

Um die gleiche Zeit schuf der westgotische König Eurich in Gallien und Spanien mit seinem Volk eine neue Nation, die sich immer mehr ausbreitete und unabhängig von den Römern war. Auch er verfolgte die Katholiken mit Haß und Intoleranz.

Die Beziehungen zwischen seinen germanischen und gallo-romanischen Untertanen regelte er 475 in einem neuen Kodex, der später das mittelalterliche Recht entscheidend beeinflußt hat. Obwohl er selbst das Lateinische nicht beherrschte, verglich man seinen Kanzler Leo mit Tacitus und Horaz, und der Kodex Euricianus wurde von römischen Rechtsgelehrten entworfen und enthielt zahlreiche römische Rechtsbegriffe. Eine Verschmelzung der beiden größten Völker im Herrschaftsbereich des Eurich wurde

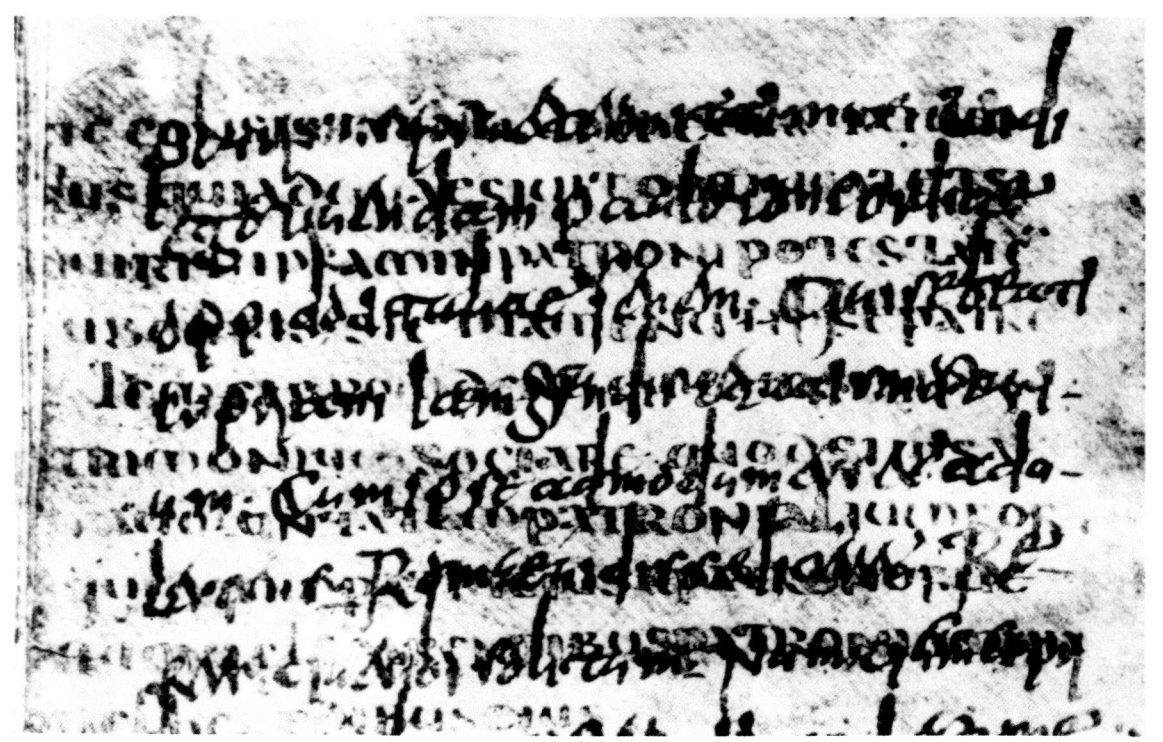

Codex Euricianus, Gesetzessammlung des westgotischen
Königs Eurich (466–484 n. Chr.)

darin strikt abgelehnt. Der Kodex setzte voraus, daß sie von Grund auf verschieden seien und deshalb getrennt existieren müßten.

Die Gesetzessammlung Eurichs wurde ein Jahr vor dem endgültigen Untergang Westroms in Kraft gesetzt. Die darin geforderte Trennung von Germanen und Römern zeigt deutlich eine Ursache für die Unvermeidlichkeit des Zerfalls des Weströmischen Reichs. Schon seit langem war es unmöglich gewesen, dem Zustrom der Germanen auf das Gebiet des Imperiums Einhalt zu gebieten. Es hatte sich jedoch zunächst die einzigartige und nicht wiederkehrende Gelegenheit ergeben, eine praktische Partnerschaft zwischen Römern und Germanen herzustellen. Führende Germanen hatten sich dafür eingesetzt. Es wäre jedoch Sache der Römer gewesen, aus der bloßen Koexistenz eine fruchtbare Zusammenarbeit werden zu lassen. Als Folge ihrer althergebrachten, in der Tradition verwurzelten Haltung wurde diese Gelegenheit jedoch verspielt.

Mit anderen Wort, die Uneinigkeit der Rassen hat wesentlich zum Untergang Roms beigetragen. Wenn man innerhalb eines Volkes eine beachtliche, aber in ihren Erwartungen enttäuschte rassische Minderheit duldet, ohne wirksame Schritte zu unternehmen, sie entweder zu integrieren oder als gleichberechtigt zu behandeln, dann entstehen aus einer solchen Lage stets ernste Schwierigkeiten. Das ist im Verlauf der Geschichte immer wieder geschehen. Wie ernst, ja selbstmörderisch diese Schwierigkeiten werden können und konnten, haben die Römer erfahren müssen, als sie sich weigerten, die Herausforderung anzunehmen.

Seite 231:
Vergoldeter Glasboden eines
römischen Trinkgefäßes, christliche Familie mit dem Chi-Rho-
Symbol

5. Teil

Gruppen außerhalb der Gesellschaft

10. Außenseiter der Gesellschaft

Die Gesellschaftsstruktur im antiken Rom zeigte auch in anderer Beziehung eine auffallende Ähnlichkeit mit der unseren. Das heißt, bestimmte Gruppen innerhalb der Gesellschaft sonderten sich vollständig ab. Erstens gingen sehr viele Menschen, denen das System unerträglich erschien, in den Untergrund und wurden seine Feinde. Eine zweite Bewegung bestand aus zahlreichen Männern und Frauen, die nicht mehr mit ihren Mitbürgern zusammenleben wollten und sich absonderten.

Sie wurden Eremiten, Mönche und Nonnen. Aber die Mönche und Nonnen im Altertum lassen sich eher mit den heutigen Außenseitern der Gesellschaft wie den ›Jesus People‹, den Anhängern fernöstlicher Gurus oder ähnlichen Gruppen vergleichen als mit modernen Mönchen und Nonnen. Diese Menschen waren nicht immer religiös motiviert, sondern sie gaben das Leben im konventionellen Rahmen auf. Viele Gruppen von Asketen im Römischen Reich schüttelten den Staub des gesellschaftlichen, finanziellen und politischen Systems von den Füßen und taten so, als seien sie nie Mitglieder dieser Gesellschaft gewesen. Als es dann zur entscheidenden politischen und militärischen Auseinandersetzung kam, stand ein beachtlicher Teil der Bevölkerung nicht mehr für die Verteidigung des Imperiums zur Verfügung. Diese Menschen zahlten auch keine Steuern mehr, die für die Erfüllung der Verteidigungsaufgaben gebraucht wurden.

Im Verlauf von fast zwei Jahrhunderten waren das Asketentum, die Weltflucht und das einsame, kontemplative Leben zu allgemein anerkannten Idealvorstellungen geworden. Diese Auffassungen spiegeln sich besonders in den Meditationen des Kaisers Marcus Aurelius aus dem 2. Jahrhundert, obwohl ihn seine Pflichten als Kaiser und Heerführer daran hinderten, selbst sein Ideal zu verwirklichen.

Ähnliche Tendenzen finden wir auch bei den Manichäern und anderen Dualisten, die eine scharfe Trennung zwischen dem bösen Diesseits und der göttlichen Schöpfung vornahmen und versuchten, sich im täglichen Leben vollständig von der Last alles Materiellen zu befreien.

Gemälde auf dem Sockel eines Altaraufsatzes von Giovanni di Paolo (gest. 1482 n. Chr.), Johannes der Täufer geht in die Wüste

Bei einem großen Teil der Christen finden wir außerdem strenge puritanische Vorstellungen. Sie rechtfertigten diese Haltung mit ihrer Verachtung des Fleisches und dem Beispiel, das Johannes der Täufer und der Apostel Paulus in ihrer Lebensweise gegeben hatten. Schließlich wiesen sie auch darauf hin, daß das Evangelium von Jesus selbst berichtet, er habe sich in die Einsamkeit zurückgezogen und sei in die Berge gegangen, um dort zu beten.

Im 3. Jahrhundert entstand eine neue Mönchsbewegung in der ägyptischen Wüste. Ihr Ursprung bleibt im Dunkel von Legenden, deren zentrales Thema das Leben Pauls von Theben ist. Hieronymus, der seine Lebensgeschichte geschrieben hat, behauptet, er sei der erste christliche Eremit gewesen. Aber noch häufiger wird das vom heiligen Antonius behauptet, und sein Leben ist besser dokumentiert. Nachdem Antonius um das Jahr 270 seinen irdischen Besitz aufgegeben hatte, begann er fünfzehn Jahre später in völliger Abgeschiedenheit zu leben, und zwar in einer leeren Höhle auf einem Berggipfel in der Wüste. Bald folgte ihm eine ganze Schar von Männern, die dieses Leben mit ihm teilen wollten. Er begann, sie in Gruppen zu organisieren, deren Mitglieder einzeln in verstreut liegenden Zellen wohnten und nur zum gemeinsamen Gottesdienst zusammenkamen.

Ein anderer Ägypter, Pachomius, gründete mit seinen Jüngern in neun ägyptischen Klöstern wohlorganisierte Kommunen, zu denen schließlich 7 000 Mönche und Nonnen gehörten. Später faßte das Mönchstum in Palästina Fuß, und bald war es soweit, daß es sich auch im Westen ausbreitete. Es waren die verschiedensten Motive, die Mönche und Eremiten veranlaßten, sich auf diese Weise außerhalb der Gesellschaft zu stellen.

Viele Gefolgsleute des Antonius stießen während der letzten großen Christenverfolgungen zu Beginn des 4. Jahrhunderts zu ihm. Aber auch nachdem das Imperium christlich geworden war, wurde der Zustrom nicht geringer. Einige wollten sich den hohen Steuerlasten, der Wehrpflicht und allen möglichen anderen Reglementierungen entziehen. Andere wurden durch persönliche Schwierigkeiten dazu getrieben, etwa Gerichtsverfahren oder Familienstreitigkeiten. Wieder andere suchten die Erfüllung ihrer religiösen Bedürfnisse, die sie in der nach ihrem Geschmack zu weltlichen Kirche nicht finden konnten.

Die Selbstverleugnung war ein starkes Motiv, ebenso aber auch Schuldgefühle und die totale Ablehnung aller menschlichen Bindungen und des materiellen Genusses. Oft nahmen diese Gefühle extreme Formen an. Es kam zu Selbstkasteiungen und sogar zu Kastrationen (die damals gesetzlich verboten waren). Man glaubte, dieser selbstdisziplinierenden Maßnahmen zu bedürfen, um der ewigen Höllenstrafe zu entgehen, die denen drohte, die den Versuchungen eines weltlichen Lebens nachgaben.

Für den kultivierten, klassisch gebildeten Dichter Ausonius war es ein fürchterlicher Schock, als sein enger Freund Paulinus von Nola, ein gelehrter, älterer Senator und Dichter aus Bordeaux, sich entschloß, das weltliche und zivilisierte Leben für immer aufzugeben. Die empörten und erstaunten Versuche des Ausonius, ihn davon abzubringen, sind bezeichnend für das Aufeinanderprallen von zwei unvereinbaren Weltanschauungen; sie sind uns erhalten geblieben. Doch alle Bemühungen waren umsonst. Paulinus gab seine politische Laufbahn auf und ging mit seiner Frau nach Spanien, wo beide auf allen weltlichen Besitz verzichteten. Nachdem Paulinus später die heiligen Gelübde abgelegt hatte, ließen sie sich in Nola in Süditalien nieder, um dort ein streng asketisches Leben zu führen.

Paulinus schrieb an einen Freund und rechtfertigte in diesem Brief sein Leben in der Abgeschiedenheit.

». . . Wie du in deinem Brief sagst, besuchst du also die Städte nur selten und hast die intime Abgeschiedenheit und Stille auf dem Lande lieben gelernt. Es ist nicht so, daß du das Nichtstun dem tätigen Leben vorziehst, und du weigerst dich nicht, das zu tun, was der Kirche nützt. Aber du meidest die geräuschvollen Zusammenkünfte und das Treiben in den Kirchen, das fast ebenso lebhaft ist wie die Menge auf dem Forum.

Und ich glaube, du legst das Fundament für einen größeren Dienst an der Kirche, wenn du dich klug dazu entscheidest, dich nur noch an die religiösen Vorschriften zu halten; indem du dich auf geistige Studien konzentrierst, die durch die Einsamkeit gefördert werden, machst du täglich den Christus in dir lebendig und stärkst ihn . . .

Laßt uns nach dem Reich Gottes streben, wie wir in dieser Welt nach hohen Stellungen gestrebt haben. Kurz gesagt, laßt uns mit dem gleichen Eifer himmlische Güter erwerben, wie wir irdische erworben haben.«

Ebenso wie der Freund hat auch Paulinus die Welt nicht vollständig aufgegeben, denn er wurde Bischof und sorgte für seine Gemeinde und für die Kranken. Aber die öffentliche Meinung bewunderte die kompromißlosere Art der Eremiten noch mehr, die in völliger Weltabgewandtheit und Einsamkeit lebten.

Hieronymus schrieb über die Entbehrungen und Halluzinationen, mit denen der Eremit zu kämpfen hat.

». . . Meine ungepflegten Glieder waren in grobes Sackleinen gehüllt, und meine lange vernachlässigte, schmutzige Haut war so rauh und schwarz wie die eines Äthiopiers. Tränen und Seufzer waren mein tägliches Brot, und wenn mir, vom Schlaf überwältigt, die Augen zufielen, lagen meine müden Knochen auf der nackten Erde und stießen sich daran. Vom Essen und Trinken will ich nicht reden . . .

Doch obwohl ich mich aus Furcht vor der Hölle zu diesem Gefängnis verdammt hatte, in dem meine einzigen Mitbewohner

Seite 237:
Der hl. Hieronymus in der
Wüste, Gemälde von Cosimo
Tura (ca. 1431–1495 n. Chr.)

Skorpione und wilde Tiere waren, sah ich mich oft von schönen Tänzerinnen umgaukelt. Mein Gesicht war vom Fasten bleich, aber obwohl meine Glieder eiskalt waren, brannte ich im Inneren vor Verlangen, und das Feuer der Wollust stieg in mir auf, obwohl mein Fleisch so gut wie abgestorben war.«

Diese erschütternden Worte einer gequälten Seele haben Hunderte von europäischen Malern angeregt, das Leben des Hieronymus darzustellen. Die Tatsache, daß er sich aus leidenschaftlicher Überzeugung von der Welt abwendete, scheint im krassen Gegensatz zu der lebhaften Sorge zu stehen, mit der er die über Rom hereinbrechende Katastrophe betrachtete, wenn er sagte, die Vaterlandsliebe sei eine natürliche Regung. Doch wie er im Jahr 412 erklärte, »gehört die physische Welt den Gewalttätigen«. Deshalb hat er sie verlassen. Gibbon bedauert das zutiefst:

». . . Es gibt (wie er sagt) vielleicht keine Phase in der Sittengeschichte der Menschheit, die uns tiefer und schmerzlicher berührt als diese asketische Bewegung. Die Nationen, in denen die Schriften von Plato und Cicero verfaßt wurden und die Männer wie Sokrates und Cato hervorgebracht hatten, verehrten nun diese gräßlichen, schmutzigen und unwissenden Wahnsinnigen, die keine Vaterlandsliebe kannten, denen alle natürlichen Regungen fremd waren, die ihr Leben in nutzloser, wilder Selbstzerfleischung zubrachten und sich vor den schrecklichen Phantomen wanden, die ihr gequältes Gehirn ihnen als Halluzinationen vorgaukelte.«

Hier spricht die Stimme eines aufgeklärten Europäers aus dem 18. Jahrhundert.

In die antike westliche Welt wurde das Asketentum durch den Bischof von Alexandria, Athanasius, eingeführt, der bei den theologischen Auseinandersetzungen seiner Zeit eine bedeutende Rolle gespielt hat. Um das Jahr 341 auf der zweiten von fünf Reisen außerhalb seiner Diözese kam er in Begleitung von zwei ägyptischen Mönchen nach Rom, den ersten, die man im Westen kennenlernte. Hier sagte er den Römern, wie sehr er das mönchische Leben schätzte und achtete.

Vierzehn Jahre später verließ er seine Gemeinde und zog sich in ägyptische Klöster zurück. Bald darauf erschien das von ihm in griechischer Sprache verfaßte *Leben des heiligen Antonius*. Das Buch war eine Mischung aus Wahrheit und Legende, wurde viel gelesen, und die lateinische Übersetzung fand im Weströmischen Reich große Beachtung.

Es dauerte jedoch einige Zeit, bis sich die christlichen Mönchsorden hier entwickeln konnten. Das erste westliche Kloster entstand in Ligugé bei Poitiers in Frankreich. Sein Begründer im Jahr 360 war der ehemalige Bauer und Soldat, der heilige Martin aus Szombathely in Ungarn. Später gründete er noch das Kloster Marmoutier, in das er sich gern zurückzog, wenn seine Aufgaben als Bischof von Tours es ihm erlaubten.

Martin eiferte dem von Antonius vorgelebten Ideal nach und verbrachte sein Leben zum Teil als Eremit und zum Teil als Seelsorger in der Gemeinde. Seine 80 Mönche in Marmoutier wohnten in Höhlen und Zelten, kamen nur zum Gottesdienst und zu den Mahlzeiten zusammen und legten lange Fastenperioden ein. Körperliche Arbeit lehnten sie ab und beschäftigten sich nur mit dem Abschreiben von Manuskripten, eine Tätigkeit, die bei den Mönchsorden zur Tradition wurde.

Der aus Südwestgallien stammende Sulpicius Severus verfaßte eine sehr aufschlußreiche Lebensgeschichte des heiligen Martin und beschrieb darin die angeblich von ihm gewirkten Wunder und seinen Tod. Die Absicht des Verfassers war es, zu zeigen, daß der Westen größere Heilige hervorbringen könnte als die ägyptische Asketenschule. Der reiche Senator Sulpicius, der auf seinen eigenen Landgütern eine Art mönchischen Gemeinwesens einrichtete, schrieb für seine Freunde und Standesgenossen. Und der Kult, den diese mit dem heiligen Martin trieben, stärkte die Autorität der landbesitzenden Bischöfe im Bereich des Geistlichen.

Hieronymus, der einen so dramatischen Bericht über das Leben der Eremiten verfaßt hatte, erreichte schließlich, daß diese Ideale allgemein akzeptiert wurden. In den Jahren 370 bis 373 gründete er in Aquileia in Nordostitalien seine erste Asketengemeinschaft.

Später ging er nach Palästina und gründete um das Jahr 389 ein Kloster in Bethlehem. Er verfaßte zahlreiche Schriften über das Leben der Mönche und übersetzte die Regeln, die für die klösterlichen Gemeinschaften im Osten aufgestellt worden waren. In Nordafrika hatte Augustinus etwa um die gleiche Zeit eine Gruppe von Geistlichen um sich versammelt, die nach strengen Regeln zusammenlebten. In seiner Schrift *Über die Werke der Mönche* verlangte er, daß sie ihren Lebensunterhalt mit körperlicher Arbeit und nicht als Bettler verdienten. Außerdem bemühte er sich, die wissenschaftliche Arbeit in den Klöstern zu fördern.

Anfang des 5. Jahrhunderts trugen diese Bemühungen auf gallischem Boden reiche Früchte, als Honoratus auf der Insel Lérin gegenüber von Cannes ein noch anspruchsvolleres Kloster gründete und sich bald auch Mönche auf den benachbarten Inseln niederließen. Lérin wurde zum Modell für künftige Ordensgründungen, und sehr bald richtete der Asket Johannes Cassian, der von der rumänischen Schwarzmeerküste stammte, in Marseille ein Mönchs- und Nonnenkloster ein (ca. 415). Er verfaßte zwei Bücher über das Ordensleben, die das mönchische Denken im mittelalterlichen Europa stark beeinflußt haben. Unter der geistigen Führung von Cassian entschloß sich mancher Angehörige der Senatorenklasse, der nach seiner Veranlagung dem religiösen Leben zuneigte oder durch die Germaneneinfälle seinen Besitz verloren hatte, Mönch und später Bischof zu werden.

So waren die Mönche jetzt nicht mehr wie zu Beginn ihres Auftretens Außenseiter der Gesellschaft. In Irland folgte man allerdings noch der Tradition des Antonius; die Mönche führten hier ein sehr zurückgezogenes Leben. Aber im 5. Jahrhundert entstanden überall im Westen die nach gallischem Vorbild streng durchorganisierten Klostergemeinschaften. Die Klöster wurden unter dem Einfluß eines großen Teils des Adels zu hoch angesehenen Einrichtungen, und im folgenden Jahrhundert verlieh ihnen der heilige Benedikt ihre besondere, stabile und dauerhafte Form. Doch das geschah zu einer Zeit, als das Weströmische Imperium bereits untergegangen war.

zu den Farbtafeln Seiten
241–243:

Seite 241:
Flasche mit christlichen Sym-
bolen
Seite 242:
oben: Abendmahl auf dem
Deckel eines Sarkophags
unten: Relief auf einer Elfen-
beintruhe, Kreuzigung Christi
und Tod des Judas
Seite 243:
Mosaik in einer Kuppel des
Baptisteriums der Arianer in
Ravenna, Taufe Christi und die
zwölf Apostel

In den vorangegangenen, entscheidenden Jahren, in denen das Imperium allmählich zerfiel, war das Mönchswesen nicht ein stabilisierender, sondern ein desintegrierender Faktor gewesen. Denn während die Gesellschaft alle vorhandenen Reserven an Menschen und Material brauchte, um sich der äußeren Feinde zu erwehren, hatten die Mönchsgemeinschaften ihr diese Kräfte entzogen und andere dazu ermutigt, sich ebenfalls aus dem Leben im Gemeinwesen zurückzuziehen.

Viele Zeitgenossen haben erkannt, daß diese Entwicklung entscheidend zum Untergang des Imperiums beigetragen hat. Einige lobten allerdings die Mönche für ihre Versuche, das Los ihrer Mitmenschen zu erleichtern, indem sie sich immer wieder den örtlichen Behörden widersetzten. Aber es gab zahlreiche und entschlossene Gegner, die das weltabgewandte Leben der Mönche scharf verurteilten.

Hieronymus selbst hat zwar die von ihm als richtig erkannte Form des mönchischen Lebens energisch gefördert, hatte aber auch ein scharfes Auge für die Unaufrichtigkeit einer großen Zahl von Leuten, die diesen Weg gegangen waren. In seinen Briefen geißelt er ihren Hochmut, ihre Verderbtheit, Genußsucht und Geldgier. Er erklärt, er könne verstehen, weshalb viele Menschen lieber mit wilden Tieren zusammenleben als mit solchen Christen.

Doch während er seine Kritik auf die schlechten Mönche beschränkte, war er sich auch der Tatsache bewußt, daß viele andere alle Mönche verabscheuten und verächtlich mit dem Finger auf ihre schwarzen Gewänder und kahlgeschorenen Köpfe zeigten.

Auch Nichtchristen stellten fest, daß ihnen die Mönche Munition für ihre Angriffe gegen den christlichen Glauben lieferten. Der alexandrinische Epigrammatiker Palladas konnte nicht verstehen, weshalb sich so gut organisierte Interessengemeinschaften romantisch als ›Einsiedler‹ bezeichneten, und Eunapius schilderte, wie die heidnischen Heiligtümer von diesen ›Tyrannen‹ entweiht wurden, »die wie Schweine leben und das Frömmigkeit nennen«. Häufig wurden die Mönche auch angegriffen, weil sie ein faules Leben führten und sich vom Betteln ernährten.

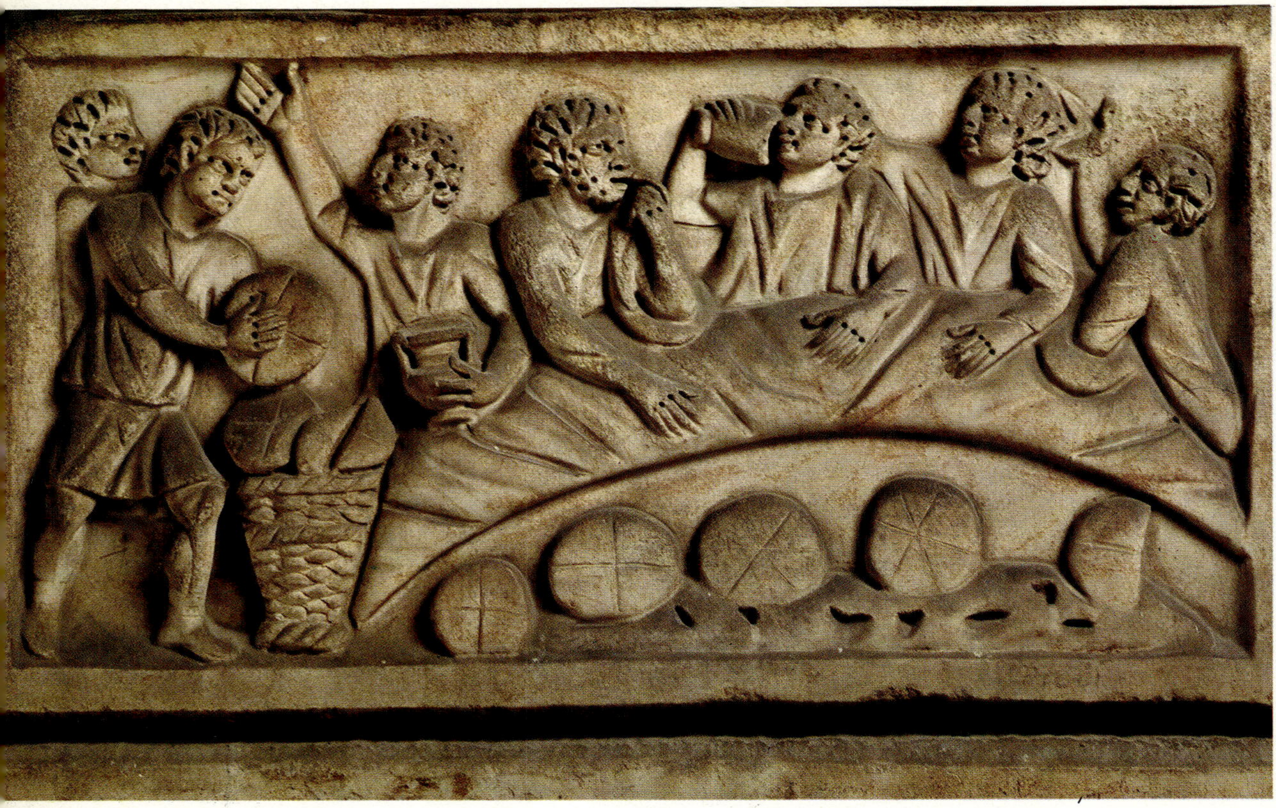

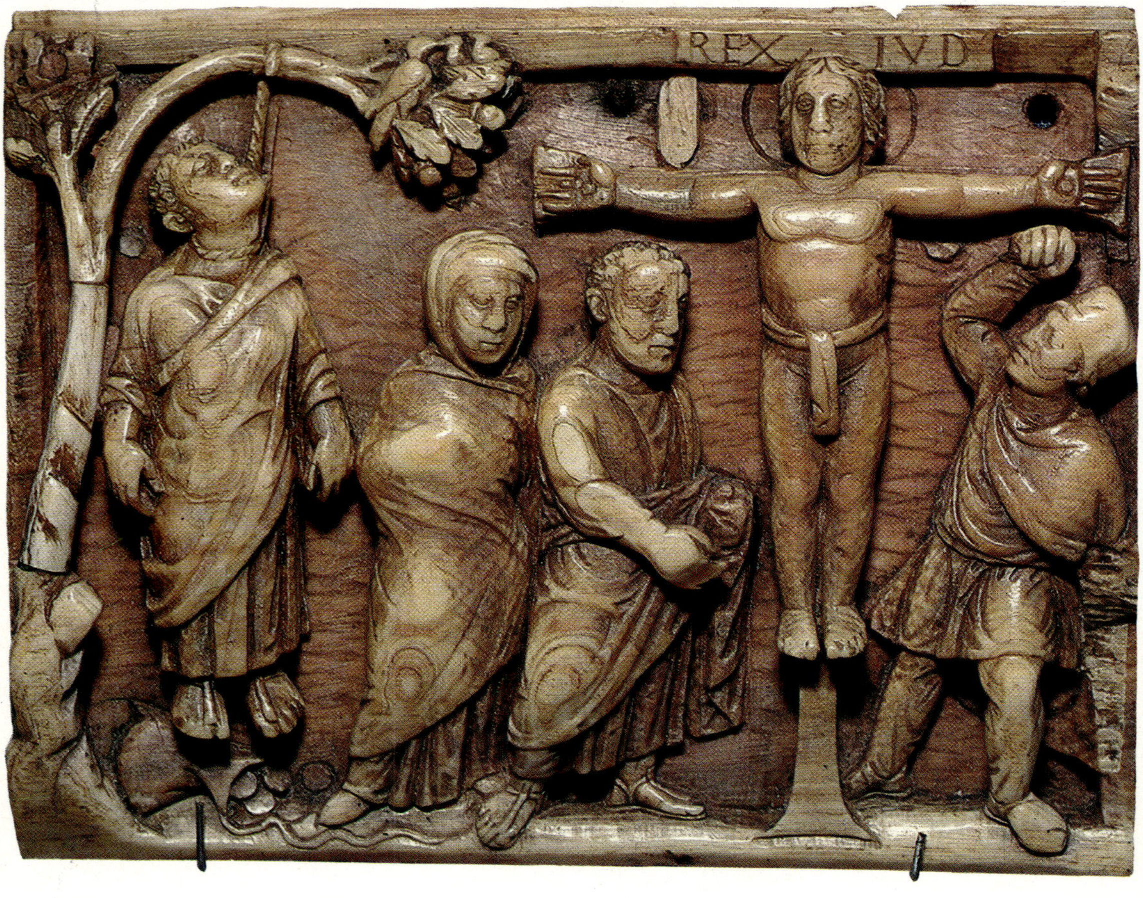
REX IVD

zur Farbtafel auf Seite 244:
Porträt einer Familie auf ver-
goldetem Glas im Kreuz des
Desiderius

Der heidnische Historiker Zosimus meinte, wenn die Mönche behaupteten, man solle alles mit den Armen teilen, dann wollten sie
auch alle anderen auf die elende Stufe hinunterziehen, auf der sie
selbst standen. Am zutreffendsten war jedoch seine Behauptung,
daß sie für den Staat völlig nutzlos seien, denn sie weigerten sich
tatsächlich, irgend etwas zu seiner Erhaltung zu tun.

Am besten gibt vielleicht Rutilius Namatianus die allgemeine
Stimmung wieder. Er segelte die Westküste Italiens hinauf, vorbei
an einem Kloster auf der Insel Capraria, und berichtet:

»... ein trister Ort,
Wo Männer leben, die das Licht scheuen und sich Mönche nen-
nen ...
Sie fürchten ihr Schicksal, sei es gut oder böse.
Wer wollte in solchem Elend leben, um ihm zu entrinnen?
Aus Furcht lehnen sie das Gute ab.
Das ist die Logik eines Wahnsinnigen;
Was sie auch denken mögen, mir sind sie fremd, ich kann sie nicht
verstehen ...«

Die Haltung der offiziellen Kirche gegenüber den Klöstern war
nicht so eindeutig. Nach außen hin unterstützte sie die Ideale des
mönchischen Lebens, und gelegentlich ermutigten die Bischöfe
die Mönche sogar, heidnische Tempel zu zerstören. Doch lange
Zeit litt die kirchliche Autorität unter der Haltung der Mönche,
denn diese erkannten die Vertreter der Kirche und ihren Univer-
salitätsanspruch nicht an, sondern wendeten sich gegen das Bündnis zwischen Kirche und Staat.

Auf einer um das Jahr 340 in Kleinasien abgehaltenen Synode beklagte sich die Kirche ihrerseits darüber, daß die Mönche nicht regelmäßig an den Gottesdiensten teilnähmen. Zur Regierungszeit
des Kaisers Valens ließ der Bischof von Alexandria, Lucius, sogar
einige Klöster militärisch besetzen und eine Anzahl von Mönchen
umbringen. Sogar Papst Siricius erklärte ganz offen, viele Mönche
seien Heuchler.

Die verschiedensten Auffassungen zu diesem Thema spiegeln sich
in den offiziellen Verlautbarungen jener Zeit. Eine wohlwollende

Elfenbeintruhe; Paulus und Thekla (Ende des 4. Jahrhunderts)

Haltung drückt sich darin aus, daß Constantius II. 361 in einem Erlaß bestätigte, daß die Mönche von allen Verpflichtungen gegenüber dem Staat befreit seien. Doch Julian verglich sie mit seinen zerlumpten heidnischen Glaubensbrüdern, den sogenannten Kynikern, und betrachtete beide als »Unruhestifter und freche Vagabunden«.

Valentinian I. und Valens gehörten zu den christlichen Kaisern, die die Mönche als schlechte Bürger und Heuchler verurteilten. Auch Theodosius appellierte verzweifelt an Ambrosius: »Was soll ich nur mit diesen fanatischen Mönchen tun?« Im Jahr 390 hoffte Theodosius immer noch, sie aus den Städten heraushalten zu können, und befahl ihnen, »an wüsten Stätten und in den weiten Einöden« zu bleiben. Aber zwei Jahre später wurde er unter Druck gesetzt und mußte diese Verordnung widerrufen. Nach ihm verbot Valentinian III. den auf Landgütern beschäftigten Männern, ihre Arbeitsplätze zu verlassen und sich einem Mönchsorden anzuschließen, wenn der Grundbesitzer nicht vorher seine Zustimmung dafür gegeben hatte. Aber die Bewegung ließ sich durch keine dieser restriktiven Maßnahmen mehr aufhalten.

Besonders gefährlich für die Zukunft des Imperiums auf lange Sicht war das für Mönche vorgeschriebene Zölibat. Es bedeutete einen weiteren Geburtenrückgang und damit eine Verminderung der Bevölkerung, die ohnedies kaum noch die vom Staat benötigten Arbeitskräfte und Steuern aufbringen konnte.

Diese Neigung zur Ehelosigkeit zeigte sich auch außerhalb der mönchischen Bewegung, da Enthaltsamkeit zur Mode geworden war, begeisterten sich viele für den Verzicht auf die Sexualität.

Man erklärte ihn für das erstrebenswerteste gesellschaftliche Ideal, da man den Menschen mit seiner Körperlichkeit für unwürdig hielt. Nach dem Matthäusevangelium hatte Jesus selbst die Ehelosigkeit als Zeichen der Tugendhaftigkeit bezeichnet, und Paulus hatte in seinen Briefen an die Korinther ähnliche Empfehlungen gegeben.

Im Lauf der Zeit wuchs die Neigung zur Selbstverleugnung rasch.

246

Es häuften sich die Ermahnungen zur vollständigen Enthaltsamkeit, und überzeugte Puritaner aus dem 3. Jahrhundert wie Tertullian wurden nicht müde, sich für ein solches tugendhaftes Leben einzusetzen.

Augustinus gehörte zu den Männern, die solche Ideale energisch vertraten. Als junger Mann, so behauptete er, habe er es erlebt, daß die Menschen um ihn im Feuer abstoßender Liebesbeziehungen geschmort hätten. Damals war sein berühmtes Gebet entstanden, in dem es hieß: »Gib mir Keuschheit und Mäßigung, aber jetzt noch nicht.« Er war jedoch vollkommen davon überzeugt, daß die Sexualität überwunden werden müsse, denn sie sei die Strafe für die Sünde Adams.

Hieronymus vertrat die gleiche Auffassung:

». . . Unser Feind, der Teufel, geht wie ein brüllender Löwe um und sucht, wen er verschlingen könnte . . . Solange wir von diesem schwachen Körper niedergehalten werden, solange wir unseren Schatz im irdenen Geschirr aufbewahren und es das Fleisch gegen den Geist gelüstet und den Geist gegen das Fleisch, solange können wir uns des Sieges nicht sicher sein.«

Gelegentlich steigt Hieronymus von seinem hohen Podest herab, um den Frauen zu raten, aus Vernunftsgründen und wegen der schlechten Zeiten nicht zu heiraten. Doch häufiger äußert er sich grundsätzlich und äußerst streng, besonders in einem Brief mit Anweisungen für die Erziehung der Paula, eines Mädchens aus adeliger Familie, die von Geburt an zur Nonne bestimmt war.

Daß er sich von diesen Ansichten nicht abbringen ließ, solange er das Amt des Sekretärs bei Papst Damasus innehatte, trug wesentlich dazu bei, daß er nach dem Tode des Damasus 385 aus Rom verbannt wurde; denn als die Tante der Paula, Blaesilla, starb, führte man ihren Tod zum Teil auf die strenge Askese zurück, die Hieronymus ihr verordnet hatte. Bei ihrer Beisetzung hörte man Rufe wie »die Mönche in den Tiber!« Hieronymus verließ in aller Eile die Stadt und kehrte nie wieder nach Rom zurück. Der neue Papst Siricius bedauerte das nicht, denn er hatte ihn im Verdacht, selbst nach der päpstlichen Tiara zu streben.

Paulus der Eremit und der hl. Antonius, Gemälde von Matthias Grünewald (ca. 1460–1528 n. Chr.)

Die Episode zeigt, welchen Einfluß Hieronymus auf die Frauen in der römischen Oberschicht gehabt hat. Dieses Interesse hatte er mit Damasus geteilt, den man als den ›Ohrenkitzler der Damen‹ bezeichnete. Wenn die Frauen auch eine Stellung in der Gesellschaft einnahmen, wie sie in der heutigen Zeit undenkbar ist – so waren sie den Männern doch darin weit voraus, daß sie sich energisch für die christliche Tugend der Enthaltsamkeit einsetzten.

In einem Brief verteidigt Hieronymus seine Freundschaften mit Frauen und fragt: »Habe ich je das Haus einer Frau betreten, die zur Eitelkeit neigte? Habe ich mich je von seidenen Gewändern, blitzenden Juwelen, bemalten Gesichtern oder von Gold beeindrucken lassen? Keine andere konnte meine Zustimmung gewinnen als eine, die trauerte und fastete, die mit Staub und Schmutz bedeckt und von Tränen fast erblindet war!«

Doch die Christen gaben offen zu, daß die bereits abnehmende Bevölkerungszahl durch die Ablehnung der Sexualität noch weiter zurückgehen müßte. Ihr Sprecher Eusebius erklärt, weshalb die Christen – anders als die Juden – nicht wünschten, viele Kinder zu haben.

Angesichts der immer lauter werdenden Vorwürfe, er und seine Glaubensbrüder beraubten Rom dadurch, daß sie die Ehelosigkeit propagierten, der dringend nötigen Söhne und Töchter, verteidigte sich Ambrosius: »Seit wann haben sich die Männer darüber beklagt, daß sie keine Frau finden könnten?« Aber die Auffassungen der anderen Seite waren berechtigt. Was Mönche, Eremiten und Nonnen verkündeten, brachte, so positiv ihr moralischer Einfluß auch gewertet werden mag, eine noch tiefere Spaltung in die Gesellschaft und erzeugte zusätzliche Uneinigkeit. Alexander Pope hat deshalb nicht ganz unrecht, wenn er sagt, die Mönche hätten das zu Ende geführt, was die Goten begonnen hatten.

Sie hatten die Welt verlassen, weil sie das Leben in der Gesellschaft nicht ertragen konnten. Kann nun die moderne Gesellschaft ein solches Ausbrechen in Grenzen halten, wenn sie Verhältnisse schafft, denen zu entfliehen nicht mehr wünschenswert erscheinen wird?

248

11. Der Staat gegen die Glaubensfreiheit

Trotz seiner Warnungen wendete der Staat keine Zwangsmaßnahmen an, um die Männer und Frauen, die sich als Mönche, Nonnen und Eremiten von der Gemeinschaft abgesondert hatten, in die Gesellschaft zurückzuführen. Aber er übte heftigen Druck auf jene aus, die nicht der gleichen Religion anhingen wie er selbst – und sogar auf diejenigen, die sich nicht zu dem gleichen Zweig dieser Religion bekannten. Dieser Gewissenszwang war ein großer Fehler, über den alle autoritären Regierungen heute ernsthaft nachdenken sollten. Denn anstatt die angestrebte Einigkeit zu festigen, verursachte man damit eine schlimmere und lähmendere Uneinigkeit unter allen anderen Staatsbürgern.

Dieser Zwang, den der Staat im Altertum ausgeübt hat, wurde erst durch die engen Bindungen zwischen Kirche und Staat möglich.

Bis zum Ende des 4. Jahrhunderts n. Chr. war die offizielle Religion in der römischen Welt eine heidnische gewesen. Das antike Heidentum des römischen Staates war bereit, allen Menschen alles zu bedeuten. Da es polytheistisch war, war es vielseitig und anpassungsfähig. Es war alles andere als exklusiv; und es war auch nicht grundsätzlich intolerant. Den Christen gegenüber hatte es allerdings eine intolerante Haltung entwickelt, weil die Christen, da sie einem höheren Herrn zur Treue verpflichtet waren, dem Kaiser und der Nation offenbar das Mindestmaß an Loyalität nicht entgegenbrachten. Aber die Christen blieben lange Zeit eine kleine Minderheit, die sich in einer Ausnahmestellung befand.

Konstantin der Große mit Heiligenschein als neubekehrter Christ; in Pavia geprägte Münze

Dann kam die Bekehrung Konstantins des Großen zum Christentum, und in den folgenden Jahren bekehrte er das ganze Imperium zum gleichen Glauben. Das waren erstaunliche Entwicklungen, da die Christen sich immer noch in der Minderheit befanden und zudem keinen großen Einfluß in der Gesellschaft hatten. Die Revolution Konstantins war, wie der englische Historiker J. B. Bury es ausdrückt, »vielleicht der kühnste Akt, den ein Autokrat jemals unter Mißachtung und gegen die Ablehnung der großen Mehrheit seiner Untertanen durchgesetzt hat«.

Der Kaiser tat diesen überraschenden Schritt, weil er impulsiv die innere Notwendigkeit spürte, von göttlicher Seite her unterstützt

zu werden; und der christliche Glaube mit seinem alle Erwartungen erfüllenden Erlöser, einem Erlöser, der leibhaftig unter den Menschen gelebt hatte, ließ eher auf eine solche Hilfe hoffen als die verschiedensten heidnischen Erlöser, die sich nie auf dieser Erde hatten blicken lassen. So kam Konstantin, nachdem er sich umgesehen und festgestellt hatte, welche bedrohlichen inneren Disharmonien das Imperium gefährdeten, zu dem Schluß, das Christentum sei der bestmögliche einigende Faktor. Er glaubte, das Christentum könne unter der Führung des Kaisers den zahlreichen Spaltungstendenzen erfolgreich entgegenwirken.

Nach seiner Absicht sollten Staat und Kirche möglichst eng zusammenwirken. Dabei war der Staat jedoch zunächst die führende Kraft. Unter Valentinian I. gab der Bischof von Mila in Algerien, Optatus, das zu, als er erklärte: »Der Staat ist nicht in der Kirche, sondern die Kirche ist im Staat.«

Aber die Politik der Toleranz Valentinians mußte die Vorstellungen von der kirchlichen Unabhängigkeit fördern. Der Kaiser verhinderte nicht einmal den Skandal seines Jahrhunderts, die Papstwahl im Jahr 366, bei der auf dem Pflaster einer römischen Basilika 137 Leichen zurückblieben. Der erfolgreiche Kandidat war Damasus, der sich anschließend für ein Konkordat einsetzte, mit dem die Bedeutung des Papstes gestärkt werden sollte. Ein führender Heide, Praetextatus, sagte über seine hohe Stellung: »Macht mich zum Bischof von Rom, und ich werde mich sofort zum Christentum bekehren.«

Es war jedoch nicht der Bischof von Rom, sondern von Mailand (damalige kaiserliche Residenz), der die Kirche zu einem neuen Höhepunkt der Macht führte: Ambrosius. Er hatte diesen Bischofssitz von 374 bis zu seinem Tod im Jahr 397 inne. Im Gegensatz zu früheren Lehren erklärte Ambrosius, »der Kaiser steht nicht über der Kirche, sondern in der Kirche ... Wenn man die Schriften liest, dann sieht man, daß es die Bischöfe sind, die die Kaiser richten ... Ein guter Kaiser verachtet nicht die Hilfe der Kirche, er sucht sie.« Er richtete diese Worte an Valentinian III., der Ambrosius wichtige politische Aufgaben übertrug.

250

Öllampe mit dem Chi-Rho-Symbol

Seite 250:
Der hl. Ambrosius auf einem
Mosaik in der Basilika des hl.
Ambrosius, Mailand

Später kam es zu zwei berühmten Zusammenstößen zwischen Ambrosius und Theodosius I., aus denen der Kirchenmann jedesmal als Sieger hervorging. Zu der ersten Auseinandersetzung kam es 388, als ein Bischof der Ostkirche die Verbrennung einer jüdischen Synagoge in Raqqa in Syrien angeordnet hatte und Theodosius befahl, sie wieder aufzubauen und die Schuldigen zu bestrafen. Ambrosius forderte den Kaiser von der Kanzel zur Reue auf und feierte die Messe erst wieder, als der kaiserliche Befehl widerrufen worden war.

Als der Heeresbefehlshaber in Saloniki zwei Jahre später gelyncht worden war, weil er einen beliebten Wagenlenker ins Gefängnis geworfen hatte, und Theodosius zur Strafe 7000 Menschen abschlachten ließ, weigerte sich Ambrosius, ihn zur Messe zuzulassen, bevor er Kirchenbuße getan hatte. Indem sich Theodosius zweimal den Anweisungen des Ambrosius beugte, hatte er in aufsehenerregender Form die Macht der Kirche anerkannt.

Nach dem Tode des Ambrosius wurde Rom wieder zum geistlichen Mittelpunkt und trat an die Stelle von Mailand. Hier verkündete Papst Innozenz I. (401–417), daß die höchste kirchliche Autorität nicht beim Bischof von Mailand, sondern bei ihm läge. Als sich Alarich mit seinen Westgoten Rom näherte, war Innozenz der einzige nationale Führer, dessen Ansehen es ihm ermöglichte, sich mit dem Gegner zu verständigen.

Später verhandelte Papst Leo I. (440–461) ebenso mit Attila und errang dabei einen triumphalen Erfolg. Nach der Auffassung von Leo war die Zusammenarbeit zwischen Staat und Kirche eine für beide Seiten günstige Sache, und er betrachtete sie als eine auf vertraglicher Grundlage bestehende Einrichtung nach dem jedem römischen Rechtskundigen vertrauten Muster.

Einige zeitgenössische Denker wie Hieronymus und Salvian bedauerten die Neigung der Kirchenmänner, sich in das Establishment aufnehmen zu lassen. Aber viele andere waren begeistert über die Vereinigung geistlicher und weltlicher Macht und erklärten, es sei durchaus kein Zufall, daß die Geburt Jesu und die Geburt des Imperiums zeitlich zusammengefallen seien.

Die Einheit von Kirche und Staat hätte in der Tat die im Inneren zerrissene römische Welt vor dem Zerfall bewahren können. Es zeigte sich jedoch, daß das Gegenteil geschah, weil die Zivilbehörden mit unangemessenem Eifer die Forderungen ihrer kirchlichen Partner zu erfüllen suchten und jeden, der mit der Lehre der offiziellen Kirche nicht übereinstimmte, dazu zwingen wollten. Durch solche Maßnahmen wurde aus bloßen Meinungsverschiedenheiten eine unversöhnliche Feindschaft.

Die Bereitschaft, Zwang anzuwenden, gründete sich auf eine verhängnisvolle Auslegung eines Textes im Lukasevangelium, in dem Jesus wie folgt zitiert wird: »Gehe aus auf die Landstraßen und an die Zäune und nötige sie, hereinzukommen, auf daß mein Haus voll werde.«

Dieses Problem stellte sich bereits in akuter Form zur Lebenszeit des Kaisers Konstantin. Als er den kühnen Entschluß faßte, das Christentum zur Staatsreligion zu machen, bestand die überwältigende Mehrheit seiner Untertanen noch aus Heiden. Obwohl er glaubte, mit diesen die innere Harmonie störenden Schwierigkeiten schließlich fertig werden zu können, erklärte er zunächst, er werde »denjenigen, die sich noch im Irrtum befinden, die Freiheit gewähren, sich des gleichen Friedens und der gleichen Ruhe zu erfreuen wie diejenigen, die glauben.«

Aber schließlich wurde er von der Heftigkeit der Opposition dazu gezwungen, seine gemäßigte Haltung aufzugeben. Die Schätze der heidnischen Tempel wurden beschlagnahmt, alle heidnischen Opfer verboten. Sein Sohn Constantius II., dessen persönliche Frömmigkeit sich durch die Furcht vor Hexerei noch erhöhte, verschärfte den Kampf gegen das Heidentum und erließ in den Jahren 346 und 356 strenge Gesetze gegen die heidnischen Kulte.

Sein Vetter und Nachfolger Julian Apostata (361–363) reagierte mit heftiger Ablehnung auf seine christliche Erziehung und setzte die heidnischen Kulte offiziell wieder ein. Zunächst schien er die religiöse Neutralität zu begünstigen und proklamierte nach dem Vorbild Konstantins seine grundsätzliche Bereitschaft, die Ausübung eines jeden religiösen Kultes gestatten zu wollen. Nachdem er jedoch die heidnischen Gottesdienste wieder eingeführt hatte, nahm er den christlichen Kirchen und Geistlichen ihre Privilegien und verbot christlichen Professoren die Lehre der klassischen Fächer. Doch dann fiel er in einer Schlacht. Die heidnischen Historiker bezeichneten seinen Tod als das größte Unglück in der römischen Geschichte, ein Ereignis, das den Untergang Roms angekündigt habe. Nach seinem Tode wurde das Christentum wieder Staatsreligion.

Das war die Lage, die Valentinian I. bei seinem Regierungsantritt vorfand, eine Lage, in der die Beziehungen zwischen den Glaubensrichtungen – mit Ausnahme weniger Intellektueller – durch heftige Feindschaft und Antipathie gekennzeichnet waren.

Obwohl Valentinian selbst Christ war, beschloß er 371, eine Politik der universalen Toleranz zu verfolgen. Er erklärte: »Ich betrachte keinen Ritus, den unsere Vorfahren zugelassen haben, als verbrecherisch.« Der Heide Ammianus, der in anderer Beziehung Valentinian gegenüber sehr kritisch eingestellt war, lobte ihn für diese Haltung und zollte ihm Bewunderung. Der damalige Papst Damasus hatte persönliche Beziehungen zur heidnischen Aristokratie, und das erleichterte es Valentinian, den wachsenden Radikalismus einiger anderer Bischöfe zu dämpfen.

Valentinians liberale Haltung war eine der wenigen positiven Erscheinungen jener Zeit. Im Gegensatz zur allgemeinen Stimmung

Elfenbeindiptychon, heidnischer Klassizismus; Priesterin der Ceres (?) (4. Jahrhundert)

und Praxis glaubte er, durch Toleranz ließe sich die Einheit eher bewahren.

Gratian folgte zunächst einer ähnlichen Politik, weil er anfänglich unter dem Einfluß des Dichters Ausonius stand, der als Christ kein Fanatiker war. Doch 359 begann eine neue Phase, als Gratian Theodosius I. zu seinem östlichen Mitkaiser machte.

Zunächst verzichtete Gratian auf das ihm nach der Tradition zustehende Amt des heidnischen Oberpriesters, und sein neuer Kollege übernahm es erst gar nicht. Dann beschloß Gratian, die Statue der heidnischen Siegesgöttin aus dem Senatsgebäude entfernen zu lassen. Einflußreiche Heiden hielten diese Maßnahme für eine entscheidende Bedrohung ihrer Überlieferung und ihres Glaubens, und im Verlauf der folgenden drei Jahre kam es zu einer Serie berühmt gewordener Rededuelle zwischen Symmachus, dem bekanntesten Vertreter der heidnischen Tradition seiner Zeit, und dem bedeutendsten Christen, dem Bischof von Mailand, Ambrosius.

Bei diesem Disput wurden alle äußeren Formen gewahrt. »Jedermann«, so erklärte Symmachus, »folgt seinen eigenen Bräuchen und hat seine eigene Religion. Die Liebe zum Gewohnten ist stark. Wir verlangen die Wiederherstellung des Kultes unter den früher geltenden Bedingungen, einen Zustand, der dem römischen Staat lange Zeit Vorteile gebracht hat. Man kann ein so großes Geheimnis nicht nur auf einem Wege erreichen.« Diese ausdrückliche Ablehnung des christlichen Anspruchs auf Universalität wurde von Ambrosius natürlich bestritten, der verlangte, der Kaiser sollte »tun, was, wie er weiß, seiner Erlösung im Angesicht Gottes nützlich wäre«. Er konnte sich durchsetzen, und die Statue durfte nicht wieder im Senatsgebäude aufgestellt werden. Das war der bisher größte Rückschlag für das Heidentum.

Ambrosius wendete sich auch gegen Heiraten zwischen Christen und Heiden und bezog sich dabei auf die Ehe zwischen Samson und Delila. Zugleich stand Symmachus auch im Wettstreit mit dem Lyriker Prudentius, dessen nach vorn blickendes, verjüngtes christliches Rom einen stärkeren Eindruck machte als seine etwas melancholische und nostalgische Haltung. Daneben begegnete Prudentius der Verteidigung des Traditionalismus durch seinen Gegner sehr klug mit dem Argument, Veränderungen bedeuteten nicht eine Ablehnung des römischen Geistes. Das war eine konstruktive Haltung, und Prudentius, der, obwohl er Christ war, das antike Rom verehrte, ist gelegentlich einer echten Verständigung zwischen Christen und Heiden näher gekommen als irgendein anderer.

Aber eine solche Verständigung durfte sich nicht entwickeln, denn die herrschenden Christen glaubten, in ihrer Wachsamkeit keinen Augenblick nachlassen zu dürfen.

Eine Gefahr, die sie ständig im Auge hatten, war die Abweichung vom rechten Glauben, und dies war das Thema von sechs strengen Erlassen innerhalb von fünfzehn Jahren. Die schärfsten Maßnahmen waren das Werk des überaus frommen Theodosius I. Aus Dankbarkeit für seine Versöhnung mit Ambrosius untersagte er jeden heidnischen Gottesdienst und verbot 381 sogar den Besuch heidnischer Tempel.

Im folgenden Jahr starb Theodosius' Mitkaiser, Valentinian II., und die Lage verschärfte sich, denn im Westen übernahm der Usurpator Eugenius die Regierung. Obwohl er formal der christlichen Kirche angehörte, war er in seinem Glauben wenig gefestigt, und seine Machtübernahme ermutigte die Heiden in Rom.

Theodosius I. reagierte darauf mit drastischen Edikten. Jede Ausübung der heidnischen Religion wurde streng untersagt, und Richter, Stadträte und angesehene Bürger wurden unter Androhung strenger Strafen für alle Übertretungen verantwortlich gemacht. Im Kodex Theodosius' II. finden wir nicht weniger als 25 Gesetze, die von seinen Vorgängern und ihm erlassen wurden und sich gegen alle Formen des Heidentums richteten. Ambrosius hatte sich durchgesetzt, wenigstens im Hinblick auf die Gesetzgebung, wenn vielleicht auch nicht auf die Einhaltung dieser Verfügungen. Denn auch nach dem Erlaß dieser strengen antiheidnischen Gesetze hielten es die Kaiser für notwendig, 13 weitere Edikte gleichen Inhalts herauszugeben.

Säulengang der zwölf Götter,
restauriert von Praetextatus,
neben dem Forum in Rom

Theodosius I. scheint seine Rolle als Wiedergutmacher der heidnischen Christenverfolgungen im Geist militanter Rache aufgefaßt zu haben. Doch der heidnische Schriftsteller Eunapius vertrat die Meinung, »unser Zeitalter hat es riskiert, sich von Eseln herumkommandieren zu lassen«. 394 wurde der Usurpator Eugenius gestürzt, und auf Grund der Enttäuschung seiner heidnischen Anhänger konnten die Christen nun zum erstenmal die Mehrheit im Senat stellen. Das Zeitalter der Ambivalenz und der möglichen Gedankenfreiheit im antiken Rom war zu Ende.

Dennoch verfolgten nach dem Tode Theodosius' I. die Regenten seiner Söhne Arcadius und Honorius zunächst eine gemäßigte Politik gegenüber den Heiden und versuchten, die Staatsautorität gegen die anti-heidnischen Exzesse der christlichen Geistlichkeit zur Geltung zu bringen.

Aber in Nordafrika kam es 399 unter der heidnischen Bevölkerung zu Aufständen, weil ihre Tempel und religiösen Kultstätten geschlossen worden waren, und zwei Jahre später ersuchten die hier residierenden Bischöfe die Regierung Westroms um neue Gesetze »zur Auslöschung der letzten Reste des Götzendienstes«.

Bischof Augustinus von Hippo Regius, dem heutigen Annaba in Algerien, sah sich in diesen Streit hineingezogen und setzte sich für staatliche Zwangsmaßnahmen gegen die Heiden ein. Er verlangte die Zwangsbekehrung. Auch abtrünnige Christen sollten in den Schoß der Kirche zurückgeführt werden, wie die kaiserlichen Edikte es verlangten, denn Christus habe wie ein Feldherr, der Fahnenflüchtige einfangen läßt, die man am Brandzeichen auf ihrem Handrücken erkennt, mit vollem Recht militärische Methoden angewendet, um auch seine Fahnenflüchtigen wieder in die Armee der Christen zurückzuführen.

Augustinus bejubelte die Zerstörung heidnischer Tempel. Der Philosoph Nectarius, der der alten Religion angehörte, versuchte, ihn mit humanen Argumenten davon zu überzeugen, daß dies furchtbares Elend verursachen müßte. Es gelang ihm nicht, Augustinus umzustimmen, und alle ähnlichen Versuche scheiterten bis zur Zeit nach der Einnahme Roms durch Alarich. Dieses Ereig-

256

nis versetzte die Christen in Furcht und Schrecken, denn es erweckte das Heidentum zu neuem Leben. Seht, sagten die Heiden, was in Rom geschehen ist, jetzt, da es christlich geworden ist und seine alten Götter verlassen hat. Gegen diese Haltung wendete sich das Buch des Augustinus, *Die Stadt Gottes*. Obwohl sich dieses bedeutende Werk mit den verschiedensten Themen beschäftigte, war es zunächst durch das Bedürfnis angeregt worden, sich der Neubelebung des Heidentums entgegenzustellen, die durch die traumatischen Ereignisse des Jahres 410 möglich geworden war.

Bis zum Tode Stilichos vor zwei Jahren hatte man noch auf eine versöhnlichere offizielle Haltung gegenüber den Heiden gehofft, denn dieser hatte während der Zeit, in der er das Imperium praktisch beherrschte, auf ein gewisses Maß religiöser Toleranz und des Gleichgewichts gedrängt. Aber sogar Stilicho hatte es für notwendig gehalten, die Sibyllinischen Bücher zu verbrennen, die heiligsten Schriften der heidnischen Religion. Dafür wurde er 417 nach seinem Tode von dem heidnischen Dichter Rutilius Namatianus angegriffen, der die Behauptung wiederholte, weil die Römer ihre Götter verlassen hätten, sei die Katastrophe über sie hereingebrochen.

Nach dem Tode Stilichos wurde sofort ein Gesetz erlassen, das es den Heiden verbot, in der Armee zu dienen, denn man glaubte, sich nicht mehr auf ihre Loyalität verlassen zu können. Unterdrückungsmaßnahmen gegen die Heiden gab es noch bis in die 430er Jahre. Zu Beginn des folgenden Jahrzehnts wurde Leo I. zum Papst gewählt, der erklärte, daß »die Wahrheit, die einfach und nur eine ist, verschiedene Möglichkeiten nicht zuläßt«.

Im gleichen Geist begann Theodosius II. 448 heidnische Bücher zu verbrennen, »alle die Bände, die Gottes Zorn erregen und der Seele schaden, wünschen wir nicht den Menschen zur Kenntnis zu bringen«. Aber die heidnischen Kulte wurden augenscheinlich auch zu diesem späten Zeitpunkt immer noch praktiziert, denn sonst wäre eine solche Härte nicht notwendig gewesen.

Nach dieser Zeit wurde das Heidentum jedoch immer schwächer.

Boden eines vergoldeten Glases,
römisches Ehepaar mit Christus

Einer der letzten bedeutenden Heiden war der griechische Historiker Zosimus, der um die Jahrhundertwende zum 6. Jahrhundert
seine *Neue Geschichte* verfaßte. Wie Rutilius Namatianus betrachtete er die erzwungene Christianisierung des Imperiums
durch Theodosius I. als Ursache für den Untergang Roms, denn
sie hatte offenbar die Rache der Götter heraufbeschworen.
Ironischerweise waren die Folgen jener offiziellen Zwangspolitik
das katastrophale Gegenteil dessen, was Konstantin beabsichtigt
hatte, als er das Christentum als das potentiell einigende Element
in seinem Reich betrachtete.
Bisher war die griechisch-römische Welt von der Vorstellung frei
gewesen, daß die inneren Überzeugungen der Menschen erzwun-
gen werden könnten. Die Männer, die diese Idee entwickelt hatten, tragen eine schwere Verantwortung für die Verfolgungen, die
sich das ganze Mittelalter hindurch bis in die Neuzeit fortgesetzt
haben. Diese Zwänge hatten zur Vernichtung des römischen Imperiums dadurch beigetragen, daß sie die Uneinigkeit vermehrten,
die sie ursprünglich hatten beseitigen sollen.
Eine ähnlich spaltende und destruktive Wirkung hatten die Konflikte innerhalb des Christentums selbst. Als Konstantin den
christlichen Glauben zur Staatsreligion gemacht hatte, war er
zweifellos darauf gefaßt gewesen, daß die heidnische Mehrheit
dagegen Einspruch erheben würde. Aber die heftige Feindschaft,
die sich sehr bald unter den Christen verschiedener Richtungen

258

entwickelte, überraschte ihn. An den Bischof Chrestus von Syrakus in Sizilien schrieb er: »Die gleichen Menschen, die brüderliche Harmonie und Eintracht zeigen sollten, entfremden sich einander in einer Art, die beschämend, wenn nicht sogar übelkeiterregend ist.«

Konstantin hatte in seiner Überraschung den historischen Hintergrund vielleicht nicht genug bedacht. Das griechisch-römische Heidentum war nie monolithisch gewesen. Es bestand aus einer Vielzahl verschiedener selbständiger Kulte, die nur lose miteinander verknüpft waren, und unter denen, wie Gibbon sagt, »die Toleranz nicht nur gegenseitige Duldung, sondern sogar religiöse Übereinstimmung erzeugte«. So hat es die meisten Menschen nicht besonders überrascht, daß es auch unter den Christen die unterschiedlichsten sogenannten Häresien gab. (Das griechische Wort *hairesis* bedeutet Auswahl oder Sekte.) Der Tradition widersprach andererseits sehr viel mehr die Vorstellung, daß es nur eine rechtgläubige christliche Lehre geben dürfe. Doch im spätrömischen Reich wurde das Entstehen zahlreicher Häresien zur Quelle großer Unzufriedenheit nicht nur für die etablierte Kirche, sondern auch für die Kaiser. Es war stets ihr Ehrgeiz, daß die Form des Christentums, der sie selbst den Vorzug gaben, die *katholische*, die universale und einigende werden sollte.

Aus diesem Grund schrieb Konstantin 314 an einen Funktionär in Nordafrika, die göttliche Gnade könne nur durch einen einheitlichen Gottesdienst erlangt werden, der über allen Disputen und Streitigkeiten stehen müsse, denn diese mißfielen dem Höchsten Gott.

Sein kirchlicher Gefolgsmann Eusebius erklärte, nichts erzürne Gott mehr als eine Teilung der Kirche. Sie bedeute, daß man den Leib Christi in Stücke schnitte.

Doch alle Hoffnungen Konstantins sollten vergeblich sein. Während des größten Teils seiner Regierungszeit bemühte er sich um Zusammenarbeit unter den Christen, denen er einen so unerwartet hohen Rang verliehen hatte – seine Bemühungen waren umsonst. Bald war seine Geduld erschöpft, und die Anhänger häreti-

Seiten 260–261:
Relief aus dem 4. oder 5. Jahrhundert, die Apostel Petrus und Paulus

scher Lehren mußten es erleben, daß ihre Kirchen beschlagnahmt und ihre Bischöfe ins Exil geschickt wurden. Fünf Jahre später erklärte Konstantin, es sei besser, ihre Bestrafung Gott zu überlassen. Aber der Schaden konnte nicht mehr abgewendet werden, denn der Anfang einer verhängnisvollen Entwicklung war gemacht. Fast im gleichen Augenblick, in dem die Christen zu einer Macht im Lande wurden, hatten sie begonnen, andere Christen zu verfolgen. Von dieser Zeit an haben die Kaiser in weniger als 125 Jahren mindestens 66 Gesetze gegen Häretiker erlassen.

In seinem 378 verfaßten *Panarion* (Medizinschrank) verordnete Bischof Epiphanias von Constantia auf Zypern Heilmittel für die Anhänger von 80 Häresien, als seien diese Menschen von giftigen Schlangen gebissen worden. Damals geprägte Münzen zeigen Kaiser, die menschenköpfige Schlangen zertreten, eine symbolische Darstellung der Unterdrückung solcher Häretiker.

Als Julian 361 auf den Thron kam, wurde seine Haltung gegenüber dem Christentum vor allem durch die heftigen Streitigkeiten in den Reihen der Christen bestimmt. Ammianus sagt: ». . .denn er wußte aus Erfahrung, daß kein wildes Tier den Menschen so feindlich gesonnen ist wie die meisten Christen in ihrem tödlichen Haß gegeneinander.«

Doch Valentinian I. blieb, obwohl das Christentum wieder zur Staatsreligion erhoben worden war, gegenüber den Häretikern ebenso tolerant wie gegenüber den Heiden. Aber unter dem Einfluß von Ambrosius nahmen Gratian und Theodosius I. die Ketzerverfolgungen wieder auf. Im Jahr 380 erließ Theodosius I. ganz unerwartet eine strenge Verfügung gegen die Ketzerei. Ein Jahr später befahl er, alle von solchen Sekten errichteten Kirchenbauten müßten an von ihm benannte katholische Bischöfe übergeben werden. Während der letzten 14 Jahre seines Lebens erließ er 17 weitere Gesetze gegen die Häretiker. Von nun an war die Zahl der gegen die Ketzerei erlassenen Verordnungen fünfmal größer als die der gegen das Heidentum gerichteten Gesetze.

Bezeichnend für das Gefühl der Unsicherheit war ein Edikt, das jede Diskussion über religiöse Fragen untersagte und vergeblich

Detail auf einem Sarkophag aus der Katakombe der hl. Domitilla, Szenen aus dem Leben Jesu

den Versuch unternahm, die Zeitgenossen einer ihrer Lieblingsbeschäftigungen zu berauben.

In den Jahren 407 und 408 wurde die Ketzerei wiederum zum Staatsverbrechen erklärt, »weil Verstöße gegen die göttliche Religion das ganze Gemeinwesen schädigen«. Zugleich wurden alle Nichtkatholiken vom Dienst bei Hofe ausgeschlossen. Im folgenden Jahr sah sich Honorius aber gezwungen, diese Verfügung abzumildern, weil es unmöglich war, auf alle Germanen zu verzichten, die Arianer waren, oder sie zum Übertritt zu zwingen.

Doch in den Jahren 410 und 415 wurden neue Edikte gegen die Ketzerei erlassen; denn die Bischöfe, die sich rühmen konnten, dem gleichen Glauben anzuhängen wie die bedeutenden Theologen Ambrosius, Hieronymus und Augustinus, wollten nicht zulassen, daß die Regierung Abweichler duldete, und die drei einflußreichen Denker verurteilten auch weiterhin entschieden solche ›Verbrecher‹.

Wir haben gesehen, wie Augustinus nach langen und intensiven Überlegungen zu dem Schluß kam, daß es richtig sei, die weltlichen Behörden aufzufordern, sie sollten das Heidentum mit Gewalt unterdrücken. Einen noch größeren Teil seines Lebens brachte er jedoch damit zu, auf ein ähnliches Vorgehen gegen die Ketzer zu dringen; denn wie er glaubte, würden sie ewige Höllenqualen erleiden müssen. Für ihn und für den Kaiser konnte es nur eine einzige Kirche geben, und wer außerhalb dieser Kirche stand, befand sich, auch wenn er sich mit noch so beredten Worten als Christ bezeichnete, außerhalb des Leibes Christi.

Zunächst hatte Augustinus es abgelehnt, gegen die Ketzer Gewalt anzuwenden, wie er es auch gegen die Heiden nicht hatte tun wollen. Nach längerem Nachdenken änderte er jedoch seine Meinung, weil »er sich von ihrer potentiellen Verderbtheit überzeugt hatte und wußte, wie sehr ihnen die Disziplin nützen werde«. So glaubte er schließlich an den Nutzen von Zwangsmaßnahmen und überzeugte sich davon, daß der Staat die Ketzer ebenso wie die Heiden zum rechten Glauben zwingen müsse. Diese Zwangsmaßnahmen, so erklärte er jetzt, seien vergleichbar mit einer bitteren

Medizin, die der Kranke nicht nehmen wolle, und könnten daher als echtes Liebeswerk bezeichnet werden. Liebe in Verbindung mit Strenge sei besser als Falschheit und Nachsicht. Und die Kaiser könnten mit Hilfe der ihnen zur Verfügung stehenden Machtmittel Gott in einer Weise dienen, wie dies für den schlichten Bürger nicht möglich sei. In einem Brief an den Bischof von Ténès in Algerien, Vincentius, begründete er seine neue Haltung.

». . . denn ursprünglich war es meine Meinung, daß niemand zur Vereinigung mit Christus gezwungen werden sollte, daß wir nur durch Worte wirken, nur mit Argumenten kämpfen und durch die Kraft des Verstandes überzeugen sollten, um nicht diejenigen in unsere Reihen zu ziehen, von denen wir wissen, daß sie überzeugte Ketzer sind und nur so tun, als seien sie Katholiken.

. . . Aber diese meine Auffassung hat sich nicht durch die Worte derjenigen geändert, die ihr widersprachen, sondern durch die schlüssigen Beweise, auf die sie hingewiesen haben. Denn erstens hat meine eigene Stadt mich überzeugt, die früher ganz und gar auf der Seite des Donatismus stand, sich jetzt aber zum Katholizismus bekehrt hat, weil sie die kaiserlichen Edikte fürchtete. Ich habe verstanden, daß in dieser Angelegenheit das Wort der Schrift zutrifft: ›Gib dem Weisen die Gelegenheit dazu, und er wird weiser werden‹.«

Doch die »Gelegenheit« war nur ein Euphemismus für Gewaltmaßnahmen (s. Anhang 1).

Später fügte Augustinus in seinem Buch *Die Stadt Gottes* die paradoxe Rechtfertigung hinzu, daß diejenigen, die wirklich behaupten könnten, die Leidtragenden zu sein, nicht die Ketzer, sondern die Gläubigen wären, die jene verfolgten – weil die bloße Existenz solcher Übeltäter daran schuld sei, daß loyale Christen Verfolgungen erleiden »nicht an ihren Leibern, sondern an ihren Herzen«. Deshalb spräche auch der Psalmist von der großen Menge seiner Leiden im Herzen und nicht von den Leiden am Körper.

Das half den Ketzern nicht, die die Regierung jetzt mit Gewalt in den Schoß der Kirche zurückführte, eine Regierung, die aus poli-

Christus heilt einen Aussätzigen,
Elfenbeinplakette (Mitte 5. Jahrhundert)

tischen Gründen mit den theologischen Argumenten des Augustinus übereinstimmte.

Diese systematische und militante Intoleranz hatte es bis dahin im mediterranen Kulturkreis nicht gegeben. Sie war ein Anzeichen dafür, daß ein Dogmatismus entstand, der seinerseits den Niedergang des rationalen Intellektualismus' kennzeichnete.

Augustinus hatte sich an die Spitze dieser intoleranten Bewegung gestellt. Wegen seiner Beredtsamkeit und seines großen Einflusses bezeichnete man ihn als Fürsten und Patriarchen der Ketzerverfolger. Ebenso beschuldigte man ihn, der Vorläufer und erste Theoretiker der spanischen Inquisition gewesen zu sein. Nur einem glücklichen Zufall ist es zu verdanken, daß er sich nicht zum Großinquisitor der ganzen römischen Welt aufschwingen konnte, denn er lebte jenseits des Meeres in Nordafrika und nahm daher keine allzu zentrale Stellung ein. Doch der Schaden, der durch die von ihm befürworteten Zwangsmaßnahmen entstand, war trotzdem noch sehr groß. Voltaire und Gibbon hatten recht, wenn sie sagten, die Feindschaft der Christen untereinander sowie die Feindschaft zwischen Christen und Heiden hätten wesentlich zum Untergang des Römischen Reichs beigetragen.

Es bleiben noch die heftigen Kontroversen zwischen den Vertretern der christlichen Religion und den Vertretern der beiden anderen Glaubensbekenntnisse, die sie unterdrückten, Religionen, die weder heidnisch noch christlich waren. Das waren die Manichäer und die Juden. Auch heute vertreten Millionen Menschen die Glaubensvorstellungen der Manichäer, sie wissen es nur nicht. Diese mächtige Lehre überlebte vom 3. bis zum 15. Jahrhundert und verlangte von ihren Anhängern den bedingungslosen Glauben an den Unterschied zwischen Gut und Böse. Beide Prinzipien bestanden seit jeher nebeneinander. Deshalb vertraten die Manichäer das, was viele Menschen instinktiv glaubten, denn wir können nicht zugeben, daß Gott für das Böse in dieser Welt verantwortlich ist, und müssen daher annehmen, daß es von irgendeiner anderen Gewalt geschaffen wurde.

Dieser Dualismus, den man als Gnosis bezeichnet hat (Gnosis ist das griechische Wort für Wissen), ging angeblich auf Simon Magus zurück, der in der Apostelgeschichte beschuldigt wird, eine falsche Lehre verkündet zu haben. Im 2. Jahrhundert n. Ch. gab es in weiten Gebieten der römischen Provinzen Kultstätten, wo diese Lehre gepredigt wurde. Sie besagte, daß der Schöpfer der Welt und des Bösen darin nicht Gott, sondern ein von ihm unabhängiger Weltschöpfer, ein Demiurg, gewesen sei.

Aber die meisten dieser Sekten gingen schließlich im Manichäertum auf, in der Glaubensrichtung, die Mani um 240 in Mesopotamien zu verbreiten begann. Mani identifizierte in seiner Lehre den ewigen Gegensatz zwischen Gut und Böse mit Licht und Dunkel und gründete eine wohlorganisierte Kirche. Sein religiöser Ehrgeiz übertraf sogar den im ganzen Reich verbreiteten Universalismus Konstantins und seiner Kirchenmänner an Leidenschaftlichkeit, denn er plante die Gründung einer geistlichen Gemeinschaft, die die ganze Welt erobern sollte. Im Verlauf von weniger als einem Jahrhundert hatten sich seine Lehren über weite Teile der römischen Welt verbreitet, und die kaiserlichen Regierungen, die zunächst heidnisch und dann christlich waren, betrachteten dieses Erstarken des Manichäertums als ernste Bedrohung.

Diokletian, der die Christen verfolgte, wendete sich auch in aller Schärfe gegen die Manichäer, denn er betrachtete sie offenbar als mögliche Werkzeuge der persischen Feinde Roms. Dennoch kamen die Anhänger dieser Lehre jetzt auch in die Hauptstadt Rom und verbreiteten ihren Glauben bis nach Südgallien und Spanien. Die christlichen Kaiser, die sie mit gleicher Strenge behandelten wie ihre Vorgänger, betrachteten diese Leute nach den Worten des theodosianischen Kodex mit Sorge, weil die Manichäer Anhänger unter ›Personen der niederen Stände‹ suchten.

Sie müssen in der Tat den Eindruck erweckt haben, eine besondere Bedrohung darzustellen, da sogar der wenig fromme Valentinian I. sich nicht in der Lage sah, sie in sein umfassendes Toleranzprogramm einzubeziehen, und befahl, ihren Besitz zu beschlagnahmen. Das geschah zu der Zeit, als die Manichäer ihren bedeutendsten Anhänger bekehrt hatten, Augustinus, dessen Weltverachtung die Folge seiner neunjährigen Anhängerschaft an diese Sekte blieb. Nachdem er sich jedoch von den Manichäern abgewendet hatte, ging er mit verstärktem Eifer daran, alle zum wahren Christentum zu bekehren, die falschen und ketzerischen Lehren gefolgt waren, wie er selbst es zuvor getan hatte.

383 erließen Gratian, Theodosius I. und Valentinian II. neue und sehr strenge Gesetze gegen die Manichäer. Aus dieser feindseligen Haltung entwickelte sich bald eine Tragödie, denn sie führte zur ersten Hinrichtung eines Mannes wegen seiner religiösen Überzeugung durch Christen. Das Opfer war Priscillian, ein Hispano-Römer, der eine beträchtliche geistliche Gefolgschaft gewonnen hatte. Obwohl er zum Bischof von Avila in Spanien gewählt worden war, veranlaßte seine extreme asketische Verachtung unserer traurigen physischen Existenz die kirchliche Hierarchie, ihn des Manichäertums zu verdächtigen. Mit Zustimmung des Usurpators Magnus Maximus wurde er daher 384 von einer Kirchensynode in Bordeaux verdammt und im folgenden Jahr nach einer Verurteilung wegen Hexerei und Immoralität hingerichtet.

Das Gericht, das die Todesstrafe verhängte, war ein weltliches, doch Priscillian wurde wegen seiner religiösen Überzeugungen verurteilt. Das war ein Präzedenzfall, der Schlimmes ahnen ließ. Die Zerrissenheit innerhalb des Imperiums hatte einen katastrophalen Höhepunkt erreicht, als weltliche und kirchliche Behörden zu dem Entschluß kommen konnten, einen Menschen aus solchen Gründen zu töten.

Der heilige Martin von Tours wendete sich mit scharfen Worten gegen die Exekution und erklärte, Kirche und Staat sollten genug mit ihren eigenen Angelegenheiten zu tun haben. Sogar Ambrosius, der sich im allgemeinen für eine rauhe Behandlung von Ketzern und Schismatikern einsetzte, war empört. Er und Papst Siricius exkommunizierten die Männer, die die tödliche Anklage erhoben hatten.

Die Verfolgungen durch Theodosius I. zwangen die Manichäer, vorübergehend unterzutauchen, waren jedoch auf die Dauer so

wirkungslos, daß die Sekte im 5. Jahrhundert immer noch viele Anhänger hatte, besonders in Spanien und Gallien. Papst Leo I. (440–461) stellte mit Entsetzen fest, daß sich sogar in seiner eigenen Gemeinde Manichäer befanden. Bald darauf erließ Valentinian III. strenge Gesetze gegen sie. Keine andere Glaubensgemeinschaft ist so scharf angegriffen oder mit solcher Leidenschaft abgelehnt worden.

Die Manichäer lebten jedoch noch viele Jahrhunderte im Osten weiter, und auch im Westen ließ sich der Dualismus nicht ausrotten. Die Manichäer hatten zahlreiche geistige Erben unter den verschiedensten Bezeichnungen. Ganze 800 Jahre nach dem Untergang Roms mißbrauchte der heilige Ludwig von Frankreich die Bezeichnung ›Kreuzzug‹ für einen Versuch, ähnliche Glaubensrichtungen zu unterdrücken.

Auch die Juden wurden sowohl von den Herrschern im Westen als auch von denen im Osten schlecht behandelt. Seit der Beendigung des ersten und zweiten römischen Krieges und der jüdischen Revolten, die als katastrophale Niederlagen geendet hatten, und seit der Unterwerfung des Heimatlandes der Juden waren Jahrhunderte vergangen.

Doch die Millionen Juden in der Diaspora überlebten im ganzen Römischen Reich und im persischen Mesopotamien und bewahrten ihren Glauben. Auch in Israel lebten die jüdischen Gemeinden in den anderen Landesteilen wieder auf, obwohl Jerusalem zerstört und durch eine römische Siedlung ersetzt worden war. Diese jüdischen Gemeinwesen wurden bald von den Römern anerkannt und erhielten autonome Patriarchate und Gemeinderäte.

Die Beziehungen zu Rom entwickelten sich unter dem Patriarchen Judah I ha-Nas, dem ›Fürsten‹ (135–219) günstig. Er galt nach der Überlieferung als bedeutendster Wiederhersteller der Mishnah, (des ersten Teils der Torah, der die wichtigsten Grundlagen jüdischer Tradition und jüdischen Glaubens enthielt).

Doch dann kam die Zeit, in der das Heidentum nicht mehr Staatsreligion im Römischen Reich war. Weshalb trat nun das Christentum und nicht das Judentum an seine Stelle? Beide Religionen

Die personifizierte Kirche Jerusalems (Mosaik, 5. Jahrhundert)

hatten so vieles gemeinsam, unter anderem neunzig Prozent der ethischen Grundsätze; aber ebenso wie die heidnischen Religionen konnte das Judentum die Masse der Bevölkerung nicht für sich gewinnen, weil die Welt nach einem Erlöser verlangte, und die Juden hatten keinen historischen Messias.

Seit das Leben und die Taten Jesu aufgezeichnet worden waren, verschärften sich die Gegensätze zwischen beiden Glaubensgemeinschaften. Das Evangelium enthielt viele antisemitische Aussagen, die den römischen Behörden beweisen sollten, daß die Christen mit der ersten jüdischen Revolte nichts zu tun hatten. Die Juden bezeichneten Jesus in ihren *Toledoth Yeshu* als Zauberer und Sohn der Unreinheit.

Das Erstarken des Christentums wurde von den Juden als eine der letzten Plagen angesehen, die das Ende der Welt ankündigten. Als das Christentum zur offiziellen Kirche im Kaiserreich wurde, verschlechterte sich natürlich ihre Lage. Man griff die Juden an, weil sie am Tode Jesu schuldig waren. Der Bischof von Antiochia, Severus, erklärte gegenüber seinem Kollegen in Aleppo, »die ganze (jüdische) Glaubensgemeinschaft sollte für die Beteiligung an dieser Sünde bestraft werden«. Man konnte jedoch auch nicht vergessen, daß Jesus selbst Jude gewesen war und viele jüdische Prophezeiungen erfüllt hatte. So waren sie, wenn auch widerwillig, die Zeugen der Herrlichkeit seiner Mission.

Da dies so war, konnte eine Unterdrückung der Juden mit Gewalt wie bei den Heiden, Manichäern oder Häretikern nicht in Frage kommen. Trotzdem wurden sie von den christlichen Kaisern weiterhin ungerecht und mit wenig Wohlwollen behandelt. Aber weil sie Jesus den Weg bereitet hatten und er in ihrer Mitte als Mensch geboren worden war, konnte man sie nicht mit Gewalt vernichten. Andererseits hatten sie ihn aber nicht anerkannt, sondern getötet, darum mußte man ihnen das Leben so schwer wie möglich machen. Das jedenfalls forderten die Bischöfe, und die Kaiser richteten sich danach.

Der Sabbath wurde zwar gesetzlich toleriert, jüdische Heiligtümer genossen den Schutz des Staates, und die Rabbiner erfreuten sich

Eine der ersten Darstellungen der Kreuzigung Christi an der Tür der hl. Sabina, Rom (Anfang 5. Jahrhundert)

der gleichen Privilegien wie der christliche Klerus. Doch zugleich ergriffen die römischen Beamten zahlreiche Maßnahmen, um den Status der Synagogen herabzusetzen, Übertritte zum Judentum zu verbieten, Heiraten zwischen Angehörigen beider Konfessionen zu verhindern und jede Gefährdung der beherrschenden Stellung der christlichen Kirche auszuschalten.

Die Hoffnungen der Juden belebten sich zeitweilig, als Julian bei seinem Versuch, das Christentum zu unterdrücken, den Wiederaufbau des Tempels in Jerusalem, fast dreihundert Jahre nach der Zerstörung während der ersten Revolte, genehmigte. Aber Julian starb, bevor seine Pläne zur Ausführung kamen.

Die Lage besserte sich zum zweitenmal vorübergehend, als Theodosius I. sich darum bemühte, die Juden großzügiger zu behandeln als Heiden und Häretiker, und sein Minister im Osten, Eutropius, die gleiche Politik verfolgte. Es dauerte aber nicht lange, bis die Lage der Juden sich wieder verschlechterte. 415 wurden Strafmaßnahmen gegen den Patriarchen Gamaliel VII. ergriffen. Als er vier Jahre später starb, wurde das Amt des Patriarchen abgeschafft, und die Regierung beschlagnahmte sein Vermögen. Dann brachte der Kodex Theodosius' II. die zahlreichen in letzter Zeit gegen den jüdischen Glauben ergriffenen Sanktionen in ein System. Es ist erschütternd zu lesen, welche unglaublichen, todeswürdigen und gotteslästerlichen Perversitäten hier den Juden vorgeworfen wurden.

Die kaiserlichen Worte waren jedoch schärfer als die darauf folgenden Taten, denn mit ihnen beabsichtigte der Herrscher, den fanatischen christlichen Klerus zu besänftigen. Es war aber gefährlich, daß solche Geistliche ihre Gemeinden unablässig dazu aufriefen, diese Auffassungen zu teilen.

Ambrosius behauptete zum Beispiel gegenüber Theodosius I., Magnus Maximus sei gestürzt, weil er unter Mißachtung seiner religiösen Pflichten den Wiederaufbau der Synagoge in Rom befohlen hätte, die niedergebrannt war. Deshalb müsse auch Theodosius seinen Befehl, ein solches Gebäude, das im Osten zerstört worden war, wieder aufzubauen, zurücknehmen.

Augustinus beschäftigt sich ebenfalls nicht weniger als zwanzigmal in seinen nachgelassenen Schriften mit dem alten Thema und erklärt, die widerspenstigen Juden seien »Zeugen ihrer eigenen Frevelhaftigkeit und der christlichen Wahrheit«. Der Bischof von Kurus in der Südtürkei, Theodoret, beklagte sich im 5. Jahrhundert darüber, daß die Juden sich gegenüber den Christen immer noch überlegen fühlten, und Hieronymus beschuldigte sie unverständlicherweise, sie erwarteten, in der Politik die Führung zu übernehmen. Der Dichter Rutilius Namatianus behauptete sogar in einem von fanatischem Judenhaß diktierten Abschnitt seiner Schriften, das sei bereits geschehen, und ein besiegtes Volk habe seine Besieger unterworfen. »Ihr Glaube ist eine Pest, die dorthin zurückschleicht, wo sie bereits ausgerottet war.« Sidonius andererseits hatte eine gute Meinung von dem Juden Gozolas: »Er ist ein Mann, den ich als Menschen schätzen würde, wenn ich seinen religiösen Glauben nicht ablehnen müßte.«

Aber sogar diese widerwillige Anerkennung, die die später oft aufgestellte Behauptung vorwegnimmt, »einige meiner besten Freunde sind Juden«, war eine Ausnahme. Im ganzen bietet sich uns ein recht trauriges Bild, das eine scharfe Trennung zwischen den Bekenntnissen zeigt.

Man hat in letzter Zeit behauptet, die endgültige Spaltung und

Drei Männer im feurigen Ofen
(Daniel), Katakombe der hl.
Priscilla, Rom

Trennung zwischen Christen und Juden »wird von zahlreichen christlichen und jüdischen Gelehrten als viel größere Katastrophe angesehen werden als jedes folgende Schisma innerhalb der christlichen Kirche selbst«. Wenn auch nicht die vollständige Einigkeit, so doch wenigstens ein Bündnis zwischen den Christen und den zahlreichen Juden im ganzen Römischen Reich hätte eine geschlossene Front entstehen lassen können, der gegenüber die interne christliche Uneinigkeit vielleicht an Bedeutung verloren hätte. Damit wäre die immer schwächer werdende römische Welt gestärkt worden. Es trat aber das genaue Gegenteil ein, und die erbitterte Feindschaft zwischen Christen und Juden wurde zu einer der vielen Disharmonien, die den Verteidigungswillen des Westreichs schwächten und deshalb zu seinem Untergang beitrugen.

»Ich glaube, man kann nicht leugnen«, meint Arnaldo Momigliano, »daß das Aufblühen der Kirche sowohl Folge als auch Ursache des Schwächerwerdens des Staates gewesen ist.« Und was vor allem zu dieser Schwächung beigetragen hat, war die Anwendung religiösen Zwanges. Er erreichte genau das Gegenteil von

Seite 275:
Intarsie, Raub des Hylas durch
Nymphen

der Einheit, nach der man strebte, und beschleunigte Verfall und
Auflösung. Dieses selbstmörderische Versagen der Zwangsme-
thoden mag den Schluß rechtfertigen, daß auch heute jede Gesellschaft, die den Versuch unternimmt, persönliche Überzeugungen
und Meinungen zu unterdrücken, in ihrem Organismus die Saat
der Selbstzerstörung trägt. Oder ist es vielleicht ein zu leichtferti-
ges Wunschdenken, mit dem sich der krasse Überoptimismus
wiederholt, den man im spätrömischen Reich ebenso antraf wie
zu unserer Zeit? Denn wenn diese Versuche der Regierung, persönliche Überzeugungen zu erzwingen, damals dazu beigetragen
haben, den Verfall des Römischen Reichs zu beschleunigen, dann
haben vergleichbare Maßnahmen keineswegs die gleichen schäd-
lichen Folgen für die heutigen autoritären Regime gehabt. Im Gegenteil, wir müssen die uns vielleicht angenehme Illusion aufgeben und einräumen, daß solche Methoden ihnen geholfen haben,
zu überleben.

Da diese Möglichkeit besteht, müssen wir leider immer mit der
Gefahr rechnen, daß solche Zwangsmaßnahmen von den totalitä-
ren Staaten auf unser eigenes Gesellschaftssystem übergreifen.
Schließlich ist es noch gar nicht so lange her, daß die mit dem Namen des Senators Joseph McCarthy verbundenen Säuberungs-
maßnahmen viele Bürger der Vereinigten Staaten in einer Weise
in Bedrängnis brachten, die sich fast mit den Strafandrohungen
des Theodosianischen Kodex vergleichen läßt. Für den Fall stark
zunehmender Bedrohung von außen oder innerer wirtschaftlicher
Krisen könnte sich ein solcher Druck auf die Überzeugungen und
Ansichten des Einzelnen leichter wiederholen als wir annehmen.
Eine Wiedereinführung der allgemeinen Wehrpflicht hat, wie wir
gesehen haben, schon viele Befürworter, die plausible Gründe dafür angeben. Andere Zwangsmaßnahmen könnten ebenfalls als
notwendig und im Interesse des nationalen Überlebens dargestellt
werden. Wenn eine solche Bedrohung eintritt, können wir wenigstens aus den schlimmen Erfahrungen des spätrömischen Kaiserreichs lernen, wie wichtig es ist, wachsam zu bleiben – und solche
Eingriffe in möglichst engen Grenzen zu halten.

6. Teil

Ursachen der Leistungsschwäche

12. Selbstgefälligkeit gegen Selbsthilfe

Wir werden uns im folgenden nicht mehr mit den Maßnahmen beschäftigen, die zur inneren Zerrissenheit geführt haben, sondern mit den Gedanken, die dahinter lagen. Dann werden wir feststellen, daß weder heidnische noch christliche Gewohnheiten oder Ideen der Regierung in ihrem erfolglosen Ringen, das Überleben der Nation zu sichern, viel geholfen haben.

Denn die Heiden verließen sich zu selbstgefällig auf die ruhmreiche Vergangenheit, und die christlichen Theologen verkündeten Dogmen, die die Bedeutung des Dienstes am Staat bagatellisierten. Jede dieser beiden philosophischen Richtungen verstärkte daher die erhebliche nationale Uneinigkeit, indem sie ihre eigene spezifische Haltung gegen die Haltungen setzte, die notwendig gewesen wären, wenn der Bestand des Reichs erhalten werden sollte.

Betrachten wir zuerst die Heiden. Sie pflegten, was die Erziehung betraf, ihre alten Gewohnheiten. Sie nahmen die klassische Tradition ganz für sich in Anspruch, denn die Christen hatten weder theoretisch noch praktisch Erziehungsmethoden zu bieten, die mit den überlieferten konkurrieren konnten. Die Lehrer jener Zeit hielten sich an das alte Muster der sieben klassischen Künste, Grammatik, Rhetorik, Dialektik, Arithmetik, Geometrie, Astronomie und Musik. Die letzten vier wurden allerdings nur selten gelehrt.

Innerhalb dieses notwendigerweise begrenzten Feldes wurden akademische Leistungen ausnehmend gut belohnt. Aber alle Beförderungen wurden streng überwacht. Julian nahm wieder das Recht des Kaisers in Anspruch, die von den örtlichen Behörden ernannten Professoren in ihrem Amt zu bestätigen. Gratian setzte die Gehälter der einzelnen Rangstufen fest. Ein Edikt aus dem Jahr 425 bestätigte, daß der Staat die alleinige Aufsicht über das Erziehungswesen hatte. Es stellte die Gründung von Lehranstalten durch unbefugte Personen unter Strafe.

Die größte staatliche Universität befand sich noch in Rom. Valentinian I. ergriff strenge Maßnahmen, um unter den Studenten Disziplin und Ordnung aufrecht zu erhalten, Maßnahmen, die

Corbridge *lanx* (rituales Silbertablett, gefunden in der Tyne, Apollo mit anderen Göttern), wahrscheinlich aus der Zeit von Julian Apostata (ca. 363 n. Chr.)

auch noch heute interessant sind. Auswärtige Studienanwärter mußten eine Genehmigung des zuständigen Provinzgouverneurs vorweisen, in der dieser bestätigte, daß der künftige Student geeignet sei, auf der Universität zu studieren. Es wurden bestimmte Qualifikationen gefordert, und die Studenten mußten einen Studienplan vorlegen, der vom Stadtpräfekten zu genehmigen war. Wenn sie sich auf der Universität meldeten, mußten sie den Universitätsbeamten mit dem Titel Censuales ihre Adressen mitteilen, die diese in ihren Akten festhielten.

Daneben sollten die Censuales die jungen Leute vor den Gefahren eines ausschweifenden Lebenswandels und dem zu häufigen Besuch öffentlicher Veranstaltungen warnen. Wer sich der Disziplin nicht fügen wollte, wurde von der Universität entfernt oder erhielt die Prügelstrafe. Die Universitätsbehörden waren damals auch rigoroser als heute und richteten sich nach den Grundsätzen des Bischofs von Konstantinopel, Johannes Chrysostomus, der gesagt hatte: »Laßt die Haare eurer Söhne nicht zu lang wachsen – das ist gegen die Natur, Gott hat es nicht gewollt, und deshalb ist es verboten.«

Andere führende Universitäten im Westen befanden sich in Mailand und Karthago. In Karthago gab es jedoch Schwierigkeiten mit den Studenten, an die sich auch Augustinus erinnert, obwohl er selbst, als er sich in der schweigenden Mehrheit befand, kaum etwas dagegen unternommen zu haben scheint.

». . . Ich gehörte zu den Besten in der Schule für Rhetorik. Meine Vorzugsstellung freute mich, und ich war vor Stolz geschwollen. Dennoch habe ich mich, wie du, o Herr, wohl weißt, ruhiger verhalten als die ›Plünderer gestrandeter Schiffe‹. Das ist die Bezeichnung, die sich die damals führende Gruppe wegen ihres wil-

277

den Übermuts selbst zugelegt hatte. Ich hatte mit ihren gewalttätigen Übergriffen nichts zu tun, lebte aber unter ihnen und empfand eine gewisse falsche Scham, weil ich nicht war wie sie.

Ich befand mich in ihrer Gesellschaft, und es gab Zeiten, in denen sie ihrem Namen alle Ehre machten. Ohne provoziert zu sein stürzten sie sich auf irgendeinen Neuling, beleidigten, nur um sich zu amüsieren, sein Anstandsgefühl und trieben derbe Späße mit ihm . . . ›Plünderer gestrandeter Schiffe‹ war die richtige Bezeichnung für sie, denn auch sie selbst ließen sich führerlos treiben und waren völlige Wracks.«

Dennoch war das Niveau auf der Universität von Karthago besser als auf den meisten anderen Lehranstalten.

In Gallien gab es berühmte städtische Schulen für Grammatik und Rhetorik, unter denen sich besonders Lyon, Vienne, Bordeaux und Clermont-Ferrand auszeichneten. In der konstantinischen Epoche erfuhr das Erziehungswesen in Gallien einen beachtlichen Aufschwung, und in einem Edikt aus dem Jahre 376 wird die Einführung eines komplexen, vom Staat kontrollierten Erziehungssystems im ganzen Lande angeordnet. Im folgenden Jahrhundert, in dem die Dichtkunst in Gallien eine Blütezeit erlebte, gab es noch immer diese Schulen, obwohl die politischen Wirren jener Zeit zu gewissen Verfallserscheinungen führten, so daß die Ausbildung konventionell und oberflächlich wurde.

Aber der Lehrbetrieb an den meisten Schulen war zu dieser Zeit trist und konventionell. Man hatte auch nichts gegen die typischen Schwächen des römischen Erziehungssystems unternommen, das sich fast ausschließlich mit Literatur und Rhetorik beschäftigte. Da Naturwissenschaft und Technik völlig vernachlässigt wurden, entsprach dieses System nicht den Bedürfnissen der Zeit und konnte nicht dazu beitragen, mit den immer neuen Krisen fertig zu werden. Ein steriler und pedantischer Klassizismus war an der Tagesordnung, und die Studenten, die nach bestandener Prüfung von der Universität entlassen wurden, besaßen zwar die Fähigkeit, sich gewandt und oberflächlich auszudrücken; es

Vergoldete Concesti-Silber-
amphore, Krieger und Amazone
(5. Jahrhundert)

fehlte ihnen jedoch an praktischen und konstruktiven Ideen. Konstantin selbst war weit davon entfernt, die Erziehungseinrichtungen den Bedürfnissen des christianisierten Imperiums anzupassen. Vielmehr gab er dem alten und überlebten System kräftige neue Impulse, als er selbst die Schutzherrschaft über das Erziehungssystem übernahm. Obwohl er kein besonders gebildeter Mann war, setzte er sich mit Leidenschaft für das Studium der klassischen Fächer ein, ohne das Geringste für ihre Modernisierung und Erweiterung zu unternehmen. Selbst Valentinian I., der aus nicht-römischem Milieu stammte und die Klasse der vornehmen Römer ablehnte, tat nichts gegen diese konservativen Tendenzen. Im Gegenteil, im 4. Jahrhundert lebte das Studium der historischen Literatur und der Rhetorik wieder auf. Der Rhetoriker Libanius erklärte: »Wenn wir die Beredtsamkeit verlieren, was wird uns dann noch von den Barbaren unterscheiden?« Der Kreis der Menschen, die diese Kultur bewahrten, war erheblich zusammengeschrumpft, als der Mittelstand, der eine wichtige Rolle darin gespielt hatte, immer schwächer wurde. Deshalb wurde die überlieferte römische Kultur vor allem durch die Aristokraten gepflegt, zu denen nur noch eine kleine Zahl heidnischer Adeliger und Senatoren gehörte, deren kulturelle und literarische Bedürfnisse erstaunlich einheitlich blieben.

Die Briefe, die sie schrieben, faßten sie in einer Sprache ab, die nur wenigen ebenso gebildeten Leuten verständlich war, zwar Eleganz und nostalgischen Charme besaß, die man jedoch als ebenso formvollendet, aber nichtssagend bezeichnen kann wie die Visitenkarten der Mandarine des kaiserlichen China. Traurige Beispiele dafür sind die Briefe des Symmachus, die Gibbon als »dürre Blätter ohne Frucht und ohne Blüten« bezeichnet hat.

Das Gedicht *Mosella* von Ausonius ist eine charmante Naturbeschreibung, aber seine übrigen Werke haben Gibbon mit Recht zu der Bemerkung veranlaßt, daß »der dichterische Ruhm des Ausonius den Geschmack seines Zeitalters verdammt«, obwohl es schwierig ist, zu kritisch über einen Dichter zu urteilen, der selbst sagt: »Ich weiß, daß meine Leser bei der Lektüre meiner armseligen Verse gähnen werden. Das ist gewöhnlich ihr Schicksal, und das verdienen sie auch.«

Die Gedichte Claudians, die die lateinische Verskunst im Mittelalter stark beeinflußt haben, stehen auf höherem Niveau und zeigen eine gefällige Form und flüssige Sprache. Aber die Inschrift seiner Statue auf dem trajanischen Forum in Rom, gewidmet einem Mann, »der die Musik Homers mit dem Geist Virgils vereint«, ist stark übertrieben.

Typische literarische Erzeugnisse dieser Periode sind 30 Seiten starke Zusammenfassungen römischer Geschichte für Menschen, die weder Zeit noch Geduld aufbringen konnten, mehr darüber zu lesen. Der Schriftsteller Martianus Capella aus dem 5. Jahrhundert hat andererseits ein langes allegorisches Traktat verfaßt, das lateinischen Autoren im Mittelalter zum Vorbild diente. Die darin zum Ausdruck kommende eigenartige, trockene Pedanterie erkennt man schon im Titel, *Die Hochzeit Merkurs mit der Philologie*, und daran, daß die sieben freien Künste als Brautjungfern der Philologie auftreten.

Das wahrscheinlich um die gleiche Zeit verfaßte akademische Symposium *Saturnalia* von Macrobius enthält eine Fülle des verschiedenartigsten obskuren Materials und zeigt, wie man damals versucht hat, die Antike neu zu beleben. Doch obwohl die *Saturnalia* als entschlossener Versuch, den Tod des klassischen Altertums noch einmal aufzuhalten, ein melancholisches Interesse wecken, sind sie durchaus kein literarisches Meisterstück.

Auch Sidonius vermittelt uns manche Einsichten im Hinblick auf die Geisteswelt des römischen Imperiums. Doch seine Briefe und Gedichte sind verworren, bombastisch, gekünstelt und schwülstig. Der englische Historiker Thomas Hodgkin bezeichnet ihn als hochmütigen Angehörigen einer Gesellschaft, in der es üblich war, einander in übertriebener Weise zu schmeicheln. Doch Sidonius war überzeugt von der Würde seines literarischen Berufs, und am Ende seines Lebens schrieb er die bewegenden Worte: »Nun, da die alten, offiziellen Titel und Ränge hinweggefegt sind, jene Würden, durch welche sich die Höchsten im Lande von den

Niedrigsten zu unterscheiden pflegten, wird das einzige Kennzeichen des Adels in Zukunft die literarische Bildung sein.«

Sidonius und viele andere führende kultivierte Persönlichkeiten jener Zeit lebten außerhalb von Rom und außerhalb von Italien. Doch obwohl die Kaiser damals nur selten in die altehrwürdige Hauptstadt kamen, sondern zunächst in Mailand und dann in Ravenna residierten, blieb der Einfluß der Ewigen Stadt, in der sich auch jetzt noch der Senat befand, bedeutend und wurde sogar noch stärker. Schon der Dichter Tibull hatte Rom vor 500 Jahren die ›ewige‹ genannt, und die Aufschriften auf den Münzen der Herrscher vieler Epochen wiederholten diesen Beinamen. Sogar der Übergangskaiser Priscus Attalus, ein Schützling des Westgoten Alarich, stellte die Göttin Roma in der traditionellen Rüstung dar und setzte die stolze, unbewußt ironische Inschrift ›INVICTA ROMA AETERNA‹, ›das unbesiegte, ewige Rom‹, darunter.

Als sich Attila von Papst Leo I. dazu bewegen ließ, Italien zu verlassen, haben sich die Hunnen wahrscheinlich nicht nur von praktischen Überlegungen leiten lassen, wenn sie Rom nicht angriffen, sondern vielleicht auch von der abergläubischen Furcht vor der Unbesiegbarkeit der ehrwürdigen Stadt. Selbst nachdem der Germane Odoaker Italien unterworfen und das Weströmische Reich aufgehört hatte zu bestehen, füllte die romantische Ideologie vom ewigen Rom das Vakuum der Souveränität aus.

Zwar war Rom nicht mehr das Regierungszentrum der Welt, die seinen Namen angenommen hatte, blieb aber doch das Symbol dieser Welt in einer neuen und signifikanten Weise, die sich in dem damals gebräuchlichen Wort ›Romania‹ ausdrückte. Als dieser Name zum erstenmal verwendet wurde, bezeichnete er das Römische Reich im politischen Sinne. Dann nahm es die Bedeutung des römischen kulturellen Erbes im lateinischen Westen an, um dieses von den Begriffen Gotia, Francia und Alemania zu unterscheiden.

Kaiser, die aus entfernten Provinzen stammten und kaum je in Rom gewesen waren, legten großen Wert auf ihren authentischen Romanismus, und selbst bescheidenere Provinzbewohner nann-

Manuskript der Aeneis von Virgil mit Latinus, Latinern und Trojanern (Ende 4. Jahrhundert)

ten sich Römer, obwohl sie Rom nie gesehen haben mochten. Auf höherer kultureller und gesellschaftlicher Ebene fand die Stadt Rom eine fanatische literarische Würdigung. Ammianus, der das östliche Griechenland verließ und nach Rom ging, um eine lateinische Geschichte zu schreiben, schilderte begeistert die Faszination der *urbs venerabilis*.

Auch Claudian pries mit großen Worten die alte Hauptstadt und bewunderte vor allem die Universalität als ihr größtes historisches Erbe. In den Jahren 416 und 417 verfaßte der Dichter Rutilius Namatianus ein enthusiastisches Loblied auf Rom. Das wirkliche Rom war erst kürzlich dem Barbaren Alarich in die Hände gefallen, aber Rutilius sprach von einem Rom, das einer vergangenen Wirklichkeit angehörte und nie versagen konnte.

Niemand wird jemals sicher sein, wenn er dich vergißt.
Ich will dich preisen, wenn die Sonne längst versunken ist.
Die Herrlichkeiten Roms zu zählen ist, als wollte man
Die Sterne zählen am hohen Firmament . . .

Auch der aus Gallien stammende Sidonius, der so stolz auf seine lateinische Bildung war, sah Rom als »den Gipfel des Universums, das Vaterland der Freiheit und einzige Völkergemeinschaft in der ganzen Welt«. In seiner Lobrede auf den Kaiser Majorian würdigte er die Stadtgöttin mit den folgenden Worten:

282

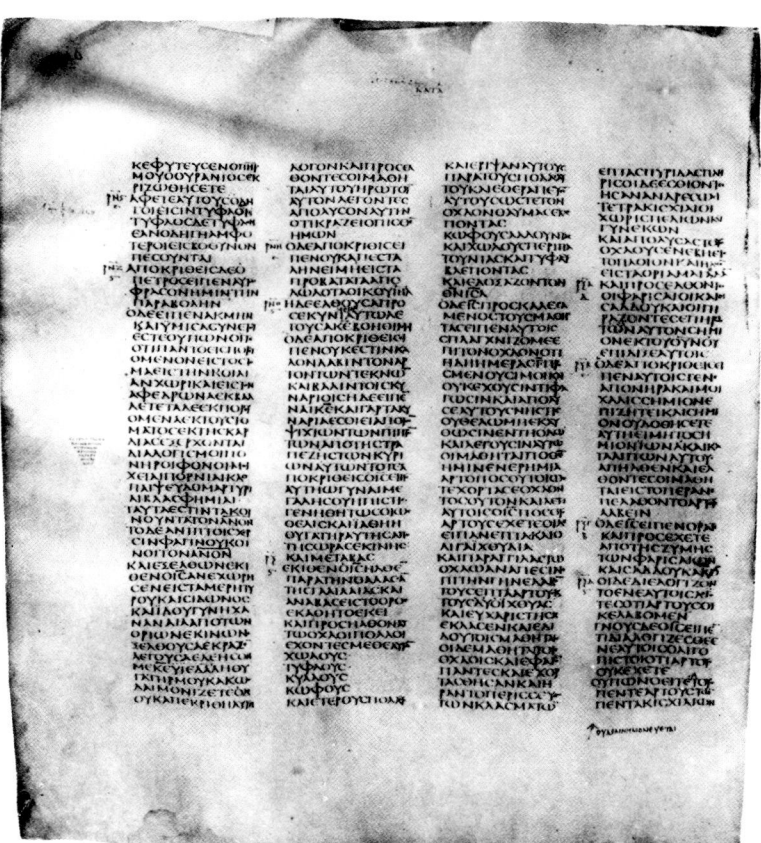

Seite aus dem Codex Sinaiticus, griechisches Bibelmanuskript (4. Jahrhundert)

Die Kriegsgöttin Rom hat ihren Sitz eingenommen.
Den Busen unbedeckt und auf dem Haupt die Krone aus Mauer-
zinnen . . .
Mit ernster Miene dämpft sie die Erregung,
Doch ihre Sanftheit macht sie nur noch schrecklicher.

Sidonius und seine christlichen Glaubensbrüder ließen sich diese heidnische Personifizierung Roms gern gefallen. Sogar Leo I., der glaubte, der erste Papst zu sein, der aus dem alten italischen Gebiet stammte, pries den Bischofssitz des heiligen Petrus in einer Sprache, wie sie die Heiden verwendeten, wenn sie über ihre kapitolinischen Götter redeten.

Und doch gab es unter den Christen immer wieder Streit darüber, wie weit man das klassische Erbe übernehmen sollte. Tertullian hatte die extreme Auffassung vertreten, es sei für einen Christen eine Sünde, aus den Werken heidnischer Schriftsteller zu unterrichten. Das war zwar nicht der offizielle Standpunkt, aber man war sich doch der Tatsache bewußt, daß man sich nicht allzu sehr durch die heidnischen Klassiker verführen lassen dürfe. Hieronymus träumte, Gott habe ihn dafür getadelt, daß er ein Kenner Ciceros sei (womit der Allmächtige der klassischen Bildung des Hieronymus ein etwas übertriebenes Kompliment gemacht hatte). Auch Augustinus sprach von ›eurem‹ Virgil und ›unseren‹

heiligen Schriften. Dennoch hielt er es für richtig, daran zu erinnern, daß selbst die alten Israeliten die Erlaubnis hatten, »die Ägypter zu verderben« und von ihnen geraubte Frauen zu ihren Konkubinen zu machen. Deshalb habe auch er das Recht, von den heidnischen Schriftstellern das zu übernehmen, was ihm gefiele. Paulinus von Nola meinte, man sollte sich von den heidnischen Schriftstellern nicht zu sehr begeistern lassen; es sei jedoch zulässig, sie zum Vorteil der Christen auszuwerten.

Die gleichen Schriftsteller, die Rom verehrten – Heiden wie Christen – neigten besonders dazu, jedes Ereignis im Lichte der geschichtlichen Vorgänge im alten Rom zu sehen. Um diese Vergleiche glaubwürdiger zu machen, beriefen sie sich stets auf die ruhmreiche Vergangenheit. Als die Römer zum Beispiel bei Adrianopel von den Westgoten besiegt wurden, verglich Ammianus die Katastrophe sofort mit den Germaneneinfällen vor fast fünfhundert Jahren. So wurden vergangene und gegenwärtige Geschehnisse ständig einander gegenübergestellt und miteinander vermischt.

Claudian verglich seine zeitgenössischen Helden immer wieder detailliert mit ihren angeblichen historischen Vorläufern, mit Horatius auf der Brücke, mit den Scipionen, mit Cato, Brutus und vielen anderen bis in die Zeit des frühen Kaiserreichs.

Auch Sidonius zitiert eine wahre Flut antiker Präzedenzfälle, und obwohl er das konservative Establishment ablehnte, zeigt sich sogar Salvian als großer Verehrer vergangener Zeiten, die er nicht genug preisen kann. Die Kaiser dieser Zeit verwenden in ihren Edikten ebenfalls die gleiche Sprache. So lobt Majorian in seinen Gesetzen besonders die Gesetze der Antike.

Sogar die Namen der Herrscher sind oft aus alter Zeit übernommen. Majorian ließ sich in Anlehnung an Caesar, der genau fünfhundert Jahre vor seiner Amtsübernahme gestorben war, ›Julius‹ nennen, und der allerletzte Kaiser trug die Namen Romulus und Augustus. »Diese Namen«, schreibt J.B. Bury, »begegnen uns hier wie auferstandene Geister aus der alten römischen Geschichte.«

Lykurgus-Becher, geschnittenes
Glasgefäß aus dem 4. Jahrhundert.

Das war die Atmosphäre, in der die Gelehrten dieser Periode ihre Zeit damit zubrachten, Meisterstücke der antiken lateinischen Literatur auszugraben und zu konservieren. Macrobius sagte: »Wenn wir auch nur das geringste Unterscheidungsvermögen besitzen, müssen wir immer die Antike verehren.« Er hatte es eigentlich nicht nötig seinen Zeitgenossen diesen Rat zu geben, denn noch nie hatte man so begeistert auf die Vergangenheit zurückgeblickt wie jetzt.

Und doch führte diese Bewunderung der Vergangenheit unmittelbar zu katastrophalen Entwicklungen, denn sie hinderte die Menschen daran, etwas zur Abwendung der Katastrophe zu unternehmen. Als Ammianus die Westgoten mit den germanischen Eindringlingen vor einem halben Jahrtausend verglich, vergaß er, daß die damaligen Germanen, obwohl sie als Gefahr anzusehen waren, mit Erfolg vertrieben wurden. Zudem griff er jeden scharf an, der behauptete, solche Parallelen mit der Gegenwart ließen sich nicht in jedem Falle ziehen.

». . . Diejenigen, die die alten Aufzeichnungen nicht kennen, sagen, daß noch nie eine so dunkle Wolke des Unheils über dem Staat gelegen habe. Aber sie werden durch die Schrecken des jüngsten Unglücks, die sie überwältigt haben, getäuscht. Wenn sie sich mit der Vergangenheit beschäftigen oder mit der jüngst vergangenen Zeit, dann wird es sich zeigen, daß es oft zu solchen unheilvollen Störungen gekommen ist.«

Deshalb war auch die Schlacht bei Adrianopel, in der die Westgoten einen entscheidenden Sieg erfochten hatten, nichts wirklich Ernstes, um das man sich Sorgen hätte machen müssen. Andere Schriftsteller äußerten ihre Meinung in fast der gleichen Weise.

Es wäre falsch, wollte man solche Ansichten nun als lobenswerte und mutige Haltung angesichts einer gefährlichen Lage interpretieren. Bei einer solchen Interpretation übersähe man die Selbsttäuschung, die in der Auffassung des Ammianus liegt. Sie liegt in dem faktischen Unterschied zwischen den in der Antike eingetretenen Ereignissen und der gegenwärtigen Katastrophe; denn die von Marius abgewehrten Einfälle waren für Rom nicht tödlich

Spätrömischer Porträtkopf aus
Ephesus

gewesen, und es hatte auch nie eine tödliche Gefahr bestanden. Das Ausmaß der Gefahren war jetzt unvergleichlich größer. Der Schlag, den Rom in der Schlacht von Adrianopel hatte hinnehmen müssen, gefährdete es in anderer Weise, und hier zeigten sich Symptome für ein Verhängnis, das größer war als jede frühere Bedrohung.

Die gegenwärtige Situation, die Ammianus selbst beschrieben hat, ohne in der glücklichen Lage zu sein, das Ende der Entwicklung zu kennen, hätte schon zeigen müssen, daß dies so war. Er spricht davon, daß die Kaiser ständig damit beschäftigt waren, überall an der Grenze des Imperiums germanische Einfälle abzuwehren. Bei Adrianopel war es klar geworden, daß die römische Herrschaft in vielen Provinzen bald zusammenbrechen mußte, wenn man nicht neue, umfassende Abwehrmaßnahmen einleitete. Das heißt, der Optimismus des Ammianus ließe sich vielleicht rechtfertigen, wenn er in der Lage gewesen wäre, Vorschläge für die Vermeidung der Katastrophe zu machen. Dazu war er jedoch nicht fähig. In den Vorstellungen der klassischen Geschichte und der klassischen Erziehung befangen, konnte er nur verschwommene Predigten halten und den Römern sagen, was viele Moralisten jahrhundertelang gesagt hatten, daß sie einer moralischen Regeneration bedurften und zum einfachen Leben, der Selbstaufopferung ihrer Vorfahren zurückkehren sollten. Mehr kann man allerdings nicht von ihm erwarten; denn er konnte die Gegenwart nur im Lichte der glorreichen Vergangenheit Roms sehen, in der jedes Hindernis in triumphaler Weise überwunden worden war. In dieser Denkweise war für die neue apokalyptische Situation kein Raum, eine Lage, die nach einer ebenso radikalen Lösung verlangte wie sie selbst radikal war.

Und doch sollte man vielleicht fragen, ob dieser fundamentale, uralte Hang, die Gegenwart mit der Vergangenheit zu vergleichen, mehr zu tadeln ist als unsere Bemühungen in diesem Buch, Verfall und Untergang des Weströmischen Reichs in eine Beziehung zu den Problemen unserer Zeit zu setzen. Vielleicht darf man darauf hinweisen, daß zwischen beiden ein grundsätzlicher

Der gute Hirte (ca. 360 n. Chr.)

Unterschied besteht, denn wir sind, anders als die Menschen der Antike, zumindest in der Lage, festzustellen, daß es eine exakte Wiederholung der Ereignisse nicht gibt. Wir geben zu, daß die von uns entdeckten Analogien durch die veränderten äußeren Umstände modifiziert werden – und doch sind sie für uns wertvoll. Es gibt noch einen anderen Unterschied, denn wir erkennen an und behaupten sogar ausdrücklich, daß es durchaus nicht richtig ist, wie die Römer zu sagen, solche Vergleiche rechtfertigten Selbstzufriedenheit und Tatenlosigkeit. Im Gegenteil; die Umstände zeigen nur allzu deutlich, daß entschlossenes Handeln notwendig ist, wenn wir nicht das gleiche Schicksal erleiden wollen. Die Römer kamen zu dem entgegengesetzten Schluß. Die Selbstzufriedenheit, mit der sie auf die jüngsten Ereignisse reagierten, war ein Zeichen dafür, daß sie sich kaum darum bemüht haben, diese Entwicklungen richtig zu verstehen. Gibbon hat das für sehr bedeutsam gehalten. Ein typisches Beispiel für diese Haltung gibt uns der politische Ratgeber am kaiserlichen Hof, Ausonius. Er verhielt sich steril, nahm die Dinge, wie sie waren, und entwikkelte nicht einen einzigen neuen Gedanken. Vor allem war seine Selbstgefälligkeit von einem stark übertriebenen Optimismus im Hinblick auf Gegenwart und Zukunft begleitet. Nordafrikanische Inschriften über das turbulente folgende 4. Jahrhundert sprechen mit einer deplacierten Hoffnungsfreudigkeit von der »jugendlichen Schwungkraft des römischen Namens« und »goldenen Zeiten überall«. Zahlreiche Schriftsteller zeigen die gleiche Naivität. So verschwendet Claudian begeistertes Lob für die Universalität des Imperiums. Rom, ruft er aus, braucht nur zu drohen, und die Rheinprovinz ist befriedet. Aber diese altbekannten Behauptungen der Dichter, daß selbst ferne Länder wie Indien sich unter das Joch des Römischen Imperiums beugen werden, klingen so kurz vor dem drohenden Untergang immer lächerlicher.

Vor meinen Augen liegt jetzt das besiegte Babylon.
Als würden sie verfolgt, so sind die Parther auf der Flucht.
Baktrien unterwirft sich römischen Gesetzen.
Bleich fließt der Ganges durch besetztes Land,

Bacchus (Dionysos) im Kampf
mit Herkules; Mildenhall-Teller
(4. Jahrhundert)

Und Persien liegt in aller Demut uns zu Füßen
Und schenkt uns reichen Schmuck und Edelsteine.
Bacchus schenkt dir die schönsten seiner Gaben;
Von Pol zu Pol reicht das Imperium schon;
Die rauhe See spült Perlen an den Strand,
Und reich beschenkt der Indus dich mit Elfenbein . . .

Mit gleicher Einfalt spricht Symmachus davon, daß das Imperium
auch künftig weite Gebiete erobern wird. Sogar sein christlicher
Gegner Prudentius ist davon überzeugt, daß die Ewige Stadt unter
der neuen christlichen Verwaltung einer nie dagewesenen Blüte
entgegengeht. Er legt der Stadtgöttin Roms die folgenden Worte
in den Mund:

Mein ergrautes Haar wird wieder zu Gold.
Laßt alles Sterbliche nach dem Gesetz alt werden;
Mir hat die Zeit ein neues Jahrhundert bereitet,
Und ein langes Leben hat mich gelehrt, den Tod zu verachten.

Noch sechzig Jahre vor dem Ende – und das Imperium zerfiel rasch
– beschwor Rutilius Namatianus den Geist Roms mit der gleichen
Selbstsicherheit:

Wo auch das Licht der Sonne scheint, ist deine Macht zu spüren
Bis in die fernsten Gegenden der Welt . . .
Laß' deine glänzende Rüstung im Licht des ewigen Feuers
Aufleuchten.
Deine Gesetze sollen gelten in der ganzen Welt.
Sie werden niemals sterben. Schon tausend Jahre lebst du
Und sechzehn Dekaden und neun Jahre.
Die Furien fürchte nicht, die Jahre, die dir bleiben,
Haben keine Grenze als der Erde Festigkeit
Und die Kraft des Himmels, der die Sterne hält,
Denn deine Stärke ist die Schwäche anderer Reiche.
Du bist so stark, denn aus dem Unglück kannst du lernen.

Das sind stolze Worte; doch mit ihnen wird die Aufmerksamkeit davon abgelenkt, energische Schritte einzuleiten, um den Untergang des geliebten Rom abzuwenden, der in Wirklichkeit unmittelbar bevorstand.

Im Jahr 467 besuchte Sidonius die Stadt zum zweitenmal, neun Jahre bevor die westliche Welt aufhörte zu bestehen. Und was fand er dort? Er stellte fest, daß alles in bester Ordnung sei. Während er beobachtete, wie die Römer ihre Feiertage begingen, hatte er den Eindruck, daß die altehrwürdigen Institutionen unerschütterlich waren. Er sah oder fühlte nicht das geringste Anzeichen dafür, daß sich entscheidende Veränderungen vorbereiteten.

Wieder müssen wir sagen, daß dies nicht der Geist war, mit dem sich die Katastrophe aufhalten ließ. Das blinde Festhalten an den überlieferten Vorstellungen ist eine Hauptursache für den Untergang Roms. Wer sich davon einschläfern ließ, war außerstande, im Notfall praktische erste Hilfe zu leisten.

Auch wir reagieren heute oft mit ähnlich unverständlicher Gleichgültigkeit auf die Ereignisse, besonders in der Wirtschaft und Industrie. Als Amerika und Westeuropa zum Beispiel von einer schweren und bisher nicht dagewesenen Energiekrise betroffen wurden, die das Heraufziehen eines neuen Zeitalters ankündigte, waren die Regierungen nicht in der Lage, mit einer so deutlich vorhersehbaren Entwicklung zu rechnen. Die Öffentlichkeit konnte zunächst so wenig begreifen, was geschehen war, daß wir lebhaft an die Phantasielosigkeit der Menschen im spätrömischen Reich erinnert werden. Wir haben so gedankenlos reagiert, weil wir wie die alten Römer an hergebrachte Denkmodelle gefesselt waren. Wie sie, unsere unbewußten Vorbilder, fechten wir noch den vorigen und nicht den gegenwärtigen Krieg aus und glauben, jede neue Krise gliche der vergangenen und könnte mit altbekannten Heilmitteln überwunden werden. Wenn es daher zu apokalyptischen, entscheidenden Veränderungen kommt, kann es leicht geschehen, daß wir ihre Bedeutung nicht erkennen. Welch unheilvolle Folgen das haben kann, wird man vielleicht am ehesten verstehen, wenn man sieht, wie es den Römern ergangen ist.

13. Diese Welt gegen jene Welt

Wenn die Heiden und die Produkte ihres Erziehungssystems der Herausforderung der Krise nicht gewachsen waren, weil sie zu sehr an der Überlieferung festhielten, dann haben die großen Kirchenmänner und Theologen mit ihrem überlegenen Verstand und Charakter, die in früheren Zeiten Staatsdiener gewesen waren, sich nur zu oft in anderer Weise, aber mit ebenso schwerwiegenden Folgen schuldig gemacht.

Sie haben ihren Mitmenschen abgeraten, dem Staat als Zivilbeamte oder Soldaten zu dienen.

Früher, als der Staat die Christen verfolgte, war dies ganz natürlich. Ihre Gefühle hatte Origenes mit den folgenden Worten zusammengefaßt: »Wir Christen verteidigen das Imperium mit unseren Gebeten, als Soldaten der geistlichen Wohlfahrt, die wichtiger sind als diejenigen, die in den römischen Legionen dienen.« Im gleichen Geist behauptete sein radikalerer Zeitgenosse Tertullian: Ein christlicher Soldat in der römischen Armee, der sich weigere, bei einem heidnischen Fest einen Kranz aufzusetzen, sei völlig im Recht – obwohl er dafür ins Gefängnis geworfen werden könnte –, weil seine Glaubensbrüder vom Staat verfolgt würden. Das Jesus zugeschriebene Gebot, man solle dem, der einen schlägt, auch die andere Wange hinhalten, erschwerte es jedem Christen, römischer Soldat zu werden. Es kam oft vor, daß Männer, nachdem sie sich zum Christentum bekehrt hatten, nicht mehr im Heer dienen wollten.

Auch die Einstellung der Christen zum Dienst in der Zivilverwaltung war nicht positiver, denn man interpretierte das Bibelwort »Du kannst nicht zwei Herren dienen, Gott und dem Mammon«, so, daß man den Mammon mit dem Kaiser identifizierte. Tertullian meinte, »daher ist uns nichts fremder als der Staat«. Auf dem 306 in Elvira (Illiberis) in Spanien abgehaltenen Konzil wurde beschlossen, kein Angehöriger der Kirche, der ein offizielles Amt übernommen habe, dürfe während seiner Amtszeit die Kirche besuchen.

Es könnte uns jedoch auch überraschen, daß die Kirche und ihre Führer nach der Christianisierung des Imperiums als Partner des

zu den Farbtafeln Seiten
293–295:

Seite 293:
Wandgemälde, Wagenlenker,
Insula degli Aurighi, Ostia
Seite 294:
Jagdszene, Mosaik in einer
Villa in Piazza Armerina (4. Jahr-
hundert)
Seite 295:
links: Familie des Lampadius;
Vater und Söhne beobachten
ein von ihnen bezahltes Wagen-
rennen, Elfenbeindiptychon
(ca. 425 n. Chr.)
rechts: Elfenbeindiptychon der
Symmachi; Priesterin (?) opfert
am Altar (Ende 4. Jahrhundert)

Kaisers an ihrer alten Überzeugung festgehalten haben, das Christentum ließe sich nicht mit dem Staatsdienst vereinbaren. Das Konzil zu Arles verkündete zum Beispiel im Jahr 313, alle Politiker seien zu exkommunizieren; denn in einem früheren Brief des Papstes an die Gallier hieß es: »Diejenigen, die weltliche Macht gewonnen haben und weltliches Recht sprechen, können nicht frei von Sünde sein.« Deshalb verwehrten einige Päpste, unter ihnen Siricius und Innozenz I., Personen, die Verwaltungsämter innehatten, die Aufnahme in den geistlichen Stand mit der Begründung, daß solche Regierungsämter, wenn sie auch an sich nicht grundsätzlich sündig seien, für die Seele eines Menschen eine große Gefahr bedeuteten.

Dieses Veto wurde außerdem wie früher auf jeden ausgedehnt, der in der Armee diente. Trotz ihrer neuen und intimen Beziehungen zur Regierung sprachen sich die christlichen Führer jener Zeit weiterhin offen gegen den Militärdienst aus. Athanasius pries das Christentum ausdrücklich dafür, daß es als einzige Institution eine wahre friedliche Haltung einnähme; denn der einzige Feind, der zu bekämpfen sei, wäre das Böse. Basilius von Caesarea übertrug diese Haltung ganz streng auf das praktische Leben und erklärte, ein Soldat, der in Wahrnehmung seiner Pflichten einen Menschen tötete, sei des Mordes schuldig und müsse exkommuniziert werden. Sogar Papst Damasus, der enge Beziehungen zum Staat unterhielt, lobte christliche Soldaten, die sich dem Martyrium aussetzten, indem sie ihre Waffen fortwarfen. Der heilige Martin von Tours bat um seine Entlassung aus dem Heer, weil »ich ein Soldat Christi bin; ich darf nicht kämpfen«. Als man ihm Feigheit vorwarf, soll er sich bereiterklärt haben, nur mit einem Kreuz bewaffnet den Soldaten in der Schlacht voranzugehen. Doch nach der Legende soll der Feind im gleichen Augenblick die Waffen gestreckt haben, so daß sich diese Geste erübrigte.

Der Bischof von Nola, Paulinus, unterstützte diese Argumente gegen das Waffenhandwerk in allen Einzelheiten und stellte den Dienst mit der Waffe in Gegensatz zum Tragen einer Rüstung als Diener Gottes.

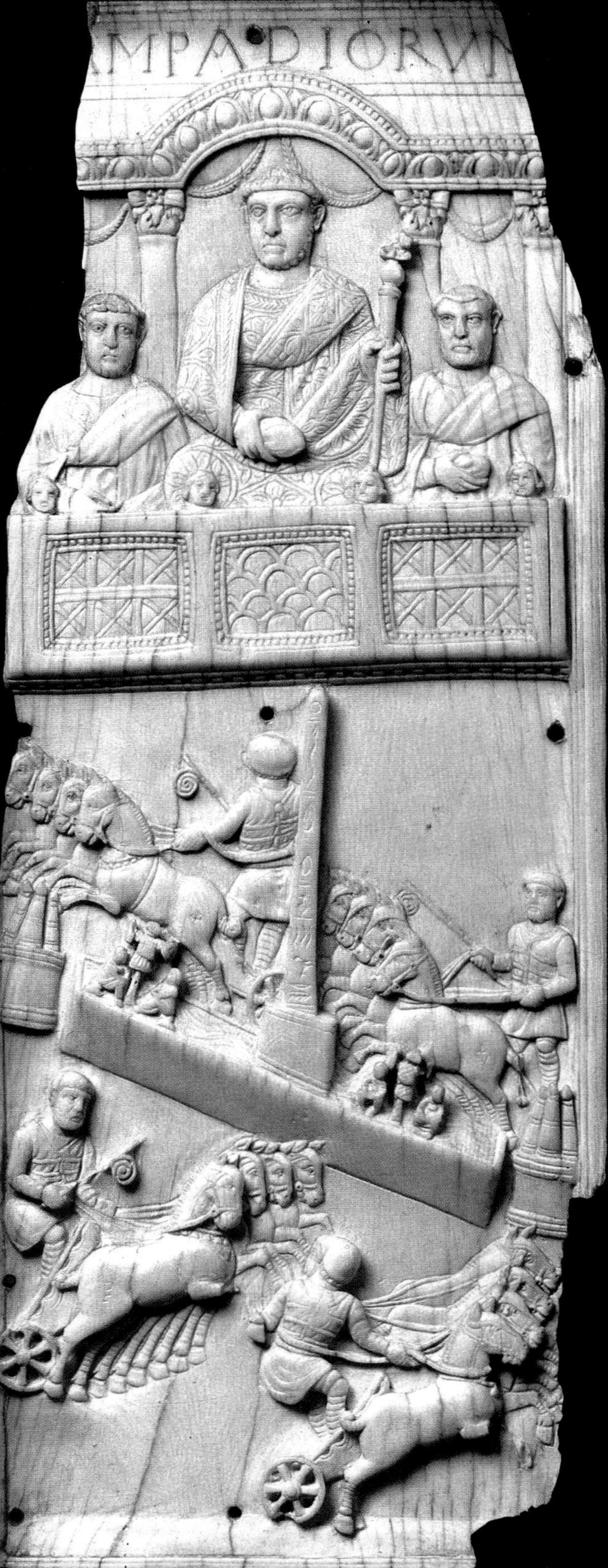
AMPADIORV

SYMMACHORVM

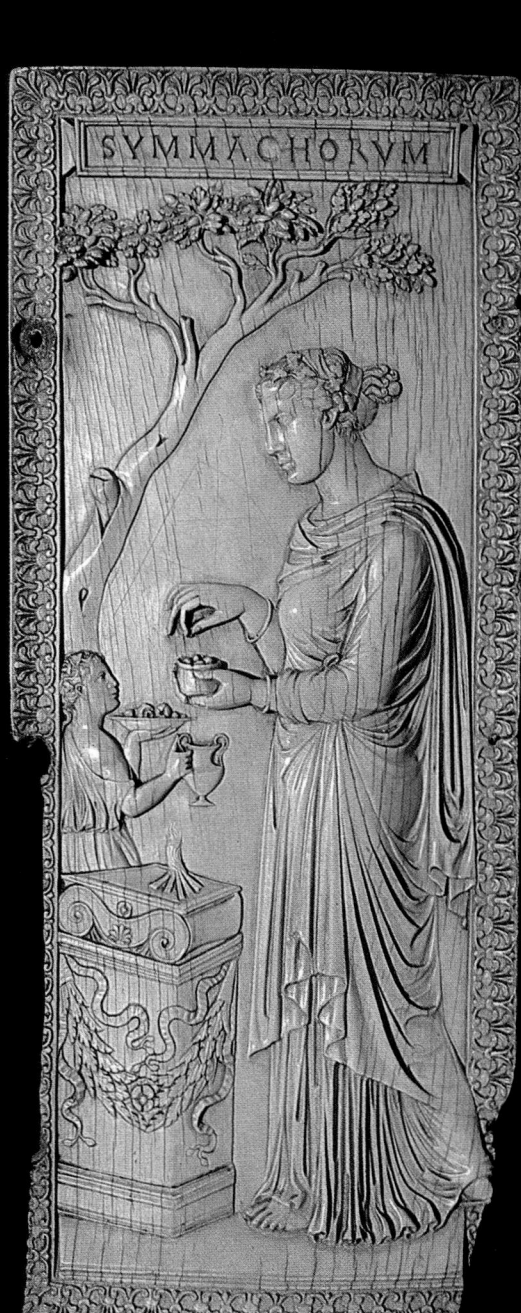

». . . Liebet nicht mehr diese Welt oder ihren Militärdienst, denn die Autorität der Schrift bezeugt, daß ein Freund dieser Welt ein Feind Gottes ist. Der Soldat mit dem Schwert ist der Diener des Todes, und wenn er sein eigenes oder fremdes Blut vergießt, dann ist das der Lohn für seinen Dienst.

Er wird als des Todes schuldig angesehen entweder wegen seines eigenen Todes oder wegen seiner Sünde, weil ein Soldat im Kriege, der nicht so sehr für sich selbst wie für andere kämpft, entweder besiegt oder getötet wird oder selbst siegt und deshalb den Tod verdient – denn er kann nicht siegen, ohne vorher Blut zu vergießen.«

Wer versuchen wollte, die zerfallende Gesellschaftsstruktur zu erhalten, fand an dieser Haltung nichts Ermutigendes. Es blieb dem unbekannten Verfasser der Schrift *Im Namen aller Völker* überlassen, nicht nur dem allgemeinen Glauben Ausdruck zu verleihen, die Barbaren seien die Werkzeuge des göttlichen Strafgerichts, sondern auch die Hoffnung zu äußern, die römischen Waffen würden gegen den Feind *unterliegen*, dessen »Waffen zwar die Welt vernichten, doch damit den Ruhm des Christentums fördern«.

Da Bischöfe und Theologen solche Auffassungen vertraten, durfte man kaum erwarten, daß ihre Gemeinden sich für das Heer und seine Aufgaben begeisterten, so dringend sie auch sein mochten. Die Kraft des Imperiums, den Feinden zu widerstehen, wurde auf diese Weise erheblich geschwächt. Man kann den Pazifismus nur praktizieren, wenn es keine potentiellen äußeren Feinde gibt. Eine weitere Bedrohung der loyalen Abwehrkräfte im Staat war subtilerer Art. Sie ging von Augustinus aus, einem der intelligentesten Männer seiner Zeit und vielleicht sogar aller Zeiten. Wir finden sie in seinen zahlreichen und umfangreichen Schriften. Augustinus kann man keinesfalls als Pazifisten bezeichnen. Er hat erklärt, das Gebot, auch »die andere Wange hinzuhalten«, könne nur im übertragenen Sinne aufgefaßt werden, denn wenn man es wörtlich nehmen wollte, wäre es für den Staat das Todesurteil. Er glaubte, Kriege seien zu bestimmten Zeiten unumgänglich und könnten sogar gerecht sein. Jesus habe jedenfalls niemals den Soldaten verboten, zu dienen und zu kämpfen.

Doch Augustinus untergrub die Bereitwilligkeit, sich dem Staat zur Verfügung zu stellen, auf eine viel hinterhältigere Weise. Ebenso wie die Mönche den Staat sabotierten, indem sie ihm ihren Körper verweigerten, so sabotierte er ihn, indem er ihm seine geistige Mitarbeit entzog.

Sein Werk *Civitas Dei* – und das Wort Civitas sollte als ›Gemeinwesen‹ oder ›Gesellschaft‹ übersetzt werden – ist nicht in erster Linie eine politische Abhandlung, sondern ein theologisches Werk. Doch diese umfangreiche Arbeit zeigt deutlich, welchen Einfluß Augustinus auf die politischen Ereignisse seiner Zeit genommen hat. Plato hatte den idealen Stadtstaat beschrieben, der der Vorläufer des Gemeinwesens von Augustinus war. Sein Modell befand sich »irgendwo im Himmel« und sollte das Vorbild für die realen Gemeinwesen auf der Erde sein. In späterer Zeit betrachteten die griechischen Stoiker die Welt als geschlossene Einheit, als ein Kosmopolis und potentielle ›Stadt Gottes‹ auf der Erde, weil alle Menschen den göttlichen Funken in sich trügen. Dann wendete der Philosoph Posidonius diese Lehre zum Vorteil des Römischen Imperiums an, in dem er das einzig erkennbare ›Kosmopolis‹ erblickte.

Auch der Apostel Paulus schrieb, daß die Feinde Christi sich mit irdischen Dingen beschäftigen, während die Christen auf Erden »im Gegensatz dazu Bürger des Himmels« sind. Er vertrat die Auffassung, daß man weltlichen Regierungen gehorchen müsse, denn sie seien von Gott eingesetzt und dienten Gott, so daß diejenigen, die gegen sie rebellierten, sich gegen die göttliche Autorität vergingen. Die Evangelien berichten von einem Ausspruch Jesu im gleichen Sinne, über den viel diskutiert worden ist: »Gebt dem Kaiser, was des Kaisers ist, und Gott, was Gottes ist.« Nach dem Regierungsantritt Konstantins glaubten seine Anhänger, die Worte Jesu und die des Paulus bedeuteten, daß man dem Gehorsam gegenüber der weltlichen Macht besondere Beachtung schenken müsse, weil die Einheit der himmlischen und der irdischen

Terrakotta-Plakette, Jüngstes
Gericht (4. Jahrhundert)

Gemeinwesen, die jetzt unter den regierenden christlichen Kaisern begonnen hatte, nun verwirklicht werden würde. Später schien Theodosius I. diesen Prozeß durch die von ihm herbeigeführte absolute Vereinigung von Kirche und Staat vollendet zu haben. Offiziell vertrat man die Lehre, daß der Mensch, der einer christlichen Regierung diente, auch ein Diener des Himmels sei.

Als jedoch Alarich im Jahr 410 Rom plünderte, wurden die Beziehungen zwischen Kirche und Staat von einer Welle des Pessimismus überschattet. Diese düstere Stimmung ließ sich auf eine aus der Antike überlieferte Haltung zurückführen. Die Heiden hatten mit besonderem Nachdruck immer gelehrt, daß sich die Welt, in der sich ein Fortschritt im modernen Sinn nicht erkennen ließ, auf einem unaufhaltsamen und fortschreitenden Abstieg befände, und die Entwicklung vom goldenen Zeitalter der Vergangenheit in das eiserne Zeitalter der Gegenwart eingetreten sei. Deshalb müsse man mit der endgültigen Katastrophe rechnen. Solche Lehren, die vortrefflich mit den christlichen Vorstellungen vom Weltuntergang und jüngsten Gericht übereinstimmten, veranlaßten zum Beispiel Ambrosius, im Hinblick auf die gegenwärtige und künftige Lage im Römischen Reich außerordentlich pessimistisch zu sein. Nach der Schlacht von Adrianopel kündigte er »das Hinschlachten der ganzen Menschheit, das Ende der Welt« an und berichtete 386, daß »die Krankheiten sich mehren, die Zeit sich ihrem Ende nähert. Wir befinden uns in der Tat in der Abenddämmerung der Welt.« Die Christenheit sah er als die Ernte, die eingebracht werden mußte, bevor der Winter mit seinem Frost hereinbrach. Dem Weltuntergang müsse, so erklärte einer seiner Anhänger ausdrücklich, der Untergang Roms vorausgehen.

Wenn die Römer in ihrem Überoptimismus auch töricht gewesen sein mögen, so ist es doch vielleicht nicht ganz angebracht, sie zu scharf zu kritisieren, wenn sie pessimistisch waren; eines spricht jedenfalls für diese düsteren Vorahnungen, denn damit erkannte man zumindest an, daß irgend etwas durchaus nicht in Ordnung war. Doch praktikable Vorschläge, wie dieser Zustand zu bessern sei, kamen weder aus dem christlichen noch aus dem heidnischen Lager.

Über diese Welt, der es so vollständig an konstruktiven Gedanken fehlte, brach 410 Alarich herein. Fast ein Jahrhundert vorher hatte der christliche Schriftsteller Lactanius gesagt, der Fall der Stadt Rom werde das Ende der Welt bedeuten. Nun schienen beide Ereignisse mit dem Überfall Alarichs gleichzeitig eingetreten zu sein. Gibbon schreibt: »Elfhundertunddreiundsechzig Jahre nach der Gründung Roms wurde die kaiserliche Stadt, die einen so großen Teil der Menschheit unterworfen und zivilisiert hatte, der hemmungslosen Wildheit germanischer und skythischer Stämme preisgegeben.« Obwohl die Westgoten nur drei Tage in Rom blieben und keinen so großen Schaden anrichteten, wie man hätte erwarten können, erschien der Schlag, der die ewige Stadt zu Fall gebracht hatte, den Optimisten ebenso wie den Pessimisten als unsagbarer Schrecken.

Hieronymus, der sich zu dieser Zeit im fernen Bethlehem befand, nahm die Nachricht mit ebenso großer Sorge zur Kenntnis wie alle anderen Menschen. Schon die früheren Einfälle Alarichs hatten die düstersten Vorahnungen in ihm geweckt. Nach der Plünderung der Stadt schrieb er nun verzweifelt an seine Freunde, er glaube fest, daß die schwärzesten Prophezeiungen eingetroffen seien und das Ende der Welt tatsächlich bevorstünde.

»... Ich wage kaum zu reden, bevor ich nicht genauere Nachrichten erhalten habe, denn ich bin zwischen Hoffnung und Verzweiflung hin- und hergerissen, gefoltert von den Schrecken, die über unsere Freunde gekommen sind. Doch nun, da dieses glorreiche Licht der Welt verdorben und besudelt ist, nun da mit dieser Stadt sozusagen die ganze Welt vor der Vernichtung steht, sage ich: ›Ich bin töricht und ich bin gedemütigt und ich habe von guten Dingen geschwiegen.‹«

Noch zwei Jahre später beschäftigte er sich mit dem gleichen Thema.

»... Schreckliche Nachrichten erreichen uns aus dem Westen. Rom ist erstürmt worden. Die Menschen erkaufen sich das Leben mit Gold. Obwohl ausgeplündert, werden sie immer noch gehetzt und müssen, nachdem sie ihren Besitz verloren haben, vielleicht mit dem Leben bezahlen.

Meine Stimme stockt und mein Schluchzen unterbricht jede meiner Äußerungen. Die Stadt, die sich einst eine ganze Welt unterworfen hat, ist eingenommen worden.«

Dennoch war die Haltung der Christen widersprüchlich. Alarich schien bei seinem Zerstörungswerk als menschliches Werkzeug Gottes gehandelt zu haben, um im Namen Gottes die Menschen zu bestrafen und auf die Probe zu stellen. Augustinus schrieb: »Die göttliche Vorsehung bedient sich immer wieder des Krieges, um die verderbte Moral der Menschheit zu bessern und sie zu disziplinieren, so wie sie solches Leiden auch dazu verwendet, die Menschen zu einem gerechten und lobenswerten Lebenswandel zu erziehen und diejenigen, denen das Leben geschenkt wird, in einen besseren Staat zu versetzen oder sie in dieser Welt zu lassen, wo sie weiter dienen sollen.«

Doch als er von der Einnahme Roms erfuhr, reagierte Augustinus zunächst ebenso wie Hieronymus mit Verzweiflung. Seiner afrikanischen Gemeinde teilte er mit: »Eine Schreckensnachricht hat uns erreicht. Es hat ein Gemetzel stattgefunden, ausgedehnte Brände, Plünderungen, Morde und Foltern.« Später stellte er fest, daß die ersten Berichte übertrieben hatten. Alarich, der selbst ein

Elfenbeindiptychon, Adam und Eva im Garten Eden (4. Jahrhundert)

Christ war, hatte sich Mäßigung auferlegt und die Angehörigen der Kirche sowie die kirchlichen Gebäude verschont.

Doch viele – und nicht nur die Heiden – fragten, weshalb Gott so etwas zugelassen habe, da die kaiserliche Regierung doch eine christliche Regierung war und angeblich unter Gottes Schutz stand. Um dieser Herausforderung zu begegnen, begann Augustinus mit der Niederschrift der 22 Bücher der *Civitas Dei*. Der Verfasser sagt: »Die ersten fünf widerlegen diejenigen, die Wohlergehen und Unheil der Verehrung heidnischer Götter oder dem Verbot der heidnischen Kulte zuschreiben. Die nächsten fünf wenden sich gegen diejenigen, die meinen, daß der Mensch sich ständig im Unglück befände, daß jedoch die Verehrung der heidnischen Götter zu einem künftigen Leben nach dem Tode verhelfe.« Der zweite Teil des Werks besteht aus 12 Büchern. Die ersten vier schildern die Entstehung der beiden Städte, der Stadt Gottes und der Stadt dieser Welt. Die nächsten vier setzen die Geschichte dieser Städte fort, und die restlichen vier schildern ihre endgültige Bestimmung. Die letzten zwölf Bücher enthalten zudem eine umfassende Geschichtsphilosophie, deren Anlaß nicht nur die Einnahme Roms durch Alarich ist, sondern die sich universell anwenden läßt.

Augustinus hatte Platos *Staat* in der lateinischen Übersetzung gelesen und die Kommentare zu diesem Werk studiert. Er übernahm jedoch das Konzept der beiden Städte von gewissen zeitgenössischen nordafrikanischen Christen, den Donatisten (siehe Anhang I), die lehrten, daß eine Stadt Gott und den ihm treu gebliebenen Engeln diente, während die andere sich in den Dienst des Teufels und seiner rebellischen Engel und Dämonen gestellt habe. Gegenwärtig schienen diese beiden Städte allerdings in der Kirche ebenso wie in der übrigen Welt so ineinander überzugehen, daß man eine klare Trennung nicht vornehmen konnte. Beim letzten Gericht würde diese Trennung jedoch erfolgen. Die Bewohner der einen Stadt würden zur Linken, die der anderen zur Rechten Gottes stehen – wie die Stadt der Eroberer, Babylon, und das aus der Knechtschaft befreite Jerusalem.

Detail vom Adelphia-Sarkophag
(Syrakus, Sizilien), Christus
beim Einzug in Jerusalem

Diese Vorstellung von der Gefangenschaft und Befreiung erregte und inspirierte Augustinus. In den Jahren nach 410 begann er daher, dieses ganze Thema für seine Leser und Gemeinden weiterzuentwickeln und mit der Leidenschaft eines vollendeten und überzeugenden Künstlers auszuarbeiten.

Zwei Arten von Liebe, so sagte er, hätten zwei Städte geschaffen; die Liebe Gottes die himmlische Stadt zur Verleugnung des Selbst, die Selbstliebe die weltliche Stadt zur Verleugnung Gottes. Die Stadt Gottes ist die Stadt der Gerechten, und in ihr leben Gott, seine Engel und seine Heiligen im Himmel sowie alle Männer und Frauen, die auf Erden ein gottgefälliges Leben geführt haben. Die Bewohner der weltlichen Stadt sind die ungerechten Männer und Frauen, wo sie sich auch im Universum aufhalten mögen, die gefallenen Engel, die Seelen der Ungerechten und die Ungerechten in der Welt. Obwohl es hier gewisse Berührungspunkte gäbe, ist die weltliche Stadt doch nicht mit dem Römischen Imperium gleichzusetzen.

Wie denkt nun Augustinus über dieses Imperium? Seine Antwort stützt sich auf sein Dogma von der Gnade. Ohne diese gottgegebene Hilfe für die menschlichen Wesen, glaubt er, sind wir der Verdammnis ausgeliefert. Seit dem Sündenfall Adams sind wir von der Sünde befleckt und könnten niemals Erlösung finden. Das Ringen im Inneren des Augustinus selbst zwischen Fleisch und Geist veranlaßte ihn, ebenso wie Paulus zu glauben, daß der Mensch mit seinem eigenen Willen kaum etwas ausrichten kann. Diese Auffassung brachte ihn dazu, mit der optimistischeren, humaneren klassischen Haltung zu brechen, nach der wir mit unseren eigenen Bemühungen große Dinge erreichen können.

Die von Augustinus vertretene Meinung erregte scharfe Mißbilligung und den Ärger eines zeitgenössischen christlichen Theolo-

Christliches Mosaik aus einer Villa in Hinton St. Mary, Dorset. Vielleicht Christusdarstellung (4. Jahrhundert)

gen. Das war Pelagius. Er stammte aus Britannien oder Irland und kam um das Jahr 400 als Mönch nach Rom. Wie viele andere war er entsetzt über die Plünderung Roms durch Alarich, bei der »die Herrin der Welt zitterte und vor Furcht zusammenbrach, als sie die gellenden Trompeten und das Geheul der Goten hörte«.

Aber Pelagius reagierte auf dieses Unglück keineswegs nur mit düsterem Fatalismus und Verzweiflung. Sowohl vor als auch nach der Einnahme der Stadt war er erschüttert von der moralischen Trägheit vieler wohlhabender Römer. Um ihrer Leichtfertigkeit zu begegnen, verlangte er, jeder Einzelne müsse sich nach Kräften bemühen, die Erlösung zu erlangen. Er war überzeugt, die Barriere der Verderbtheit, die sich zwischen den Menschen und die ursprüngliche Unschuld und Güte gestellt habe, sei unwesentlich und könne durch ernste Anstrengungen abgebaut werden. Er meinte, wir sündigten durch die *freiwillige* Nachahmung Adams und könnten die Sünde durch einen ebenso freiwilligen Entschluß loswerden.

Die Erlösung, die Pelagius zunächst meinte, war nicht von dieser Welt, aber seine Lehre konnte durchaus auch auf die weltliche Erlösung angewendet werden, auf eine Restauration des verfallenden Römischen Reichs. Wenn die Menschen sich eines besseren besannen und größere Anstrengungen unternahmen, so könnte man Pelagius auslegen, dann würden sie auch selbst besser werden. Und das bedeutet, daß sie eher imstande sein würden, ihrem Land zu Hilfe zu kommen, wenn Pelagius das auch nicht ganz so ausgedrückt hat.

Wegen seines aufrichtigen Glaubens an die Möglichkeit der Selbsthilfe lehnte er das Buch *Bekenntnisse* von Augustinus entschieden ab, denn hier betonte der Verfasser wiederholt seine Abhängigkeit nicht von seinem eigenen Willen, sondern von der Gnade Gottes. Pelagius andererseits glaubte zwar auch an Gottes Gnade, erkannte sie aber nicht als eine alles andere überragende Notwendigkeit an. Für ihn war sie eher eine Form göttlicher Hilfe, die man erlangen konnte, wenn man auf die göttlichen Moralgesetze hörte und sich in das höchste Vorbild vertiefte, das Christus den Menschen gegeben hatte. In diesem Sinne hilft uns die Gnade, die edlen Eigenschaften zu entwickeln und auszudrücken, die Gott uns verliehen hat. Ebenso wie die frühen modernen Existentialisten vor der Zeit, in der sie sich mit dem Marxismus verbündeten, glaubte Pelagius, daß der Mensch selbst für seine Geschichte verantwortlich ist.

Als Augustinus erfuhr, daß Pelagius entschieden den Standpunkt vertrat, daß der menschliche Wille grundsätzlich vernünftig und wirksam sei, stellte er sich mit noch größerer Leidenschaft gegen ihn als Pelagius dies gegen die Lehren Augustinus' getan hatte. Er beschuldigte Pelagius, er lehre ebenso »wie die Philosophen der Heiden«, daß der Mensch mit Hilfe seines eigenen freien Willens und ohne die Hilfe Gottes die Vollkommenheit erreichen könne. Diese Kritik war sicher nicht gerechtfertigt, denn Pelagius wollte eigentlich sagen, daß der Himmel denen hilft, die sich selbst helfen. Aber Augustinus verharrte viele Jahre auf seinem kritischen Standpunkt und schrieb eine Abhandlung mit dem Titel *Über den freien Willen*. Darin bemühte er sich, eine nach seiner Auffassung frömmere Harmonie zu finden zwischen den begrenzten Fähigkeiten des Menschen, aus eigenem Willen etwas zu unternehmen, und seiner Abhängigkeit von der Macht Gottes. Die ›höhere Freiheit‹, von der dabei die Rede war, bedeutete jedoch, daß Augustinus zwar zugab, daß es eine Willensfreiheit gäbe, daß er den Willen als Quelle des Handelns jedoch zu leugnen versuchte.

Obwohl Augustinus damit, daß er nicht an seine eigenen Fähigkeiten glaubte (wie es aus diesen Formulierungen hervorgeht), eine bewegende Demut zeigt, hätte die Lehre des Pelagius für das spätrömische Reich – auf der praktischen Ebene der täglichen Ereignisse und Bedürfnisse – einen größeren Wert gehabt. Ihm mißfiel offenbar die geistige Trägheit und vielleicht auch das Gesellschaftssystem so sehr, daß er sich mit warmen Worten für das Mönchstum aussprach. Dennoch wollte er mit seiner Lehre vom freien Willen die Menschen wenigstens veranlassen, es zu *versuchen*. Die Philosophie des Augustinus andererseits führte zum Fatalismus. Doch mit seiner unvergleichlichen Beredsamkeit gab er vielen anderen Predigern einen starken Rückhalt und erreichte es, daß seine Auffassung sich schließlich durchsetzte.

Pelagius mußte sich geschlagen geben. Hieronymus nannte ihn einen fetten Hund, der zuviel schottischen Haferbrei gefressen habe. Zweimal wurde er exkommuniziert. Wann und wo Pelagius gestorben ist, wissen wir nicht. Aber nach seinem Tode ging der Streit mit unverminderter Heftigkeit weiter. Gallische Mönche und Theologen brachten seinen Auffassungen starke Sympathien entgegen; denn die mit zunehmender Leidenschaft vorgetragene Lehre des Augustinus, die einzige Hoffnung des Menschen läge in der Gnade Gottes, nahm augenscheinlich jedem menschlichen Bemühen seinen Sinn.

Die von ihm vertretenen Lehrsätze hatten außerdem fundamentale politische Auswirkungen im Hinblick auf das Verständnis vom Wesen des Römischen Imperiums. Denn wenn der Mensch, wie Augustinus meinte, durch den Sündenfall Adams so vollständig verdorben ist, daß er sündigen muß, und auch die Gnade das nicht verhindern kann, er sich infolgedessen Zeit seines Lebens nicht von der Befleckung durch die Sünde reinigen kann, müssen auch alle von ihm geschaffenen Einrichtungen befleckt sein. Sogar die Kirche bleibt, obwohl sie die einzige Brücke zur himmlischen Stadt ist, eine Mischung aus gutem Weizen und schlechter Unkrautsaat. Wieviel unvollkommener muß also der Staat sein, das römische Kaiserreich selbst!

Zwar ist dieses Reich, obwohl es oft von übelwollenden Menschen mißbraucht wurde, eine natürliche und göttliche Notwendigkeit, die Gott den Römern geschenkt hat. Auf seinen Befehl, so fährt Augustinus fort, gibt es einen Monarchen für das vergängliche Leben, wie es auch einen König für das ewige Leben gibt. Weltliche Herrscher können Gott in einem besonderen Sinne dienen, weil sie Herrscher sind, und obwohl Konstantin keineswegs vollkommen war – Augustinus glaubte, die Christenheit habe in dem Maße an Tugend verloren, wie sie an Reichtum und Macht gewonnen habe –, ehrte er doch Theodosius I. als einen Fürsten, dessen Hingabe an den christlichen Glauben vorbildlich war.

Wenn solche Männer herrschten, könne man eine »schwache, schattenhafte Ähnlichkeit zwischen dem Römischen Imperium und der *Civitas Dei* erkennen«. Der Staat hätte in der Tat einen Sinn. Die Nächstenliebe, so glaubte Augustinus, verlangt von uns, daß wir unsere Pflichten als Bürger und Patrioten erfüllen. Soldaten, Herrscher und Richter müssen jeweils auf ihrem Posten bleiben; und doch sind das die Gedanken eines Mannes, dessen Nationalgefühl so absolut und bedingungslos den religiösen Belangen untergeordnet ist, daß man kaum im eigentlichen Sinne von einem Nationalgefühl sprechen kann. Von der patriotischen Begeisterung, mit der das antike Rom die Grenzen seines Reichs verteidigt hatte, sind wir hier weit entfernt. Während Augustinus zum Beispiel zugibt, daß Kriege gerecht und sogar notwendig sein können, kommt er doch zu dem Schluß, daß ihre »Siege den Tod mit sich bringen oder zum Tode verurteilt sind«. Er fügt hinzu, die große Ausdehnung des Römischen Reichs habe zu verabscheuungswürdigen Kriegen und Bürgerkriegen geführt. Er sagt sogar, er hätte die friedliche Existenz zahlreicher kleiner Nationen dem monolithischen Imperium der Römer vorgezogen. »Ohne Gerechtigkeit«, erklärt er, »sind Regierungen nur große Räuberbanden.« – Räuberunwesen größten Ausmaßes, aber »ohne Gerechtigkeit«, genau das waren diese Staaten ihrem Wesen nach und mußten es sein. Auch die Römer bildeten hier keine Ausnahme.

So predigte er, wie andere es vor ihm getan hatten, daß »wir mit den herrschenden Mächten nichts zu tun haben wollen«. Das war der Aufruf, der Regierung den Dienst zu verweigern. Ebenso aufrichtig ist Augustinus, wenn er sagt, das Imperium sei verurteilt, unterzugehen. »Wenn Himmel und Erde vergehen, warum sollte es uns überraschen, wenn auch der Staat aufhören wird zu bestehen. Wenn das, was Gott erschaffen hat, eines Tages vergeht, dann wird das, was Romulus gemacht hat, sicher viel eher verschwinden.« Auch der Umstand, daß Staat und Kirche jetzt eine Einheit bildeten, konnte den Verfall nicht aufhalten.

Wo bleibt nun in dieser Philosophie der einzelne Bürger? Rom war zu seinem eigenen Vorteil stark zusammengeschrumpft. Dem Bürger sagt Augustinus, sein wirkliches und ewiges Vaterland befinde sich ganz woanders. Er erklärt: »Was wir brauchen ist ein Weg, auf dem wir in *jenes* Reich zurückkehren können. Nur so werden wir unseren Leiden ein Ende bereiten.« Krisen und Katastrophen hier auf der Erde verdienen keine Beachtung. Das Elend eines Landes, in dem man nur ein Fremder ist, kann einen eigentlich gar nicht berühren. Wenn es daher zu solchen Krisen kommt, dann soll man sie als Aufforderung ansehen, sich auf die ewigen Dinge zu konzentrieren und sich darüber zu freuen, daß das Heil an einem Ort zu finden ist, zu dem kein Feind Zugang hat. Dem vaterlandsliebenden Heiden, der sich über das Unglück grämt, das Rom befallen hat, verkündet Augustinus: »Vergib uns bitte, wenn *unser* Land im Himmel *deinem* Land Schwierigkeiten bereiten muß . . . du würdest noch größere Verdienste erwerben, wenn du einem höheren Vaterland dienen wolltest.«

Mit solchen Worten wird niemand dazu ermutigt, sich zur Verteidigung des vor dem Untergang stehenden Römischen Reichs zur Verfügung zu stellen. Augustinus verlagert den Schwerpunkt so weit, daß der Staat weniger ist als die Hälfte dessen, worauf es ankommt. Er ist weit davon entfernt, etwas für das Überleben seines Landes zu tun, sondern trägt mit seiner Haltung zu dessen Untergang bei.

Wenn Augustinus meinte, es sei allein der Vorsehung vorbehalten, zu bestimmen, ob die römische Welt untergehen sollte oder nicht und deshalb könne auch kein menschliches Bemühen etwas an ihrem Schicksal ändern, dann hat wahrscheinlich nicht nur Pelagius sich energisch gegen diese Auffassung gestellt. Auch Gibbon hat es getan, denn er wollte zeigen, daß es nicht die göttliche Vorsehung, sondern sehr reale irdische Feinde und Ursachen gewesen sind, die das Römische Reich vernichtet haben, daß »der Mensch von der Geschichte nicht in eine Falle gelockt wird«, wie David P. Jordan es in seinem Buch *Gibbon and his Roman Empire* ausdrückt. »Der Mensch lebt nicht in einem Spukhaus; er kann sich mit Hilfe seiner Vernunft befreien.«

Obwohl der Einfluß des Augustinus lange Zeit nicht voll zur Auswirkung gekommen ist, haben viele Schriftsteller in den letzten Jahren des Weströmischen Reichs seine fatalistische Haltung übernommen. Der Dichter Commodianus hat zum Beispiel über den Untergang der Stadt folgendes geschrieben: »Sie, die sich damit rühmte, ewig zu sein, weint nun bis in alle Ewigkeit.« Und der Bischof von Auch in Südfrankreich, Orientius, meinte: »Weshalb soll man die Beisetzungszeremonien für eine Welt durchführen, die in Übereinstimmung mit dem allgemein gültigen Gesetz der Vergänglichkeit in Trümmer fällt?« Orosius, den Augustinus beauftragt hatte, eine Geschichte Roms zu schreiben, erinnert uns dazu nicht nur daran, daß Rom den Germanenüberfall verdient habe, weil es in früheren Zeiten die Christen verfolgt hatte, sondern meint, daß diese Angriffe sogar nützliche Folgen haben würden, »obwohl das auch den Sturz unseres Imperiums bedeuten kann«. Der Presbyter Salvian, der diese Auffassung teilte, fügte zwei realistische Bemerkungen hinzu. Erstens sei das Imperium schon tot oder liege in den letzten Zügen. Zweitens fehlte es den Römern an der Vorstellungskraft, die übermächtige Gefahr zu erkennen, in der sie sich befanden; und wenn sie das dazu notwendige Unterscheidungsvermögen besäßen, dann hätten sie nicht die Energie, etwas gegen diese Entwicklung zu tun.

Dafür, daß man der Entwicklung tatenlos zusah, trug die Meinung des Augustinus, menschliche Anstrengungen könnten nichts erreichen, weder in dieser Lage noch in irgendeiner anderen, einen Teil der Schuld. Zumindest aber entsprach seine Haltung genau der herrschenden Stimmung. Der ehrgeizige Samuel Smiles, Verfasser der unter dem Titel *Self-Help* im 19. Jahrhundert erschienenen Heilslehre, hat erklärt: »Hilfe von außen wirkt oft schwächend, aber Hilfe von innen macht einen unfehlbar stärker.« Hilfe von innen war genau das, was weder die heidnische noch die christliche Ethik im spätrömischen Reich zu bieten hatten, und die Grundideen beider Glaubensrichtungen entsprachen nur allzu sehr den zahlreichen anderen Tendenzen, die gemeinsam den Untergang Roms herbeigeführt haben.

Nachwort
Die katastrophalen
Folgen der Uneinigkeit
damals und jetzt

Im ersten Teil dieses Buches haben wir uns mit dem Verlauf der Ereignisse bis zum Untergang des Römischen Reichs im Westen beschäftigt und uns dabei besonders auf die letzten 112 Jahre konzentriert, in denen das Imperium seine ehemals gewaltige Machtstellung und seine Ausdehnung verlor und schließlich von seinen äußeren Feinden vernichtet wurde.

Doch diese Niederlage wäre nicht notwendig gewesen, wenn das Imperium nicht durch innere Uneinigkeit zerrissen gewesen wäre. Hier haben wir uns deshalb darum bemüht, die inneren Gegensätze herauszuarbeiten. Dabei wollten wir zeigen, wie die Widerstandskraft, die man den Eindringlingen hätte entgegensetzen sollen, mit katastrophalen Folgen untergraben wurde, so daß ein rascher Zusammenbruch erfolgte. Auch in unseren modernen Gesellschaften läßt sich jedes einzelne dieser negativ wirkenden Phänomene in mehr oder weniger fortgeschrittenem Stadium erkennen. Deshalb ist es zwingend notwendig, die Hinweise und Warnungen aus den Entwicklungen in der Antike zu beachten.

Wir sind in der Lage gewesen, dreizehn Gegensätze zu identifizieren, durch die das Römische Reich im Inneren gespalten wurde und an denen auch unsere moderne Welt zerbrechen könnte. Die erste Gefahr, die Konfrontation und Unterdrückung von Regierungen durch die Militärs, ist ein Übel, das es in den Vereinigten Staaten und Großbritannien nicht gibt, das jedoch die Stabilität in der gesamten Welt gefährdet, weil es anderswo vorhanden ist. Aber die anderen Gegensätze, die das Römische Reich geschwächt haben, finden wir auch in der amerikanischen und der britischen Gesellschaft, wo diese Phänomene in mehr oder weniger stark entwickelter Form auftreten. Es gibt auch weiterhin das Elend der Armut. Hohe Rüstungsausgaben finden nicht immer die Zustimmung der Öffentlichkeit. Viele Staaten verfolgen ihre eigenen Interessen auf Kosten des gesamten Volkes. Während unserer gegenwärtigen Wirtschaftskrisen gehören die Angehörigen des Mittelstandes zu denjenigen, die am schwersten betroffen sind. Außerdem besteht auch die Gefahr, daß die unvermeidlich anwachsende Bürokratie wie im Altertum außer Kontrolle gerät, den

Seiten 312–313:
Ruinen auf dem Forum Romanum von G. B. Piranesi (gest.
1778)

Kontakt zur Bevölkerung verliert und dies negative Folgen für das Ganze hat. Darüber hinaus können unsere Präsidenten und Premierminister wie die römischen Kaiser nur allzu leicht vom Denken, Fühlen und der Loyalität der von ihnen regierten Menschen isoliert werden.

Alle diese akuten Disharmonien, die es heute schon gibt, oder mit denen wir rechnen müssen, haben als mächtige Faktoren bereits zur Auflösung der römischen Welt beigetragen. Das war das Thema der ersten sieben Kapitel dieses Buches.

Dann kamen wir zu der Kluft, welche die an sich natürlichen Verbündeten, die beiden Römischen Reiche, trennte und einander entfremdete, was tödliche Folgen hatte und in uns die Hoffnung wecken sollte, daß Westeuropa und Amerika heute ihre Aufgabe, zusammenzuarbeiten, nicht vernachlässigen werden.

Ein weiterer Umstand mit katastrophalen Folgen war es, daß man nicht die Gelegenheit ergriff, eine Partnerschaft herzustellen, in der die Römer mit den zahlreichen Einwanderern zusammenarbeiteten. Ein ähnliches Problem bedrängt heute die Vereinigten Staaten und die europäischen Länder, in denen es dringend notwendig ist, ethnische Minoritäten, die als Fremde in der Mitte ihrer Landsleute leben, zu assimilieren und ihre Bedürfnisse zu befriedigen.

Im zehnten und elften Kapitel haben wir uns mit schädigenden Einflüssen beschäftigt, die die Einheit des Römischen Reichs in versteckter Form gefährdet haben. Zunächst handelte es sich um die Außenseiter der Gesellschaft; Männer und Frauen, die wie ähnliche Gruppen heute der Gesellschaft den Rücken kehrten, außerhalb der Gesellschaft lebten und damit dem Staat Arbeitskräfte und Steuern entzogen. Der zweite Fehler war der Versuch der Regierung, Andersdenkende mit Gewalt zu bekehren. Damit wurden die bereits bestehenden Gegensätze nur vertieft. In den letzten beiden Kapiteln haben wir schließlich über zwei verbreitete Geisteshaltungen gesprochen, die ebenfalls zum Zerfall der Nation beigetragen haben. Erstens gab es den selbstzufriedenen Traditionalismus, der in die Vergangenheit zurückblickte und glaubte, al-

les werde schließlich noch gut ausgehen, und es bedürfe keiner neuen Methoden, um die Entwicklung in positivem Sinne fortzusetzen. Zweitens glaubte man, andere geistige Erfordernisse seien weitaus wichtiger, und man brauche keine besonderen Anstrengungen zu unternehmen, um den dringenden Problemen gerecht zu werden, die die weltliche Regierung Roms bedrängten. Wir finden beide Phänomene auch heute: den törichten Patriotismus, der sich, ohne konstruktive Ideen zu entwickeln, auf den Lorbeeren der Vergangenheit ausruht, und den Mangel jenes Mindestmaßes an Patriotismus, das notwendig ist, damit die Welt, wie wir sie kennen, überlebt.

Das sind die Strukturschwächen, mit denen wir es zu tun haben, Schwächen, die wir in diesem Buch auch im Hinblick auf das antike Rom zu identifizieren versucht haben. Im Rückblick auf die alten Römer können wir versuchen, die Risse zu schließen, die in unserer Gesellschaft Gruppen und Interessen voneinander trennen. Doch obwohl die Parallelen zur Verfallszeit in Rom so zahlreich und auffallend sind, ist es doch nicht notwendig, daß wir das gleiche Schicksal erleiden wie die Römer. Nach den Worten von Cyril Connolly ist es noch nicht an der Zeit, die Tore der Gärten des Westens zu schließen. An diesem ganzen Vorgang gibt es nichts Unvermeidliches. Wie Maxim Gorki erklärt hat, muß der Mensch verstehen, daß er in der Schöpfung der Beherrscher und Meister seiner eigenen Zivilisation ist, und daß die Entscheidung, ob sich die Dinge ungünstig oder weniger ungünstig entwickeln, bei ihm selbst liegt. Die römische Geschichte ist das, was die Römer daraus gemacht haben. Auch wir haben die Freiheit, unser Schicksal selbst zu gestalten.

Wir müssen deshalb dafür sorgen, daß die Uneinigkeit, die das Römische Reich gespalten hat, nicht auch unsere Zivilisation zerschlägt. Das auf dem Vorsatzblatt abgedruckte Zitat von Benjamin Franklin gilt auch noch heute: »Ja, wir müssen wirklich alle zusammenhalten, oder wir werden mit Sicherheit einzeln verderben.«

Anhang 1
Religiöse Gegensätze: Katholiken und Orthodoxe

Als Folge der Trennung und der Friktionen zwischen dem Weströmischen und dem Oströmischen Reich, die wir im achten Kapitel behandelt haben, entstand die folgenschwerste innere Spaltung in der Geschichte der Christenheit, die auch noch heute weiterbesteht, die Spaltung zwischen der römisch-katholischen und der orthodoxen Kirche.

Der römische Episkopat, den wir in der Folge als das Papsttum bezeichnen wollen, erfreute sich seit der frühesten Zeit des Christentums eines besonderen Ansehens.

Die Christen in den Ostprovinzen erkannten die besondere Stellung der römischen Kirche an, bestritten jedoch, daß sie das Recht hatte, ihnen Vorschriften zu machen oder für sie gültige Gesetze zu erlassen. Dazu behaupteten sie, die kirchliche Autorität sei keiner Einzelperson übertragen, sondern die Heilige Schrift habe sie (obwohl gewisse Episkopate einen höheren Rang einnähmen als andere) allen Bischöfen übertragen, die sie auf den Konzilien gemeinsam ausübten. Denn die Griechen im Osten betrachteten die Dinge nicht so juristisch, hatten keine so zentralistischen Vorstellungen und waren nicht so autokratisch wie die Römer im Westen, bei denen dies auf eine rechtliche Überlieferung zurückging und durch die Lage der Hauptstadt begünstigt wurde. Die Römer ihrerseits hatten kein Verständnis für die Hellenisierung und für die philosophischen Richtungen, von denen das Christentum im Osten beeinflußt worden war.

Ein weiterer Faktor, der sich dem gegenseitigen Verständnis entgegenstellte, war die immer größer werdende kulturelle Kluft zwischen den lateinisch und griechisch sprechenden Völkern des Imperiums. Die Zweisprachigkeit wurde in beiden Gebieten immer seltener. Nach den 230er Jahren fand man in der römischen Kirche niemanden mehr, der seine Auffassungen in griechischer Sprache hätte formulieren können, während nur wenige Kleriker im Osten des Lateinischen mächtig waren. Sie fühlten auch keine Neigung, es zu lernen, denn die Sprache des Neuen Testaments war das Griechische.

Die ständige Abwesenheit der Kaiser von Rom im 3. Jahrundert gab dessen Bischöfen, besonders zu Zeiten der Verfolgung, noch mehr die Möglichkeit, selbständige und unabhängige Entscheidungen zu treffen und damit ihre Stellung zu festigen.

Doch nachdem Konstantin seine neue Hauptstadt Konstantinopel gegründet hatte, änderte sich die Lage; denn obwohl die römischen Bischöfe oder Päpste sich bis dahin unabhängiger gefühlt hatten, wenn der Kaiser nicht anwesend war, stellte sich nun heraus, daß durch seinen Entschluß, Konstantinopel zur Dauerresidenz zu machen, die Stellung des Bischofs dieser Stadt gestärkt wurde, der sich ebenso wie andere Bischöfe im Osten als Patriarch bezeichnete. Sein Machtzuwachs wurde so groß, daß man damit rechnen konnte, er werde mit dem Bischof von Rom rivalisieren. Konstantin, dessen Wunsch es war, das Christentum möge ein allumfassendes Band schaffen, durch welches das ganze Imperium zusammengehalten würde, hoffte, die Gründung von Konstantinopel werde bei dieser Entwicklung eine entscheidende Rolle spielen. Nach den Worten des heiligen Gregor von Nazianzus in Kleinasien sollte die neue Hauptstadt »ein vereinigendes Band zwischen Ost und West sein, wo man aus den weitesten Gegenden zusammenkommt, und das man als gemeinsamen Mittelpunkt und Hauptversammlungsort aller Gläubigen ansieht.« Das Gegenteil geschah. Durch die Gründung der neuen Hauptstadt wurde die Vereinigung des Imperiums nicht begünstigt, sondern sie führte zu einer zunehmenden religiösen Polarisierung. Das wurde auf dem Konzil zu Sofia im Jahr 342 oder 343 deutlich, als ein heftiger Streit über theologische Fragen zur Spaltung der Regierungen in Ost- und Westrom führte. Nach der politischen Trennung der beiden Gebiete im Jahr 364 wirkten sich die Schwierigkeiten auf politischem Gebiet auch sehr bald im Leben der Kirche aus. So veranlaßte der Machtzuwachs der römischen Päpste diese Würdenträger, immer höhere Ansprüche auf die universale Geltung ihres Amtes zu erheben. Den westlichen Kaisern kamen diese Ansprüche nicht ungelegen, auch wenn sie zu Spannungen mit dem Patriarchen im Osten führten.

Inzwischen kam es zu einer hohen Blüte der lateinischen theologischen Gelehrsamkeit. Bisher war die christliche Literatur in lateinischer Sprache in ihrer Bedeutung der griechischen weit unterlegen gewesen. Aber ein bedeutender Schritt auf dem Wege nach vorn war die Bibelübersetzung des Hieronymus aus dem Griechischen in das Lateinische, die Vulgata. Sie entstand, nachdem Papst Damasus angeordnet hatte, die alten lateinischen Texte der Evangelien zu revidieren. Auch die Abhandlung des Augustinus *Über die Dreieinigkeit* zeigte, daß die lateinische Theologie ein Niveau erreicht hatte, an das kein zeitgenössisches griechisches Werk heranreichte. Diese Leistungen stärkten das Ansehen der Kirche im Westen.

Dennoch verschlechterten sich die Beziehungen zwischen den Kirchen in Rom und Konstantinopel rasch; das hatte ungünstige Auswirkungen auf die allgemeinen politischen Beziehungen zwischen dem Westen und dem Osten. Im Jahr 404 ordnete ein Kirchenkonzil im Osten die Absetzung des fortschrittlichen Patriarchen von Konstantinopel, Johannes Chrysostomus, an und schickte ihn ins Exil, denn die Geistlichkeit war eifersüchtig auf seine Beliebtheit beim Volk. Das ärgerte die Regierung im Westen unter Honorius. Er schrieb zwei Briefe, in denen er diesen voreiligen Urteilsspruch bedauerte, der gefällt worden war, ohne eine Entscheidung des Hauptes der römischen Kirche, des Papstes Innozenz I., abzuwarten. Honorius meinte, der Papst hätte vorher konsultiert werden müssen. Weitere Spannungen entstanden wegen der Frage der religiösen Zuständigkeiten in den Balkanprovinzen, von denen die meisten vom Westen an den Osten abgetreten worden waren; denn Papst Siricius erklärte, daß trotz der veränderten politischen Lage der Bischof von Saloniki, der Hauptstadt dieses Gebiets, ihm unterstellt bleiben müsse. Darauf forderte der oströmische Kaiser Theodosius II., daß alle kirchlichen Dispute in dem abgetretenen Gebiet vom Bischof von Konstantinopel entschieden werden sollten, »das sich aller Vorrechte des alten Rom erfreut«. Als jedoch Honorius dagegen Einspruch erhob, gab er nach.

Im Jahr 451 gerieten die West- und die Ostkirche auf dem Konzil von Chalcedon in Kleinasien in einen weiteren Streit. Mit einer Abstimmung auf diesem Konzil wurde beschlossen, den Vorrang des Patriarchen von Konstantinopel gegenüber den anderen östlichen Bischöfen zu bestätigen und drei weitere Diözesen seiner Jurisdiktion zu unterstellen. Die päpstlichen Abgesandten, die auf dem Konzil eine wichtige Rolle gespielt hatten, legten jedoch Einspruch ein, und Papst Leo I. selbst verwahrte sich später schriftlich kategorisch gegen diese ausdrückliche Aufwertung von Konstantinopel, das damit den zweiten Platz in der kirchlichen Hierarchie einnahm. Was dem Papst jedoch wahrscheinlich am wenigsten gefiel, war die Tatsache, daß dem Bischof von Konstantinopel noch drei weitere Diözesen unterstellt wurden. Denn er residierte in der östlichen Hauptstadt, wo es ihm leicht fiel, die Unterstützung seiner Kaiser zu finden und damit zu einem ernstzunehmenden Rivalen Roms zu werden. Leo sorgte sich zudem, weil in dem beanstandeten Beschluß nichts darüber erwähnt war, daß der Bischof von Rom der apostolische Nachfolger Petri sei, ein Umstand, auf den seine Abgesandten bei jeder Gelegenheit ausdrücklich hingewiesen hatten. Leo weigerte sich deshalb zwei Jahre lang, die Konzilsbeschlüsse anzuerkennen, und obwohl Konstantinopel praktisch die Kontrolle über die drei Diözesen übernommen hatte, wurde diese Bestimmung von Rom erst im 6. Jahrhundert offiziell akzeptiert.

Damals erkannte man noch nicht, daß der weitreichendste und dauerhafteste Aspekt der Spaltung zwischen dem weströmischen und dem oströmischen Reich jetzt Gestalt annahm: die Spaltung der Kirche, die seither nicht wieder aufgehoben worden ist. In den folgenden Jahrhunderten vertiefte sich die Kluft zwischen Katholiken und Orthodoxen immer mehr, aber die Entfremdung hatte bereits während der letzten Periode des Bestehens des römischen Kaiserreichs begonnen, und bis heute sind beide Kirchen trotz jüngster Versuche, zu einer Verständigung zu kommen, vollständig voneinander getrennt.

Bei den ersten Differenzen, die zu dieser Trennung führten, handelte es sich vor allem um theologische Fragen. Aber sie verschärften sich durch die allgemeinen politischen Spannungen zwischen dem Weströmischen und dem Oströmischen Reich, Spannungen, die durch die Kirchentrennung wiederum an Intensität zunahmen.

Staat und Kirche gegen zwei Häresien

Im elften Kapitel haben wir davon gesprochen, wie die Regierung des späten Weströmischen Reichs sich mit den kirchlichen Behörden verbündete und mit Zustimmung von Augustinus diejenigen verfolgte, die abweichende Lehrmeinungen vertraten, unter ihnen andersgläubige christliche Sekten. Doch diese Sekten unterschieden sich in ihrem Wesen erheblich voneinander, wenngleich sie alle der Ketzerei für schuldig erklärt wurden. Über die Lehre des Pelagius haben wir im dreizehnten Kapitel gesprochen. Zwei andere Sekten von besonderer Bedeutung, den Arianismus und den Donatismus, wollen wir hier kurz besprechen. Der erste bedeutende Häretiker im christlichen Kaiserreich war Arius, der wahrscheinlich aus Libyen stammte und in Alexandria als religiöser Lehrer auftrat. Ebenso wie die Unitarier in neuerer Zeit wurde er beschuldigt, den menschlichen Charakter Jesu auf Kosten seines göttlichen Wesens zu sehr in den Vordergrund zu stellen. Bei den Christen in Alexandria, die in der klassischen Tradition erzogen waren, hatten solche Auffassungen bereits eine lange und komplexe Geschichte. Diese philosophisch gesonnenen Männer konnten den Dualismus, der in den Begriffen Gott der Vater und Gott der Sohn lag, nicht ertragen, denn für sie war nur ein einziger Gott möglich. Bei Arius erreichten diese Vorstellungen ihren Höhepunkt, denn er war zu dem Schluß gekommen, Jesus könnte nicht Gott sein, da er als Sohn sein Dasein dem Vater verdankte und deshalb sowohl jünger sei als auch in seinem Rang auf einer niedrigeren Stufe stünde.

Nach dem Tode des Arius im Jahr 336 stellten sich einige Kaiser hinter seine Anhänger. Aber die meisten taten es nicht, sondern lehnten es ab, daß die Arianer die Gottgleichheit Jesu schmälern wollten. Schließlich wurde die Sekte im Jahr 381 und 388 geächtet, und alle, die ein Amt in ihr innehatten, wurden mit dem Kirchenbann belegt. Obwohl der Arianismus bei den germanischen Stämmen und Völkern weiterbestand, hatte er unter den Römern und den römischen Bürgern in den Provinzen keine Anhänger mehr. Aber der Schaden, der durch diese Entwicklung entstanden war, ließ sich nicht mehr gutmachen, denn die Staatskirche hatte in der entscheidenden Periode ihrer Entstehung schwer unter den unaufhörlichen Kontroversen gelitten, die die Verwirklichung der von Konstantin erhofften Vereinigung aller Christen unmöglich machten.

Die zweite bedeutende Häresie, mit der Konstantin selbst zu tun hatte, blieb länger lebendig, war jedoch destruktiver und führte zu noch größeren Spaltungen, obwohl sie auf Nordafrika beschränkt blieb. Das war die Lehre der Donatistensekte. Der Name leitet sich von Donatus ab, der sich im Jahr 313 um den Bischofssitz von Karthago beworben hatte, weil man den offiziellen Kandidaten Caecilian zu großer Nachsicht gegenüber den Geistlichen beschuldigte, die während der jüngsten Verfolgungen der Christen durch die Heiden heilige Schriften und Kirchengeräte ausgeliefert und ihre Gemeinden auch in anderer Weise verraten hatten. Doch diese Ablehnung war Ausdruck einer viel tiefer begründeten Disharmonie; denn die Donatisten verachteten die hergebrachte klassische städtische Kultur vollkommen und lehnten die Souveränität der offiziellen Kirche Konstantins ab, weil sie sie mit den ihnen verhaßten aus der Tradition kommenden Tendenzen identifizierten. Nach langen Streitgesprächen ließ Konstantin ihren Besitz beschlagnahmen und belegte sie mit dem Bann. Diese Zwangsmaßnahmen wurden allerdings bald rückgängig gemacht. Die Sekte hatte jedoch bereits begonnen, eine Liste ihrer eigenen Märtyrer aufzustellen.
Ihr Begründer ging 347 mit seinen treuesten Anhängern ins Exil nach Gallien und starb dort nach acht Jahren. Die Sekte der Donatisten in Nordafrika bestand weiter. Zum Unglück zeigte es sich,

daß sie außerdem über eine Untergrundarmee verfügte. Diese afrikanischen Kämpfer, die sogenannten *circumcelliones* (»diejenigen, die von einem Heiligtum zum nächsten ziehen«) waren Saisonarbeiter auf den Olivenpflanzungen, und bald schlossen sich ihnen verschuldete und aus anderen Gründen flüchtige Leute an. Diese Desperados, die sich wie Mönche kleideten, nutzten die religiösen Spannungen aus, zogen als Banden umher, versetzten die Bevölkerung in Furcht und Schrecken, brachen gelegentlich in katholische Kirchen ein und verprügelten Geldverleiher und andere Personen, die vermeintlich ihre Feinde waren. Der Bischof von Mila, Optatus, erklärte: »Niemand konnte sich auf seinem Landgut noch sicher fühlen . . . Welcher Gutsbesitzer mußte nicht seine eigenen Sklaven fürchten?« Gewisse Besitzer hielten es tatsächlich für klüger, gegenüber diesen Terroristen beide Augen zuzudrücken.

Einige Anhänger des Donatismus, von denen die meisten arm waren, die aber aus allen sozialen Schichten kamen, waren entsetzt über diese Gewalttätigkeiten. Im großen und ganzen betrachteten sie aber die herumziehenden Strolche als Vorkämpfer ihres Glaubens. Augustinus beklagte sich sogar darüber, daß ein donatistischer Bischof sie jederzeit nach Belieben zusammenpfeifen könnte.

Unter Julian kehrten die donatistischen Exilafrikaner, soweit sie noch am Leben waren, im Triumph nach Hause zurück, und die Neutralität Valentinians I. wirkte sich ebenfalls günstig für sie aus. Sie verfügten über einige der größten Kathedralen im römischen Afrika. Doch bald beschuldigte man sie, eine örtliche Rebellion unterstützt zu haben, die 397 von dem mauretanischen Häuptling Gildo angezettelt wurde. Das gab Augustinus einen guten Grund, sie anzugreifen, und er begrüßte eine Reihe offizieller Strafverfügungen gegen diese Sekte als einen Akt der Vorsehung.

Auf einem Kongreß, der 411 in Karthago zusammentrat, waren die über die Donatisten gefaßten Beschlüsse sehr ungünstig für sie, denn die Versammlung bestätigte den Entzug aller ihrer

Rechte. Im folgenden Jahr wurden weitere Gesetze erlassen, während Augustinus sie beschuldigte, um die Gunst der äußeren Feinde Roms zu buhlen.

Dennoch überlebten diese harten Puritaner, und die Sekte gelangte sogar zu neuer Blüte. Zur Zeit der Vandaleninvasion in Nordafrika veranlaßte ihre Haltung neue ernste Sorgen. Es gibt keine Beweise dafür, daß sie die Invasoren begünstigt haben, obwohl sich eine Anzahl der *circumcelliones* den Vandalen angeschlossen haben. Dennoch hatten die Donatisten, in deren Bewegung sich theologische, egalitäre und sogar gewisse nationalistische Strömungen gefährlich vereinigten, ihren Beitrag zu der Disharmonie geleistet, an der das Weströmische Reich zerbrach. Das war nicht nur ihr Fehler, denn es war die Verfolgung durch die Behörden, die aus dogmatischen Meinungsverschiedenheiten eine unkontrollierbare Widerstandsbewegung hatte entstehen lassen.

Anhang 2
Warum hat das Ostreich und nicht das Westreich überlebt?

Es hat keinen Sinn, zu behaupten, in irgendeinem Umstand, der ebenso auf das östliche byzantinische Reich zutraf, eine vollständige Erklärung für den Untergang des Westreichs entdeckt zu haben; denn das Ostreich brach im 5. Jahrhundert nach Christus nicht zusammen, sondern bestand viel länger, nämlich bis 1453 (mit einer kurzen Unterbrechung von 1204 bis 1261).

Es ist deshalb notwendig, über die Gründe nachzudenken, weshalb die beiden Reiche so verschiedene, voneinander unabhängige Erfahrungen gemacht haben und jedes ein anderes Schicksal erlebte. Vor allem anderen war das Weströmische Reich auf Grund seiner geographischen Lage durch Angriffe von außen viel leichter verwundbar. A. H. M. Jones schreibt:

»... *Das Weströmische Reich mußte die langen Grenzen am Rhein und an der oberen (und mittleren) Donau schützen, der Kaiser in Ostrom nur die an der unteren Donau; denn an der Ostgrenze war das Kaiserreich Persien sein Nachbar, eine zivilisierte Macht, die im großen und ganzen nicht aggressiv war und ihre Verträge einhielt.*

Wenn der weströmische Kaiser darüber hinaus irgendeinen Abschnitt an Rhein und Donau nicht halten konnte, verfügte er über keine rückwärtige Verteidigungslinie. Die Eindringlinge konnten direkt in Italien und Gallien, ja sogar in Spanien einmarschieren ... (während) kein Feind den Bosporus und den Hellespont, die durch Konstantinopel selbst geschützt waren, überschreiten konnte.«

Aus den gleichen Gründen brauchte der Osten, nachdem er in den Jahren 382 bis 395 die ersten Westgoten in sein Gebiet gelassen hatte, bei weitem nicht so viele Germanen in seinen Provinzen als Siedler und Verbündete aufzunehmen.

Zweitens besaß das Oströmische Reich eine gesündere Gesellschafts- und Wirtschaftsstruktur als das Westreich, in der es weniger auffallende Gegensätzlichkeiten gab. Der amerikanische Historiker Glanville Downey erläutert, weshalb das so war:

»... *Die Verwaltungsstruktur im Osten unterschied sich ganz wesentlich von der im Westen. Im Westen stellten die landbesit-*

zenden Adeligen, die zum Teil phantastisch reich waren, für die
Unterhaltung der Armee und des Verwaltungsapparats viel we-
niger Geld zur Verfügung, als sie es hätten tun sollen. Das Ost-
reich verfügte im Gegensatz dazu über eine Zivilverwaltung, die
sich zum großen Teil aus freiberuflichen Angehörigen des Mittel-
standes zusammensetzte; und obwohl es natürlich auch korrupte
Beamte gab, erhielt die Regierung einen viel höheren Prozentsatz
des Nationaleinkommens in Form von Steuern als die Regierung
im Westen.«

Die Regierung im Osten verfügte deshalb über viel größere Hilfs-
quellen als die im Westen und war eher in der Lage, starke Streitkräfte zu unterhalten.

Der Osten war dichter bevölkert und kultivierter (im scharfen Gegensatz zu den heutigen Verhältnissen) als der Westen, und seine
Provinzen hatten die Wirtschaftskrisen nach den Germaneneinfällen im 3. Jahrhundert besser überstanden.

Außerdem war die politische Stabilität im Inneren des Oströmischen Reichs größer. Während der gesamten Periode von 364 bis
476 wurde hier der innere Frieden nur von zwei Usurpatoren ge-
stört; zu Beginn von Procopius und am Ende von Basiliscus, und
beide wurden ohne große Schwierigkeiten gestürzt. Im Gegensatz
dazu traten solche Rebellen im Westen häufiger auf und verur-
sachten erheblichen Schaden.

Das waren die Hauptgründe, weshalb das Oströmische Reich
überlebte und das Weströmische Reich nicht; das heißt, der Osten
hatte kaum unter den Barbareneinfällen zu leiden und war auch
weniger von den in den ersten elf Kapiteln dieses Buches behandelten Spaltungen betroffen. Unter anderen Gegensätzlichkeiten,
die es im Weströmischen Reich gab, hatte der Osten ebenso wie
der Westen oder sogar noch mehr zu leiden. Hier gab es zum Beispiel eine größere Zahl von Mönchen, die außerhalb der Gesellschaft lebten, und die Gegensätze innerhalb der Kirche waren
schärfer. Mit diesen Problemen konnte man jedoch fertig werden,
weil der Osten weniger unter den anderen Disharmonien zu leiden hatte, die den Untergang des Westens herbeigeführt haben.

Verzeichnis der Kaiser und Päpste

Weströmische Kaiser

364–375	Valentinian I.
375–383	Gratian
383–392	Valentinian II.
387–395	Theodosius I.
395–423	Honorius
421	Constantius III.
425–455	Valentinian III.
455	Petronius Maximus
455–456	Avitus
457–461	Majorian
461–465	Libius Severus
467–472	Anthemius
472	Olybrius
473–474	Glycerius
474–475	Julius Nepos
475–476	Romulus Augustus (Augustulus)

Oströmische Kaiser

364–378	Valens
379–395	Theodosius I.
395–408	Arcadius
408–450	Theodosius II.
450–457	Marcian
457–474	Leo I.
474	Leo II.
474–491	Zeno

Päpste

352–366	Liberius
366–385	Damasus
385–399	Siricius
399–401	Anastasius
401–417	Innozenz I.
417–418	Zosimus
418–420	Bonifacius I.
422–432	Cölestin I.
432–440	Sixtus III.
440–461	Leo I.
461–468	Hilary
468–483	Simplicius

Verzeichnis der Karten und Diagramme

Quellenangaben

Die Zitate aus Werken klassischer Autoren stammen aus den englischen Übersetzungen von W. B. Anderson, P. Brown, J. B. Bury, O. A. W. Dilke, C. D. Gordon, A. Hawkins, H. Isbell, D. Magie, F. X. Murphy, A. F. Norman, C. Pharr, R. S. Pine-Coffin, J. C. Rolfe, E. M. Sanford, E. A. Thompson, H. G. E. White und T. A. Sinclair.

Michael Grant

Auszugsweises Verzeichnis klassischer Schriftsteller

Lateinische Autoren

Ambrosius (hl.), ca. 339–397. Geboren in Treveri (Trier). Bischof von Mediolanum (Mailand). Predigten, Hymnen und 91 Briefe (literarische Briefe).

Ammianus Marcellinus, ca. 330–395. Geboren in Antiochia (Antakya, Südosttürkei), Heide. Schrieb die Geschichte der Jahre 96–378 n. Chr. (Bücher 14–31 über die Jahre 353–378 sind noch erhalten).

Augustinus (hl.), 354–430. Geboren in Thagaste (Souk Ahras, Algerien). Bischof von Hippo Regius (Annaba, ehemals Bône, Algerien). Zu den 93 Schriften gehören *Bekenntnisse* (ca. 397–400), *Civitas Dei* (413–426) und *De Trinitate* (399–419) und Streitschriften gegen acht Häretikersekten.

Ausonius, ca. 310 – ca. 395. Geboren in Burdigale (Bordeaux, Südwestfrankreich). 379 Consul. Gedichte, u. a. *Mosella* und 25 Briefe.

Benedikt (hl.), ca. 480 – ca. 547. Geboren in Nursia (Norcia, Mittelitalien), Abt von Casinum (Monte Cassino). Verfaßte die *Regeln* des mönchischen Lebens.

Cassian siehe **Johannes Cassianus**

Claudian, gest. ca. 404. Geboren in Alexandria (Ägypten), Heide. Zu seinen Gedichten gehören Lobreden, Schmähreden und *Die Entführung der Proserpina.*

Codices siehe **Eurich, Justinian** und **Theodosius II.**

Commodian, Lebenszeit verschieden angesetzt im 3., 4. oder 5. Jahrhundert n. Chr. Aufenthalt in Gallien, Palästina und Nordafrika. Verfaßte Auslegungen christlicher Dogmen in Versen (*Carmen Apologeticum*) und 80 kurze Gedichte.

De Rebus Bellicis (*Über die Kriegführung*) Anonyme Schrift, offenbar gerichtet an die Kaiser Valentinian I. und Valens, 364–375, über Pläne zur Verwaltungs- und Heeresreform.

Ennodius, ca. 473–521. Geboren in Arelate (Arles, Südfrankreich). Bischof von Ticinum (Pavia, Norditalien). Verfaßte Gedichte und mehrere Prosawerke.

Eugippius, Ende des 5. Jahrhunderts. Biograph des hl. Severinus (Österreich, Bayern) von Noricum.

Eurich, König der Westgoten in Gallien und Spanien 466–484. Gab seinen Namen einer umfangreichen Gesetzessammlung, *Codex Euricianus.*

Frigeridus siehe **Renatus**

Hieronymus (hl.), ca. 348–420. Geboren in Stridon (Nordwestjugoslawien). Sekretär bei Papst Damasus 382–384. Begründer eines Klosters in Bethlehem. Zahlreiche Schriften, darunter eine lateinische Bibelübersetzung (Vulgata) und Streitschriften gegen die pelagianische Häresie.

Historia Augusta, Sammlung von Biographien römischer Kaiser und Herrscher von 117–284 n. Chr. (Lücke im Text für die Jahre 244–259.) Die sechs Namen angeblicher Verfasser scheinen fiktiv zu sein. Datum des Erscheinens strittig, vielleicht Ende des 4. Jahrhunderts n. Chr.

Johannes Cassianus, ca. 360–435. Geboren in Dobrogea (Rumänien). Begründer eines Mönchs- und Nonnenklosters in Massilia (Marseille, Südfrankreich). Verfasser der *Collationes* (Gespräche der Wüsteneinsiedler).

Jordanes, Mitte des 6. Jahrhunderts. Gote. Verfaßte eine einbändige Zusammenfassung einer Geschichte der Goten (*Gotica*) von Cassiodorus (gest. 583).

Justinian I., Oströmischer (byzantinischer) Kaiser, 527–565. Eroberte große Teile des ehemaligen Westreichs. Nach ihm wurde eine umfangreiche Gesetzessammlung benannt (Codex [zwei Auflagen], Zusammenfassung, Grundlehren, ›Novellen‹), die von Tribonian herausgegeben wurden.

Lactantius, ca. 240– ca. 320. Geboren in Nordafrika. Werke zur Rechtfertigung des Christentums, darunter *Göttliche Einrichtungen* und *Über den Tod der Verfolger.*

Leo I., der Große (hl.) Papst 440–461. Geboren in der Toscana (?). 432 Briefe und 96 Predigten sind erhalten.

Macrobius, schrieb vielleicht um das Jahr 430. Geboren in Nordafrika (?). Wahrscheinlich Heide. Zu seinen Werken gehört *Saturnalia*, ein akademisches Symposium in sieben Büchern.

Martianus Capella, schrieb zwischen 410 und 439. Geboren in Nordafrika. Heide. Abhandlung in Prosa und Versen *Über die Ehe des Merkur und der Philologie.*

Namatianus siehe **Rutilius**.

Notitia Dignitatum, Liste der höheren Staatsämter (und deren Mitarbeiter) im Weströmischen und Oströmischen Reich (395 n. Chr.) einschließlich der militärischen Kommandostellen und der ihnen unterstellten Truppenteile.

Optatianus siehe **Porphyrius**

Optatus (hl.), zur Regierungszeit Valentinians I., 364–375. Geboren in Nordafrika. Bischof von Milevis oder Mileum (Mila in Algerien). Verfasser einer Streitschrift gegen den Donatismus.

Orientius, gest. bald nach 439. Gallier. Bischof von Auscii (Auch in Südwestfrankreich). Verfasser des Gedichts *Commonitorium*, in dem er eine christliche Lebensweise empfiehlt.

Orosius, schrieb 414 bis 417. Geboren wahrscheinlich in Bracara Augusta (Braga in Nordportugal). Christlicher Presbyter. Streitschriften gegen die Häresie und eine Chronik, die sich gegen das Heidentum wendet (*Historiae adversus Paganos*).

Paulinus von Nola, ca. 353–431. Geboren in Burdigala (Bordeaux). Bischof von Nola (Südwestitalien). Schrieb mehr als 30 Gedichte und über 50 Briefe.

Paulinus von Pella, schrieb ca. 457. Enkel des Ausonius. Geboren in Pella (Nordgriechenland), lebte in Südwestfrankreich. Verfasser von *Eucharisticus.*

Pelagius, gest. nach 419. Stammt aus Britannien oder Irland. Verfaßte Kommentare zu 13 Briefen des Paulus. 70 Abhandlungen zur Rechtfertigung seines theologischen Standpunkts stammen nicht von ihm, sondern von seinen Anhängern.

Porphyrius Optatianus, schrieb in den Jahren 324–325. Verfasser von Lobeshymnen auf Konstantin den Großen und seinen Sohn Crispus.

Prudentius, 348 bis nach 405. Geboren in Spanien, vielleicht in Caesaraugusta (Saragossa). Verfasser christlicher Hymnen und anderer Gedichte sowie von Schmähschriften gegen die Heiden.

Querolus (›Der Protestant‹), Drama in Versen, wahrscheinlich aus dem 5. Jahrhundert n. Chr. Vertritt den Standpunkt der Untergrundbewegung der Bagaudae in Gallien.

Renatus Profuturus Frigeridus, 5. Jahrhundert. Germanischer Abstammung. Zu den erhaltenen Prosaschriften gehören eine Schilderung der Einnahme Roms durch Alarich (410) und eine Lobrede auf Aetius.

Rutilius Namatianus, schrieb Anfang des 4. Jahrhunderts. Gallo-Römer, wahrscheinlich aus Tolosa (Toulouse in Südwestfrankreich). Heide. verfaßte 416 oder 417 poetische Reisebeschreibung *De Reditu Suo* (*Über seine Rückkehr*).

Salvian, ca. 400– ca. 480. Geboren wahrscheinlich in Treveri (Trier). Presbyter in Massilia (Marseille, Südfrankreich). Verfaßte unter anderem *De Gubernatione Dei* (*Über die Regierung Gottes*).

Sidonius Apollinaris, ca. 430– ca. 488. Geboren in Lugdunum (Lyon, Frankreich). Bischof von Arverni (Clermont-Ferrand) 469. Verfaßte Lobreden und andere Gedichte sowie 9 Bücher mit Briefen.

Sulpicius Severus, ca. 360– ca. 420. Geboren in Aquitanien (Südwestfrankreich). Verfasser einer Biographie des hl. Martin von Tours und einer historischen Zusammenfassung.

Symmachus, ca. 340– ca. 402. Römischer Adeliger, 391 Consul. Führender Heide und Redner. Fragmente seiner Reden sind erhalten, ebenso zehn Bücher mit Briefen.

Tertullian, ca. 160– ca. 240. Geboren in Karthago (Tunesien). Verfasser vieler militanter christlicher Schriften.

Theodosius II., Oströmischer Kaiser 408–450. Codex Theodosianus, 438.

Tribonian s. Justinian I.

Victor von Vita, schrieb nach 484. Bischof von Vita in Byzacena (Südtunesien). Verfasser der *Geschichte der afrikanischen Verfolgungen (durch die Vandalen).*

Griechische Autoren

Arius, ca. 260–336. Geboren wahrscheinlich in Libyen. Christlicher Lehrer in Alexandria (Ägypten), Begründer der arianischen Häresie. Erhalten sind drei Briefe und Fragmente von *Thalia* (Verse und Prosa).

Athanasius (hl.), ca. 295–373. Geboren in Ägypten, wahrscheinlich in Alexandria. Bischof von Alexandria. Zu den zahlreichen Schriften gehören die Streitschrift *Geschichte der arianischen Häresie* und dogmatische Briefe.

Basilius der Große (hl.), ca. 330–379. Geboren in Caesarea (Kayseri, Türkei). Bischof von Caesarea. Verfasser der

Längeren und *Kürzeren Regeln* für das mönchische Leben und von Briefen, Traktaten und Predigten.

Epiphanius (hl.), ca. 315–403. Geboren in Bezanduca bei Eleutheropolis (Beit Jibrin, Israel). Bischof von Constantia (Salamis bei Trikomo, Zypern). Verfasser von *Panarion* (*Medizinschrank*), einer Streitschrift gegen 80 Häresien.

Eunapius, ca. 345– nach 414. Geboren in Sardis (Sart, Westtürkei). Heidnischer Philosoph und Priester. Verfaßte *Leben der Philisophen und Sophisten* und eine Chronologie für die Jahre 270–404.

Eusebius, ca. 260– ca. 340. Bischof von Caesarea Maritima (bei Zikhron Jaakov, Israel). Verfaßte u. a. eine *Kirchengeschichte* und *Das Leben Konstantins des Großen.*

Gregor von Nazianzus, ca. 329–389. Sohn des Bischofs von Nazianzus in Kappadokien (Türkei). Kurze Zeit Patriarch von Konstantinopel (381). Zu seinen zahlreichen Werken gehören *Fünf theologische Reden* und ein langes autobiographisches Gedicht.

Johannes Chrysostomus (›der mit dem goldenen Munde‹) (hl.), ca. 354–407. Geboren in Antiochia (Antakya, Südosttürkei). Patriarch von Konstantinopel (398). Verfaßte zahlreiche Traktate (z. B. *Über das Priesteramt*), Predigten, Kommentare und mehr als 200 Briefe.

Julian ›Apostata‹, Kaiser, 361–363. Heide. Erhalten sind u. a. acht Reden, *Misopogon* (›Barthasser‹, satyrische Rechtfertigung seiner Politik), *Caesares* und 80 Briefe.

Libanius, 314– ca. 393. Geboren in Antiochia (Antakya, Südosttürkei). Heidnischer Lehrer der Rhetorik. Erhalten 64 Reden und 1600 Briefe.

Marcellinus, 6. Jahrhundert. Aus Illyricum (Jugoslawien). Priester. Verfaßte eine *Chronik* bis 534 n. Chr.

Olympiodorus, vor 380 bis nach 425. Geboren in Theben (Luxor, Ägypten). Heide. Verfaßte in den Jahren 407–425 historische Werke und Memoiren (erhalten sind nur Zusammenfassungen).

Origenes, ca. 185–254. Geboren in Alexandria (Ägypten). Nur ein geringer Teil seiner umfangreichen theologischen Schriften ist erhalten, darunter *Ermahnung zum Märtyrertum.*

Palladas, 4. Jahrhundert. Lebte in Alexandria (Ägypten). 150 epigrammatische Gedichte sind in der griechischen Anthologie erhalten.

Priscus, 5. Jahrhundert. Geboren in Panium-Theodosiopolis (europäische Türkei). Besuchte 449 den Hof des Hunnenkönigs Attila. Verfaßte *Geschichte von Byzanz* über die Zeit 433–472. Lange Auszüge sind erhalten.

Procopius, ca. 500 bis nach 562. Geboren in Caesarea Maritima (bei Zikhron Jaakov, Israel). Präfekt von Konstantinopel (562). Verfaßte *Geschichte der Kriege Justinians* und *Geheime Geschichte.*

Synesius, ca. 370–413. Geboren in Cyrene (bei Shahhat in Ostlibyen). Philosoph und Bischof von Ptolemais (Tolmeta) (410). 9 Hymnen, rhetorische Diskurse und 156 Briefe.

Themistius, ca. 317–388. Geboren in Paphlagonia (Nordtürkei). Heidnischer Philosoph und Rhetoriker. Erhalten sind 34 Reden, in der Hauptsache öffentliche Ansprachen und Paraphrasen des Aristoteles.

Theodoret, ca. 393–466. Geboren in Antiochia (Antakya, Südosttürkei). Bischof von Cyrrhus (Kurus). Verfasser zahlreicher Schriften, darunter *Kirchengeschichte* bis 428 und 30 asketische Biographien aus der *Religionsgeschichte.*

Zosimus schrieb um 500. Wahrscheinlich identisch mit einem Sophisten aus Ascalon (Ashkelon, Südisrael) oder Gaza. Verfasser des Werks *Neue Geschichte* von Augustus bis 410 n. Chr.

Literaturverzeichnis

Literaturverzeichnis

A. Alföldi, *A Conflict of Ideas in the Later Roman Empire: The Clash between the Senate and Valentinian I.*, Oxford University Press 1952.

F. Altheim, *Niedergang der Alten Welt*, Frankfurt a. M. 1952.

M. T. W. Arnheim, *The Senatorial Aristocracy of the Later Roman Empire*, Oxford University Press 1972.

W. C. Bark, *Origins of the Medieval World*, Stanford University Press 1958, Doubleday Anchor 1960.

R. H. Barrow (Hrsg.), *Perfect and Emperor:* The Relationes *of Symmachus* (384 n. Chr.), Oxford University Press 1973.

R. Bianchi Bandinelli, *The Late Empire: Roman Art A.D. 200–400*, Thames and Hudson 1971.

P. Brown, *Augustine of Hippo*, Faber 1967.

P. Brown, *The World of Late Antiquity*, Thames and Hudson 1971.

J. B. Bury, *History of the Later Roman Empire*, 1923; Dover 1958.

A. Cameron, *Claudian: Poetry and Propaganda at the Court of Honorius*, Oxford University Press 1970.

R. A. G. Carson und J. P. C. Kent, *Late Roman Coinage A.D. 324–398*, Part II (*A.D. 346–98*), Spink 1960.

M. Chambers, (Hrsg.), *The Fall of Rome: Can it be Explained?* Holt Rinehart and Winston 1963.

A. Chastagnol, *Recherches sur l'Histoire Auguste*, Bonn 1970.

R. Christ (Hrsg.), *Der Untergang des Römischen Reiches*, (Wege der Forschung) 1971.

C. N. Cochrane, *Christianity and Classical Culture*, Oxford University Press 1940, Galaxy 1957.

C. H. Coster, *Late Roman Studies*, Harvard University Press 1968.

P. Courcelle, *Histoire littéraire des grandes invasions germaniques*, Paris 1948; 3. Auflage 1965.

C. Dawson, *The Making of Europe*, 1932; Meridian 1956.

A. Demandt, *Zeitkritik und Geschichtsbild im Werk Ammians*, Bonn 1965.

E. Demougeot, *La formation de l'Europe et les invasions barbares*, Paris 1969.

S. Dill, *Roman Society in the Last Century of the Western Empire*, 1898; Meridian 1958.

E. R. Dodds, *Pagan and Christian in an Age of Anxiety*, Cambridge University Press 1965.

G. Downey, *The Late Roman Empire*, Holt Rinehart and Winston, 1969.

F. H. Dudden, *Life and Times of St Ambrose*, 1935.

V. Duruy, *Histoire des Romans depuis les temps les plus reculés jusqu'à la mort de Constantin*, Paris 1879–1885.

F. Dvornik, *Byzance et la primauté romaine*, Paris 1964.

D. Earl, *The Moral and Political Tradition of Rome*, Thames and Hudson 1967.

W. Ensslin, *Die Religionspolitik des Kaisers Theodosius des Großen*, München 1953.

J. Ferguson, *Pelagius*, Cambridge University Press 1956.

J. N. Figgis, *The Political Aspects of St Augustine's City of God*, London 1924.

E. Gibbon, *The Decline and Fall of the Roman Empire*, London 1776–1788; (gekürzt von D. M. Low, Washington Square Hrsg. 1962).

C. D. Gordon, *The Age of Attila*, University of Michigan Press 1960.

R. M. Haywood, *The Myth of Rome's Fall*, Alvin Redman 1960.

H. Homeyer, *Attila der Hunnenkönig von seinen Zeitgenossen dargestellt*, Berlin 1951.

H. Isbell (Hrsg.), *The Last Poets of Imperial Rome*, Penguin 1971.

H. H. M. Jones, *The Decline of the Ancient World*, Longmans, 1966

A. H. M. Jones, *The Later Roman Empire*, Blackwell 1964.

D. P. Jordan, *Gibbon and his Roman Empire*, University of Illinois Press 1971.

W. E. Kaegi, *Byzantium and the Decline of Rome*, Princeton University Press 1968.

D. Kagan (Hrsg.), *Decline and Fall of the Roman Empire*, D. C. Heath and Co., 1962.

J. N. D. Kelly, *Jerome: His Life, Writings and Controversies*, Duckworth 1974.

H. P. L'Orange, *Art Forms and Civic Life in the Late Roman Empire*, Princeton 1965.

F. Lot, *La fin du monde antique et le début du Moyen-Age*, Paris 1927.

F. Lot, *Les invasions germaniques*, Paris 1935.

R. Macmullen, *Enemies of the Roman Order*, Harvard University Press 1967.

H. I. Marrou, *S. Augustin et la fin de la culture antique*, Paris 1958.

H. Mattingly, *Roman Coins*, Methuen 1928; 2. Aufl. 1960.

S. Mazzarino, *La fine del mondo antico*, Mailand 1959.

S. Mazzarino, *Stilicone: La crisi imperiale dopo teodosio*, Rom 1942.

L. S. Mazzolani, *L'idea di città nel mondo romano*, Mailand 1967.

A. Momigliano (Hrsg.), *The Conflict between Paganism and Christianity in the Fourth Century*, Oxford University Press 1963.

C. L. de S. Montesquieu, *Considérations sur les causes de la grandeur des Romains et de leur décadence*, Paris 1734.

K. L. Noethlichs, *Die gesetzgeberischen Maßnahmen der christlichen Kaiser des vierten Jahrhunderts*, Köln 1971.

S. J. Oost, *Galla Placidia Augusta*, University of Chicago Press 1968.

H. O. Osborn, *The Emergence of Christian Culture in the West*, Harper 1958.

J. R. Palanque, *Le bas-empire*, Paris 1971.

A. Paredi, *S. Ambrogio*, Mailand 1960.

A. Parry (Hrsg.), *Studies in Fifth-Century Thought and Literature*, (Yale Classical Studies, Bd. 22), 1972.

F. Paschoud, *Roma Aeterna*, Rom 1967.

J. W. E. Pearce, *Roman Imperial Coinage*, (Mattingly-Sydenham-Sutherland-Carson), Bd. IX (Valentinian I. – Theodosius I.) Spink 1951.

S. Perowne, *The End of the Roman World*, Hodder and Stoughton 1966.

C. Pharr, *The Theodosian Code and Novels and Sirmondian Constitutions*, Princeton University Press 1952.

A. Piganiol, *L'empire chrétien*, Paris 1947; 2. Aufl. 1972.

H. Pirenne, *Mahomet et Charlemagne*, Brüssel 1937.

W. Rehm, *Der Untergang Roms im abendländischen Denken* (Das Erbe der Alten, Bd. 18), Leipzig 1930.

R. Remondon, *La crise de l'empire romain*, Paris 1964.

O. Seeck, *Geschichte des Untergangs der antiken Welt*, Stuttgart 1910–1919.

E. Stein, *Geschichte des spätrömischen Reichs, I: Vom römischen zum byzantinischen Staate (284–476 n. Chr.)*, Wien 1928.

R. Syme, *Ammianus and the Historia Augusta*, Oxford University Press, 1968.

R. Syme, *Emperors and Biography: Studies in the Historia Augusta*, Oxford University Press 1971.

M. Testard, *S. Jérome*, Paris 1969.

J. Vogt, *Der Niedergang Roms*, Zürich 1965.

J. Vogt, *Kulturwelt und Barbaren: Zum Menschheitsbild der spätantiken Gesellschaft*, Wiesbaden 1967.

F. W. Walbank, *The Awful Revolution*, Liverpool University Press 1969.

M. A. Wes, *Das Ende des Kaisertums im Westen des Römischen Reichs*, Rijswijk 1967.

L. White (Hrsg.), *The Transformation of the Roman World: Gibbon's Problem after Two Centuries*, University of California Press 1966.

Register

Kursive Ziffern bezeichnen Abbildungen